XIAOXUE YUWEN
JIAOXUE SHIJIAN YANJIU

小学语文

教学实践
研究

罗 祎◎著

拼音教学 识字写字

阅读教学 口语交际

写话教学 快乐读书

罗老师自己曾说："是教育科研引领我走向人生的另一个境界。把学习、反思、实践、研究当作生活中最重要的部分，天天感受着自己的进步，时时享受着成功的喜悦。做一个科研型、专家型教师是我永远的追求。"

光明日报出版社

图书在版编目（CIP）数据

小学语文教学实践研究 / 罗祎著 .-- 北京：光明
日报出版社，2018.9
ISBN 978 - 7 - 5194 - 4663 - 5

Ⅰ.①小… Ⅱ.①罗… Ⅲ.①小学语文课—教学研究
Ⅳ.① G623.202

中国版本图书馆 CIP 数据核字（2018）第 224152 号

小学语文教学实践研究
XIAOXUE YUWEN JIAOXUE SHIJIAN YANJIU

著　　者：罗　祎

责任编辑：杨　娜　　　　　　责任校对：赵鸣鸣
封面设计：中联学林　　　　　责任印制：曹　净

出版发行：光明日报出版社
地　　址：北京市西城区永安路 106 号，100050
电　　话：010-67078251（咨询），63131930(邮购）
传　　真：010-67078227，67078255
网　　址：http://book.gmw.cn
E - mail：yangna@gmw.cn
法律顾问：北京德恒律师事务所龚柳方律师，电话：010-67019571

印　　刷：三河市华东印刷有限公司
装　　订：三河市华东印刷有限公司
本书如有破损、缺页、装订错误，请与本社联系调换

开　　本：170mm×240mm
字　　数：277 千字　　　　　　印张：17.5
版　　次：2019 年 1 月第 1 版　　印次：2019 年 1 月第 1 次印刷
书　　号：ISBN 978 - 7 - 5194 - 4663 - 5

定　　价：52.00 元

序

丰向日

　　2016 年 9 月统编小学语文教材开始在一些地区一年级使用，2017 年秋季在全国投入使用，2018 年统编教材已经覆盖全国所有的小学一、二年级。作为由教育部直接组织编写的教材，统编教材不仅为了代替原来的多版本，实现全国统一使用，更是为了体现国家意志，贯彻课程标准，培养学生适应未来发展的语文核心素养。从课程转化的角度，课程可以分为"意图的课程""实施的课程""掌握的课程"。"意图的课程"是指基于国家标准编制的教育内容的计划；"实施的课程"是基于意图的课程由学校和教师实施指导的内容；"掌握的课程"是儿童掌握学习的内容。[①]统编语文教材的编写从 2012 年 3 月正式启动，是《义务教育语文课程标准（2011 年版）》落实的重要载体，是"意图的课程"。如何让统编语文教材这一"意图的课程"最终转化为学生"掌握的课程"，学校和教师对教材主旨的把握、具体的实施尤为关键。

　　天津特级教师罗祎是从教学一线走出来的教研员，她参加了《天津市小学语文学业质量标准》的研制，主持完成多项课题，发表过多篇有影响的论文，是一位研究型的教学名师。罗老师理论水平高，问题意识强，总能站在教师的立场去思考问题，把抽象的理论结合实践通俗化。2016 年统编语文教材在天津使用，她与她的团队就投入教材的实践研究中，《小学语文教学实践研究》一书就是两年来其实践研究的成果。该书以小学低段四本统编语文教材为研究对象，立足于教师，充分利用统编教材，深入贯彻课程标准，提升学生语言运用能力等语文核心素养，分拼音教学、识

---

① 钟启泉. 读懂课堂 [M]. 上海：华东师范大学出版社，2015:4.

字教学、阅读教学、口语交际、写话教学、快乐阅读六个部分，从儿童学习心理、语文学科本质等视角阐释了统编教材的特点，明晰了各部分的教学内容，提出了适合低年级的教学策略、方法。与现在很多统编教材培训只讲体系、结构、理念等宏大方面不同，罗老师从教材出发，发现、总结规律，融新理念于教材的分析中。与很多统编教材教学实践展示研讨不一样，罗老师在充分分析教材的基础上，基于教材提出策略方法，再在实践中应用策略方法。罗老师的这本书对于教师深入理解课程标准，把握教育改革趋势，体悟统编教材的意图，更好地把国家层面"意图的课程"化为学生层面"掌握的课程"，充分发挥学校教师层面"实施课程"的作用具有重要意义。

纵观整本书，具有以下几个特点：

一是以语用的视角统筹语文各部分学习内容，实现语文素养的综合提升。2011 年语文课标指出："语文课程是一门学习语言文字运用的综合性、实践性课程。"语文学科的性质就是语言文字运用，语文学科的任务就是培养学生在真实的语境中运用语言文字的能力。统编教材立足语用构建教材的体系，编排语文学习内容。罗老师充分把握了统编教材这一特点，紧扣语用，统筹拼音、识字、阅读、口语交际、写话等内容。六部分内容虽然独立成章，但通过语用这条线把它们穿了起来。有了语用这个大方向，教师在教学中就会避免为拼音而拼音，为识字而识字等割裂式教学，共同指向学生的语言运用；有了语用这个总目标，教师在教学中就能打破唯知识、唯技能倾向，立足于学生生存与发展，实现语文三维目标的整合提升。如在拼音教学中，罗老师分析了教材编者创设情境图的目的，不只是把字母藏在一幅图中，让学生去寻找字母，认识字母的形与音。情境图本身就是一种意义表达。所以在教学时可以充分利用情境图，让学生去观察、思考、想象、表达，把拼音知识、技能的学习融入看图讲故事这个大任务中，学生的思维、情感、语言得到综合提升。

二是归类梳理教材中的语文要素，建构系统、阶梯式的语文课程内容。语文课程要"教什么"长期困扰着一线老师。课改之后，语文教学越来越活跃，课堂上多了合作、探究，但语文的元素在稀释。各个版本的教材大都以主题组织阅读单元，语文知识、能力点在弱化。统编教材采用"双线组织单元结构"，即按照"内容主题"和"语文要素"两条线索组织单元，课程内容得以凸显，每一册、每一单元要学习什么知识、培养什么能力逐渐清晰化。罗老师对低年级统编教材所有单元进行了梳理，把这些知识、能力进行了系统化。她基于自己长期的研究，按照教材编辑体例等因素，充分挖掘、拓展语文课程内容。如在识字写字篇，她按照教材中不同部分识字写字的要求，分为无拼音识字板块、集中识字板块、阅读识字板块、语文园地板块，在每个板块总结了不同的识字方式，这些识字方式就是识字教学的课程内容。在阅读教学篇，罗老师对低段四本教材的阅读人文主题与语文要素进行了梳理，特别总结了语文要素的朗读指导与学习阅读。通过梳理，我们能看出低年级阅读要学习的具体内容，也能发现语文教学内容的层递性。罗老师特别重视语文课程内容的联系性、阶段性、层递性、整体性。在她看来，语文课程内容与其他学科一样，知识能力应该有不同的层级，一个内容不是某个年级学习完就不学了，在不同的年级应该有不同的目标和要求。以拼音为例，一年级上学期重在认读拼音，学会拼读与书写。从一年级下学期到四年级，要充分应用拼音去识字学词，在阅读中反复巩固拼音，达到更加熟练的程度。到高年级则要根据信息化的要求学习拼音输入法等。

三是从儿童认知、情感等心理层面揭示教材的科学性，基于低年级儿童特点创建具体的教学策略、方法。一个好的教材不仅是简单呈现学科内容，更应该考虑读者对象，实现学科内容的心理化。统编教材充分考虑儿童的认知、语言学习心理，不断提高教材的科学性。罗老师在这本书中充分揭示了统编教材低年级版的科学性，从儿童的视角对教材做了深入阐释，为一线老师了解教材，能够以适合儿童的方法组织教学提供了最好的帮助。如在拼音教学部分，统编教材呈现了很多带调音节，与过去只重视拼读不同，这次从拼读转向了拼读的结果。对此，罗老师从儿童学习汉语言的角度进行了阐释，指出这种转变从枯燥的符号学习转向意义学习，把常用音节跟生活中熟悉的事物相联系，回到学习拼音的根本，符合汉语表意文字的特点。既明确了拼音学习的目的，又调动了学生学习兴趣，更有利于音节拼读的熟练程度。罗老师根据自己长期对小学低年级语文教学的研究，每一章都提出了很多符合儿童认知的有效策略、方法，这些策略、方法都配有鲜活的案例，为我们科学地教学提供了示范。

罗老师这本书让我们认识到，教材是最重要的教学资源，作为教师要认真研读教材，教学中要充分利用这一资源。教师对教材的分析、研究是教学的基础。教师既要重视对教材的整体分析，注意不同学段、不同年级、不同内容之间的相互联系，又要能够深入分析一个学段、一个年级、一个单元、一篇课文。既要联系课标，从教材的导言、练习等处发现、确定教学内容，又要充分利用教材的插图、提示等，设置学习活动，沟通课内课外语文学习。

罗老师自己曾说："是教育科研引领我走向人生的另一个境界。把学习、反思、实践、研究当作生活中最重要的部分，天天感受着自己的进步，时时享受着成功的喜悦。做一个科研型、专家型教师是我永远的追求。"这本书就是罗老师学习新教材、实践新教材、研究新教材的成果，她在研究中实现着自己的升华，不断提升着自己的教学力、研究力、指导力。作为教研员不仅应该是教学的能手，更应该是研究的能手，有了自己的研究才能更好地指导一线教师。读者从这本书中不仅能更好地认识统编教材，从而更好地实施统编教材，更能从中学到罗老师的研究精神、研究方法。我们每一个老师都应该去研究教学，这样我们才能给孩子更好的教育。

统编教材低年级刚刚使用两年，希望罗老师能继续加强统编教材的实践研究，重视学生使用教材进行语文学习的研究，从学生学的视角研究教材及教学。从今年开始小学三年级也开始使用统编教材，我们也期待着罗老师对小学中段、高段统编教材的应用进行追踪研究。

2018 年 7 月于天津师范大学

生命因语文而精彩

（自序）

语文，于我而言到底是什么？我想那是一场我与自己的相遇，拥着真我尽情舞蹈，就这样悄然走过了27载春秋；我想那是我终其一生所追求的方向，与笔锋相拥的那份热爱所衍生的执着与痴狂；我想那是我生而为之的使命，整合资源，用心培养，公益分享，用坚实的脚印把更多人的语文"兴趣"变得更有价值，更有力量；我想那更是我的"磁场"，让我把所爱之事与必须之事完美重合，用无数的语文乐趣散发我生命的光芒。

一、追求"实"与"活"的教学风格

生命的精彩，是"实""活"结合的语文教学风格。"实"就是教得朴朴实实，学生学得扎扎实实。从文本语言出发，带领学生听、读、品、悟每一个汉字的蕴意。注重语言文字的训练过程，与学生一起，在文本深处，触摸作者的心灵。课堂中漫溯着浓浓的品文析句、潜心会文的语文味，课堂在朴实中凸显扎实，在平实中彰显厚实。

"活"就是讲求教学的艺术性，注重教学的生动性。教师目中有"人"，在巧妙设计的师生互动环节中，让语文教学深入人心，达到润物细无声的效果。"活"还指学生的思维被激活，情感被激起。在教学过程中，始终把学生放在学习思考的主体地位上，激发学生积极参与的意识，倡导生生间的交流，鼓励学生大胆提出不同的观点，并配合以适当的引导、点拨和监督，努力创造一个民主的、有情意的、生动的和成功的课堂。

1995年，从教4年，我有幸作为天津市唯一代表，参加全国小语青年教师阅读教学比赛并获得优胜奖，被全国小语会会长崔峦同志点评为

"令人耳目一新的语文课"，自此，我也带着"活"与"实"的教学风格，陆续在全国十几个城市上公开课，做教学讲座。教学事迹也先后得到了"天津电视台""天津教育报""今晚报"等媒体的关注。

二、追求"研"与"新"的教研模式

生命的精彩是"研""新"相辅的教研模式。作为一名教研员，我热衷于投身课程改革，更注重发挥专业的引领，"主题明、内容实、收效大"9个字不仅是我为自己定下的教研活动目标，更是我不断思索、追求的教研目标。

为了更好地服务一线教师，最快地分享教研新资讯，2002年，我将网络引入教研活动，以博客为阵地，建立了"罗老师教研工作室"的教研博客新平台，2016年，随着微信时代的开启，我和我的团队又在微信上创办了"小螺号 jiaoyu 空间"公众平台，以精益求精的原创栏目，公益分享的服务属性，成功吸粉5万余人。每天千余人的线上互动，每天时时的在线问答，每天高效实用的精品栏目，每天来自一线教师的教研反馈，让我的教研新阵地精准捕捉着语文教学新痛点，不断击破着一个又一个语文教学新难题。现如今的"小螺号 jiaoyu 空间"幕后团队凝聚着河东区16位优秀语文教师的教学智慧，辐射范围则跨区域引领着全市热爱语文、受益于语文的教师和学子。

新时代，信息化的注入让"研"如虎添翼，而我也在有声有色的教研活动中，有了新的感触。我撰写的《我的教研博客》分别被《天津教研》和《河东教育》刊载。为了推广这一创新教研新模式，我在天津市课程改革总结河东现场会上代表河东区教研员向全市展示了"教研员亲历课堂，平台对话互动"教研方式，并得到各级专家一致好评。

三、追求理论与实践相结合，潜心语文教材研究

生命的精彩是一次又一次的语文创新实践，是实践过后沉甸甸的教研成果。自统编教材颁布以来，借着新教材推广的春风，我的工作室确立

了明确的工作思路：以课程改革为方向，以统编教材为主线，进行教学研究。努力将统编教材精神落到实处，推动教研工作向前发展。身处第一批试教地区，我认真带领教师们参加了教育部统编教材试教试用工作，引领大家认真领会统编教材的编写意图，并大胆实践。

本书就将集中呈现，我两年来在统编教材使用过程中，实践研究的成果。基于教材提出了教学策略和教学方法，发现并总结语文学习的规律。本书第一篇"汉语拼音部分"即是我在教育部组织的"义务教育三科教师国家级培训"会上的发言稿。

作为语文教研员，我被人民教育出版社聘为统编教材培训专家，完成了国家、市、区三级培训，先后到四个省市做统编级教材的省级教师培训，并受教育部基础教育司邀请为全国小学一年级语文教材培训班授课。

作为区名师工作室的领衔人，我带领团队教师，专注于"字理儿歌指导识字写字"的专题研究，根据统编教材识字教学的特点，录制指导书写的微课，现已在腾讯视频公开播放。带领团队，根据统编教材写字教学的特点，编写出两本与教材配套的《读儿歌，学写字》教学用书，不仅在河东区形成了"识字写字"教学的特色，更先后在全市12个区县17所学校进行推广实验，得到教师和专家的一致好评。

四、追求师徒共进的"传、帮、带"培养理念

生命的精彩，是发现更多"志同道合"的战友，一起坚持和捍卫我们共同的理想。孤木不成林，当一个人的理想唤醒了一群人的理想，那就是梦想实现的声音。我非常注重青年教师的培养，深入一线听课、和同仁一同品课评课、和青年教师一同交流研讨是我最大的兴趣。为了更好地发挥特级教师作用，组建了"特级教师罗祎工作室"和"罗祎名师工作室"，分别带领来自天津6个区县的20余位青年教师在小学语文教学实践中不断探索，积极实践，我不仅用心挖掘每一位教师的语文教学"核心优势"，更为每一位"徒弟"的成长制定个性化的培养方案。在这个团队里，我注重的不仅仅是个人的提高，更要求大家以点带面，带

动周围的教师共同提高，只有这样，语文教学的骨干教师团队才能健康、持续地不断强大下去。

宝剑锋从磨砺出，梅花香自苦寒来，工作室的多名教师，在比、学、赶、帮的良好教研氛围中，纷纷荣获全国教学比赛大奖5项，天津市双优课一等奖3项。工作室成员盘山道小学田雪莹成为市级语文骨干教师，市中心组成员，天津市小语会理事；一中心小学马燕成长为河东区名师。2010年田雪莹在全国第八届青年教师阅读教学大赛中获一等奖。15年前是我在全国阅读教学大赛中获奖，15年后我又带着自己的徒弟再次取得了全国大赛的桂冠，此事在小语界被传为一段佳话。现在工作室的年轻老师越来越多，势必将带领更多的青年教师走上专业化成长的道路。

四、追求语文教学的"未知"世界，学无止境不断钻研

生命的精彩，是还有许许多多的"未知"与"可能"等待着我去探索。

以"科研"促"教研"，走科研教研一体化之路，是我毕生的追求。在多年的教研之路上，我注重通过课题的研究，推动教研的改革；注重通过课题的导向作用，促进教师专业的成长。注重研究过程，我亲自带领课题组教师围绕相关课题，做问卷调查，在前测、中测和后测的充足准备后，深入课堂听课，收集课例，指导教师做课题实验课。以一题带多校，引领更多教师参与到教育科研的过程中来，促进教师自身在课改中找到方向。注重研究指导，课题研究是生动的学习过程，我结合课改过程中教师们遇到的难点问题，及时梳理出研究方向，为各校的校本教研提供课题研究的抓手，并积极组织教师进行专题研究。注重成果转化，课题研究的最终目的是为了推进素质教育，提高课堂教学的实效性。因此，科研成果的有效转化才是促进课堂教学改革的有力抓手。我将课题研究的成果在区教研会上积极推广，使众多可操作性强的教研成果成功转化，深入课堂。例如，我组建的作文实验班，实验期间发表学生作文数十篇，并出了两本作文集，得到了学生和家长的一致好评。《作文报》头版，以"罗老师教你快乐写短文"介绍了我的作文教学特色。

教学个性和风格的形成源于教学的实践，更源于笔耕不辍。"以研促教"才可以"常教常新"免沾"匠气"渐增"家风"。我撰写的数十篇论文发表并获奖，其中全国一等奖 3 篇、二等奖 2 篇、市级奖 22 篇、市级刊物发表 6 篇、国家级核心期刊 1 篇、参与论著编写 2 部。独立承担国家级重点课题 1 项、市级课题 3 项，参与研究国家级课题 3 项、市级课题 3 项，并已结题。研究成果被评为中国教育学会第十八次学术年会优秀论文一等奖（天津市仅有两篇一等奖）并发表在《中小学教师培训》中。参与市教研室承担的教育部课程发展中心课题的研究工作。科研成果《小学语文教师专业能力必修》一书由教育部基础教育课程教材发展中心出版。科研成果《天津市小学语文学业质量标准》一书，由天津人民出版社出版。独立承担"十一五""十二五""十三五"市级课题研究，其中"十二五"课题荣获市级优秀成果奖。

2018 年 6 月，河东区教育局正式为"罗祎名师工作室"授牌，这为我的语文教研团队吹响了新的号角。路漫漫兮吾将上下而求索，从小学语文教师到小学语文教研员、河东区名师，再到天津市特级教师，这一个又一个的转变与飞跃，促使我不断前行，不断挑战。谨以此书献给同我一样，提及语文便精神为之一振的人们，也以此书为志，开启我新的征程。

天津河东区教育中心

2018 年 7 月

目 录
CONTENTS

第一章
拼音教学篇

　　汉语拼音是识字的工具，统编义务教育小学语文教科书（统编教材）将汉语拼音部分做了大的变革，藏身于一个单元的识字课之后，作为教师，如何利用好统编教材，引导学生学好拼音呢？让我们一起走进汉语拼音教学。

　　汉语拼音"作为识字、学说普通话的工具"，是学生学习语文的重要内容。《义务教育语文课程标准（2011年版）》明确指出："让学生学会汉语拼音，能读准声母、韵母、声调和整体认读音节。能准确地拼读音节，正确书写声母、韵母和音节。认识大写字母，熟记《汉语拼音字母表》。""能借助汉语拼音认读汉字，学会用音序检字法和部首检字法查字典。"①体现了拼音学习的功能性和实用性特点。

　　汉语拼音是独立而互联的子课程系统。在整个小学阶段，汉语拼音教学大致分为短期目标和长期目标。短期目标：（一年级上学期）学习汉语拼音阶段，要求学生学会23个声母、24个韵母（6个单韵母、18个复韵母）、16个整体认读音节，能读准音，认清形。认识声调符号，会读四声；学会拼读方法，能准确地拼读音节；能正确书写声母、韵母和音节。能达到保底的目标：准确拼读；正确书写就行。不进行枯燥、反复的操练。长期目标：二至中年级，在运用中巩固、熟练；高年级逐渐满足信息社会对拼音程度的要求。即从一年级上册识字（一）开始，一直到六年级结束，把汉语拼音和识字、阅读、使用电脑、说普通话等结合起来，通过多种渠道复习巩固汉语拼音，逐步提高拼读音节、书写音节的准确度、熟练度。

　　汉语拼音编排在一年级上册教材中，但是改变了传统的编排思路，将汉语拼音教学放在了识字单元后面，非常清楚地定位了拼音与识字的关系，识

---

① 中华人民共和国教育部．义务教育语文课程标准（2011版）[S]．北京：北京师范大学出版社，2012：8．

字是目的，拼音是手段。那么在课堂教学中，依托教材汉语拼音编排的内容与形式，把握教材内容，创新学习策略；注重多维整合，拓展学习途径；注重强化运用，提升学习的效率，发展学生的思维。让拼音教学变抽象为形象，变枯燥为有趣，力求达到学生爱学、高效学的目的。

第一节　关注教材特点，理解编排意图

一、先学识字，再学拼音

"先识字，再学拼音"是统编教材在编排上的重大突破。此次教材的编排打破了几十年来小学语文教材编写的固有模式，将拼音内容安排在一个识字单元之后。降低了开学就马上学拼音给学生们带来的困难。做好了幼小衔接，对于刚入学的孩子们来说，先识字比学拼音简单轻松得多，有趣得多。学生经过了将近两周的学习，慢慢适应了课堂学习的方式，形成了一定的学习习惯后，就有助于拼音的顺利学习。同时，由于有了一个单元的识字基础，再学拼音，就有了可借鉴、可参照的抓手，枯燥的字母符号及拼读规则也就有了可"着陆"的依靠，使拼音和汉字互为拐棍。这一突破，对初入学的新生来说，无疑是最好的减负。

二、字母呈现，情境图片

"情境图"是统编教材在拼音教材上的一大创新。统编教材在拼音字母的呈现方式上全部采用情境图，这样的编排顺应了初入学儿童的学习心理，插入了大量生动、活泼的情境图。情境都是孩子们熟悉的生活场景，内容直观，寓知识、故事、生活、情感于一体，符合儿童的审美特点，富有情趣，无时无刻不吸引着师生的眼球，给语文教学融入了新的气息，同时也为教师设计教学活动提供了丰富的、可借鉴的课程资源。每一课都将学习内容进行有效整合，融入意境优美的情境图之中，以相应的事物示音或示形，而且这些示音示形的元素巧妙地隐藏在图画的每一个细节之处，有的一目了然，孩子们一看图画就能发现，而有的则隐藏在图画中，需要引导学生在图画中自主发现字母的音、形元素，帮助学生建立音与形之间的联系，便于形象识记，降低拼音学习的难度。

三、音节拼读，带调呈现

"带调音节呈现"是统编教材在拼音教材上的特色。音节的呈现改变了以往较多的通过射线的形式展现拼读过程的方式，将每一课中要求学生拼读的音节，以结果的形式并带调呈现，这就使得每个音节不只是作为一个单纯的读音存在，它可以和孩子们熟悉的各种事物进行意义的链接。这些精选高频常用音节，帮助学生联系生活中熟悉的各种事物来发音与意义识记，加快音节拼读的熟练程度，有利于学生今后的识字、阅读。以组合排列的方式呈现所学字母能组成的音节，横向同声母，纵向同韵母，可以横着读，竖着读，方便学生进行全面的拼读练习，避免学生拼出汉语中不成立的音节。加强带调音节的练习，增强了拼音学习与学生生活的紧密结合，让拼音在生活中实践，在实践中巩固。

四、减少识字，凸显拼音

"识字量减少"是本册统编教材在拼音教学上的特点。统编教材在汉语拼音单元安排的识字总数只有37个，是原来教材的一半，减轻了学生的学习负担。凸显拼音部分以学习字母和练习音节拼读为主的教学重点。而且这些要识记的字都是来自音节词和儿歌，这样使每课各板块之间的功能分工相对比较明确。对于一年级的新生来说，减少了互相干扰的困难。

第二节　把握教材内容，实施有效策略

"汉语拼音教学要尽可能有趣味性，宜多采用活动与游戏的形式，应与

学说普通话、识字教学相结合，注意汉语拼音在现实语言生活中的运用。"[1]这是《义务教育课程标准语文（2011版）》对拼音教学提出的教学建议。我们教师在教学时要充分发挥教材编排中体现的整合性、形象性、易操作的优势，实施有效的学习策略，让原本抽象、枯燥的拼音教学变得生动而有趣。

一、巧用图片，趣学拼音

统编教材一年级上册的编排顺应了初入学儿童的学习心理，运用了大量生动、活泼的情境图。尤其汉语拼音字母都是以情境图的方式呈现。每幅图都是一个完整的故事，加上想象，它可以有很多的情景。细细推敲，它不仅每一幅图一个故事，它还有一定的联系性。一幅幅生动、有趣的故事情境图，将拼音字母发音、字形识记、识字学词、口语表达、观察有机结合，激发了兴趣，拓展了思维，给语文教学融入了新的气息。同时也为教师设计教学活动提供了丰富的、可借鉴的课程资源。

低年级学生正处于发展形象思维的最佳时期，他们的想象力丰富，喜欢参与生动、活泼的学习活动，乐于在游戏中完成学习任务。基于学生的思维特点，在汉语拼音教学中，教师如果能有效利用这些教材中的情境图，就能给枯燥的拼音学习带来乐趣，更好地调动学生学习拼音的积极性，激发他们的学习兴趣，让他们能更快地掌握拼读方法，发展语言能力，提高学习效率。

1. 情境图与拼音学习相结合，建立识记联系

统编教材中的情境图紧扣所要学习的拼音，图画既示音又示形，声母部分基本是以示音示形为主，音形高度融合，系统性强，而且这些示音示形的元素巧妙地隐藏在图画当中，有的可以一目了然，有的则需要细心去发现，有助于培养学生的观察能力和识记能力，降低了学习拼音的难度，也增加了学习拼音的趣味性。

一年级上册汉语拼音单元《g k h》的教学片段。

教师首先引导学生仔细观察情境图，让学生说说在图中发现了什么，然

---

① 中华人民共和国教育部.义务教育语文课程标准（2011版）[S].北京：北京师范大学出版社，2012：21.

后再利用绘声绘色的故事讲解导入新课。

师：花仙子给我们带来一幅美丽的图画，看！这是什么地方？

生：（齐）公园里！

师：你们观察得真仔细。你们在图上有什么发现？

生：一位小姑娘来到公园里游玩，口渴了，就坐在小河边的长椅上喝水，一群小蝌蚪在水草间快活地游来游去，一只小鸽子衔着花环飞来，送给可爱的小姑娘。

师：聪明的孩子你发现了吗？今天要认识的3个声母朋友的读音就藏在老师讲的这个小故事里，快来跟老师读一读吧！

师：小鸽子ｇｇｇ；小姐姐喝水ｈｈｈ；小蝌蚪ｋｋｋ。（教师指导发音时要轻、短一些）

生：（齐）小鸽子ｇｇｇ；小姐姐喝水ｈｈｈ；小蝌蚪ｋｋｋ。

这样教师借助情境图中"鸽子""蝌蚪"等事物的名称和"喝水"这一动作词，可以帮助学生很自然地记住拼音字母"ｇ ｋ ｈ"的发音。接着教师进一步指导学生观察情境图中每种事物的形状，引导学生发现情境图中蕴含着的拼音字母的形。

师：你们真聪明，借助图画会读了3个声母，其实呀，这幅图中还藏着这3个朋友的形状呢，谁发现了它像什么？

师：（出图）鸽子嘴里衔着的这个花环的形状，就像我们的哪个朋友呀？

生：（齐）ｇ。

生：在这幅图中，我能找到字母ｈ。

生：水草和蝌蚪组成的形状就像声母ｋ。

通过教师的引导，学生观察情境图后发现花环的形状、椅子的形状、水草和蝌蚪组合的形状和声母"ｇ ｋ ｈ"的形状非常相似，帮助学生轻松地记住了字母的形。

最后，教师再引导学生将自己看到的和发现的信息连起来说一说，如，引导学生说出"鸽子叼来花环，ｇｇｇ""小蝌蚪在水草边玩耍，ｋｋｋ""小姐姐坐在椅子上喝水，ｈｈｈ"。学生通过想象说出的这些话既体现了字母的音，又体现了字母的形，在说话的同时将字母的音和形联系起来。

一年级上册汉语拼音单元《ang eng ing ong》的教学片段。

师：（课件出示：课本中情境图，并逐渐锁定"月亮透过窗子"的画面。）同学们，这是一幅美丽的图画。仔细观察，说一说你看到了什么？

生：我看到"月亮透过窗子在对我们微笑"。

师：同学们观察得真仔细，在图中有一扇大大的窗子。（课件出示：窗子图片及音节词 chuāng zi。）窗子外的月亮在对我们微笑。（课件出示：月亮图片及音节词 yuè liang。）我们今天要认识的第一个朋友就藏在这里面，它就是？

生：（齐）ang。

（教师板书：后鼻韵母 ang）

师：（结合手势指导发音）请大家和老师一起读 ang，注意先发 a 的音，再发后鼻音，舌头逐渐后缩，舌根抬高，鼻子出气。

生：（齐）ang。

师：接下来，我们要给 ang 带上四声调的帽子，帽子戴在谁头上？

生：（齐）帽子戴在 a 头上。

师：谁能带领大家复习标调儿歌呢？

生：有 a 别放过，没 a 找 o e。iu 并列标在后，单个韵母不用说。

师：和老师一起读读戴好声调帽子的 ang。

（课件出示：标有声调的后鼻韵母 ang。）

生：（齐）āng áng ǎng àng。

师：观察继续，睁大你们的小眼睛，看谁说得最快，你们看到了什么？

（课件出示：台灯图片及音节词 tái dēng。）

生：台灯。

师：今天要认识的第二个新朋友是谁呢？

生：eng。

（教师板书：eng）

师：好的，我们一起来读一读，注意将后鼻音发准。

生：（齐）eng。

师：（引导学生自己诵读）eng 的声调帽子也戴好了，谁能试着读一读呢？

（课件出示：标好音调的 eng。）

生：ēng éng ěng èng。

师：其实在我们的生活中也时时能看到 eng 的身影，谁能说说哪些词语藏着 eng 吗，并把音节拼读出来。

生：橙子。

生：城堡。

生：绳子。

师：没想到，同学们找到了这么多带有韵母 eng 的词语，你们真是善于观察生活的好孩子。接下来，让我们继续观察，你又发现了什么？

（课件出示：猫头鹰图片、婴儿图片及音节词 māo tóu yīng 和 yīng ér。）

生：妈妈抱着一个小婴儿，在她们的头上还挂着一个猫头鹰的钟表。

（教师板书：ing）

师：和老师一起来读一读 ing。

生：ing。

师：ing 还有位好兄弟呢，你们看！（出示整体认读音节 ying。）它是一个什么音节呢？

生：（齐）整体认读音节。

（教师板书：ying。）

师：它也读作 ying，请和老师一起读"整体认读 ying ying ying"。

师：同学们，你们能编一个小儿歌，帮助大家区分韵母 ing 和整体认读音节 ying 吗？

生：大 y 牵着韵母 ing，整体认读 ying ying ying。

师：（随机指导）那么请同学们为韵母 ing 和整体认读音节 ying 戴好音调帽子，并自己读一读吧。

师：拼音家族还有最后一位朋友，它已经迫不及待地想和大家见面了，你们看，就隐藏在这个钟表里，它是谁呢？

（课件出示：猫头鹰钟表。）

生：ong。

（教师板书：ong）

师：（引导学生进行分组）我们为 ong 标好音调，看看哪组同学读得最准确。

生：ōng óng ǒng òng。

师：大家仔细观察，我们今天学习的 ang eng ing ong 有什么共同的特点？

生：都有共同的部分 -ng。

师：那在发音上呢？

生：从鼻子出气。

师：同学们的观察力非常敏锐。-ng 叫作后鼻韵尾，单韵母 a、e、i、o 和它组成的韵母叫作？

生：后鼻韵母。

师：（进行手势引导）发音时注意舌根抬高、鼻子出气。请同学们和老师再来读一读。

生：学生再次练读后鼻韵母。

在教学中，教师十分注重情境图的利用。首先，将整幅情境图呈现在学生眼前，引导学生进入故事情境，并带领学生寻找图中的汉语拼音要素。学生的观察力是十分敏锐的，很快便能找到如：窗（chuāng）子、台灯（dēng）、婴（yīng）儿、钟（zhōng）表等内容。学生在寻找的过程中，不仅培养了学生的观察力，更充分利用了学生的口语基础，将图形与发音联系起来，提高了汉语拼音的学习效率。

2. 情境图与语言发展相结合，提升表达能力

兴趣是推动学生探索新知识、发展新能力的有效动力。学生初入学时，对小学生活感到不适应，教师必须使用各种方法，充分利用一切资源和手段来吸引他们的注意力，激发他们对学习内容的兴趣，让他们觉得学习是一件快乐的事。喜欢听故事是儿童在这一阶段的共同点，生动有趣、引人入胜的故事能较好地激发学生的学习兴趣。统编教材的编者用心地为每一课配上了充满趣味的情境图。这些情境图除了隐含着拼音字母的音和形，更包含着丰富的故事情境。教师在教学中要恰到好处地运用这些情境图，将拼音学习融入学生熟悉的、喜爱的看图讲故事活动中，可以更好地激发学生学习拼音的兴趣。学生在活动中观察图画、看图说话，在学习汉语拼音的同时，锻炼了观察能力和语言表达能力。

一年级上册汉语拼音单元《ɑ o e》的导入设计

教师可以根据情境图编故事创设情境导入新课的学习：在一个美丽的早晨，清清的溪水、漂亮的小野花、绿油油的大树都被笼罩在蒙蒙的晨雾中，如同仙境一般。瞧，太阳公公还没有起床，一位小姑娘就站在小溪边唱起了ɑ字歌。听，她在唱："ɑ ɑ ɑ、ɑ ɑ ɑ。"大公鸡听到了歌声也跟着唱起来了"o o o、o o o"。他们的歌声引来了大白鹅，伴随着优美的歌声，大白鹅在水中翩翩起舞，它跳着跳着，发现自己在水中的倒影好美啊，就不由自主地也唱起歌来"e e e、e e e"。学生的注意力完全被创设的故事情境吸引住了，这时教师可以趁机导入新课的学习："多么美好的早晨啊，咱们也来参加这场清晨音乐会吧！"

教师在教学时，把单纯的韵母教学编成富有情趣的故事，一下就吸引了学生的注意力。学生在听故事的过程中，不由自主地融入字母的学习中。《ɑ o e》是汉语拼音部分的第一课，也是学生学习拼音的起始课，生动有趣的教学过程会给初入学的学生留下难忘的第一印象，觉得拼音学习的过程是轻松而愉快的，从而对学习拼音产生兴趣。

统编教材中既有这样与学习内容密切相关的、含有故事情节的单幅情境图，也有将观察力、思维力的培养与学习内容融为一体的情境图。在教学中，教师不妨鼓励学生在这些整合情境图中寻找需要学习的内容，在这种具有挑战性的学习任务中感受学习拼音的快乐。

一年级上册汉语拼音单元《ie ue er》的教学设计

①认真观察图画海岛月夜图，说说"图上都有谁，她们在哪里，分别在干什么"？

②教师围绕图中与整体认读音节"ye、yue"相关的内容，引导学生积累词语。

③教师补充相关音节，引导学生进行拓展积累，讲故事。

在这课的教学中，教师借助图画要求学生按顺序观察情境图，把观察到的信息用自己的语言清楚地表达出来，再通过生生合作和师生合作，说词语、积累词语，并在此基础上将这幅图编成一个完整的小故事："在皎洁的月光下，两个美丽的小姑娘穿着洁白的衣裙在椰子树下，学唱歌。她们学得可认真了，一个大声唱着歌，一个戴着耳机静静地听着美妙的乐曲。"学生在编故事的过程中会用到许多含有"ie ue er"韵母的生字，这使得他们在练习说话的同时逐渐使自己的发音变得准确。

每幅情境图都蕴含着丰富的拼音学习资源。如《ai ei ui》一课的情境图，描绘的是一群小朋友放学后围坐在一起听老奶奶讲故事的场景。图中的小朋友"一个挨着一个"，桌上放着"杯子"，老奶奶戴着"围巾"，其中的"挨""杯""围"提示了本课复韵母的音。除此之外，图中老奶奶的头发是"白（bái）"的，小朋友的头发是"黑（hēi）"的；最左边的小女孩双手放在"腿（tuǐ）"上听得多专注；右边的两个小朋友"背（bēi）"着书包；杯子里有"水（shuǐ）"……图画中暗藏着许多拼音学习元素，等待着学生去发现。同时，图画还蕴含着丰富的人文内涵——老奶奶和孩子们沉浸在阅读中，十分陶醉，画面营造出的浓厚的阅读氛围，可以潜移默化地影响学生的观念和行为。

教材中有很多类似这样的情境图资源，图中含有丰富的故事情节，将学习任务隐藏在完整的图画情境之中，学生需要通过观察和思考才能发现学习任务，这样的整合情境图更能激发学生的学习兴趣。教师可以巧妙地将拼音学习和语言发展有机地结合，开启了学生语言思维的大门，点燃了学生语言智慧的火花，丰富了拼音教学的内涵。学生在形式多样的语言实践活动中学习了规范的语言，培养了语感，提高了口头表达能力，为口语交际、写话、习作奠定了基础。

3. 情境图与展开想象相结合，拓展学生的思维能力

教材中的情境图为学生提供了广阔的想象空间，让学生在观察的基础上联系生活展开想象，调动学生的想象力辅助识记拼音。

一年级上册汉语拼音单元《z c s》的教学设计

①仔细观察图画并回答：图上有谁，他们在干什么？

②和同桌说一说，想一想、说一说 c 与什么事物相像？

③学生展开想象："像半个圆，像弯弯的月牙……"

这样的教学设计，既让学生在想象说话中记住了字母 c 的形，又丰富了他们的语言积累；既让学生学会了拼音知识，又拓宽了他们的思维宽度。在教材中，类似这样可以用来进行想象能力训练的情境图比比皆是，教师要善

于利用，把它们作为学生发展想象的素材，为学生创造发展思维和语言实践的机会，使他们的想象能力和语言表达能力得到锻炼和提高。

一年级上册汉语拼音单元《ɑi ei ui》的第二课时教学设计

①指导学生借助拼音，读准词语"妹妹、奶奶"。

②看图，你观察一下，妹妹在干什么？奶奶在干什么？她们之间会发生什么样的事情？

教材中提供的一些词语是互有关联的，词语"妹妹"和"奶奶"都是表示称呼的词语，又具有一定的内在逻辑关系。教师在让学生读好词语的基础上，让学生想象一下在奶奶和妹妹之间会发生什么样的事情，再说一说。把词语放到具体的语境中教学，有利于帮助学生更好地记忆和理解词意。

4. 情境图与学习难点相整合，提高学习效率

一年级的学生还不具备自我归纳能力，再加上汉语拼音的相关知识规律性不强，三拼音拼读、带调音节认读、形近声韵母辨别等知识就成了学生学习拼音时的难点，成为一部分学生在学习拼音过程中难以逾越的鸿沟。[①]统编教材的情境图展现的是充满童趣的生活情景，很好地在学生已有的生活经验与学习对象之间建立新的联系，为学生提供了学习拼音的"拐杖"，使他们在观察图片、展开联想的过程中解决难点问题，提高学习效率。

一年级上册汉语拼音单元《zhi chi shi ri》的第二课时教学设计

师：小津娃今天就要充当我们的小导游，带我们去参观全运村。

师：瞧，这就是漂亮温馨的全运村，运动员们一下子就有了回家的感觉。

师：为了让运动员安心比赛，我们做了充分的安保准备。看，保安叔叔正在认真地检查。

生开火车读：chá。

师：走进运动场馆，看看小津娃正在参加什么项目呀？对，它参加了射击项目，再看看他还参加了什么项目？

生拼读：shè zhuā。

---

① 郦云：一年级上册教材的情境图在拼音教学中的有效使用 [J]. 小学语文，2017（7）：83.

师：所有运动员来到天津都感觉我们天津人热情似火？

生拼读：rè。

师：我们经历了小津娃一次又一次的挑战。他夸大家都是棒棒哒！不知不觉我们大家用前面学习的方法拼读了两拼音节和三拼音节。我们一起说一说拼读方法吧！

生一起背诵拼读方法：

两拼音节是：前音轻短，后音重，两音相连猛一碰。

三拼音节是：声轻介快韵母响，三音连读很顺当。

师：掌握了拼读方法，所以大家拼读都棒棒哒。相信你还会拼很多音，快来试试吧！练习中要仔细看，认真练。

语音是在一定的语言环境中得以发展的，有的学生存在着平翘舌音和前后鼻音不分的语音问题，这也是拼音教学的难点。在教学"zhi、chi、shi、ri"带调音节认读的过程中，教师可以借助情境图中与这些音节相关的内容让学生进行发音练习，帮助学生找到形象的事物与字母读音之间的联系，让学生迅速掌握拼音字母的读音。

情境图唤醒了学生已有的口语经验和生活经验，使学生在熟悉的语言环境中，在原有知识经验的基础上，根据自己的经验背景，学习新的语言工具，缩短了抽象拼音符号及知识与学生现有认知之间的距离，有效地突破了难点，提高了学习效果。

二、遵循规律，识字学词

统编教材汉语拼音部分有一项重大的变化，就是将拼音教学时间后置。以往刚开始学习语文时，把汉字作为辅助，拼音作为主体。现在我们学习了第一个识字单元，认识了40个生字，或者学生在生活中已经认识了很多生字，那么，教师就要注意在教学拼音的过程中，运用已学过的汉字帮助拼音的学习，使汉字成为学习拼音的帮手，拼音成为学习的工具。实践证明学生有了汉字口语发音做基础，再学拼音，就有了可借鉴、可参照的抓手，枯燥的字母符号及拼读规则也就有了可"着陆"的依靠，学生学习拼音来就降低了难度。教材这一创新编排，是拼音教学实实在在的减负举措。

比如，过去我们学习 an 这个韵母的时候，借助天安门的图意帮助学生学习韵母 an 的发音。现在教科书第一课要求认识生字"天、地、人"，"天"的韵母是 an，那么教学韵母 an 时，学生已经认识了"天"这个字，便可以借助"天"字的韵母来学习和巩固韵母 an 了。这就是说教师在拼音教学时要转变教学方式和教学理念。

比如，整体认读音节"yue"就可以结合之前学过的"月"字来帮助读准新学的拼音。同时，拼音也可以帮助学生认识新的汉字，他们可以利用拼音这一工具，拼读出汉字的正确读音。

教师在识字教学中同样可以发挥故事情境图的作用。首先，教师可以引导学生看图，学生看懂图意很容易就拼出音节。当学生在认读中遇到拼读困难的生字时，教师可以借助情境图中呈现的事物，帮助学生先读好事物的名称再练习拼读的方法。把看图、拼音、识字整合在一起，有益于发挥学生的主体性，也益于调动群体学习过程中的互动作用，是提高识字效率的有效方法。

比如：一年级上册第5课，第一次出现三拼音节，huà huà，让学生先看图读好"画画"这个词语，再反复练习拼读音节"huà huà"。

拼音与识字相得益彰、协同发展，学生在学完拼音后可以直接用来识字。这样他们就能在学习过程中体会知识的价值，从中感受到学习成功的愉悦。

第三节　注重多维整合，拓展学习途径

教材重视学好拼音，但并不是单一学习拼音，而是将拼音与识字学词、口头表达整合设计，同步进行，听说读写齐头并进，综合发展各方面能力。

统编教材中的所有音节都是带调音节，而且不再呈现拼读的过程，个别作为例子的拼读过程，也都做了灰度处理，作为辅助手段帮助学生拼读。带调的音节是一个整体，与今后在实际运用中遇到的音节完全一致，这种呈现方式，可以充分利用学生的视觉记忆，提高学生识别音节的熟练程度。这些带调音节，都有实际意义，可以与学生的口语建立起直接联系，使学生体会到拼音学习的价值。拼音的学习直接指向生活中的实际运用，学生可以充分

利用前认知经验学习拼音，提高学生识别音节的熟练程度。与思维训练和游戏活动整合起来，我们可以把汉语拼音部分视为一个多元化的整体，将学拼音看图识字、看图说话、阅读短语和儿歌等多个知识点互相渗透，分层次有机整合，千方百计调动学生的兴趣，力求取得最佳学习效果。

一、整合经验，循序渐进

拼读是学生学习拼音的难点。教师如果只是简单地传授"三拼连读"的拼读法则，绝大多数的孩子是不能很快拼出音节的。统编教材增加了许多与学生生活紧密联系的音节，根据这一编排特点，教师可以在教学中调用孩子前认知经验，使音节和具体的人、事、物进行意义对接，借助孩子们熟悉的具体事物的口语发音，帮助孩子顺利拼读音节，并逐步掌握拼读方法，突破拼读难点。

如，汉语拼音第5课，教学三拼音节"guā、guō、huā、huǒ、kuò"时，教师可以从课件中依次出示一个西瓜、一口锅、一朵花、一堆火和由小扩大的圆等图片，先请孩子们认一认在生活中早已熟悉的事物，说一说它们的名称，这项活动实际上是在调用学生原有的"语音储备"。在此基础上，教师再引导学生思考：这些字是怎么拼出来的？当学生感到困难时，教师可以用声母和韵母相拼的图片加以引导，让学生反复练读，不断强化和巩固。在反复读的基础上让学生自主体会出三拼音节的拼读方法，再辅以"声轻介快韵母响，三拼连读很顺当"的拼读口诀强化学生的记忆。最后依次分别出示以上五个音节的四声，让学生读一读，再结合生活实际说一说这些音节都代表着哪些事物，这样就能让学生在反复练习读说的过程中突破三拼音节的难点。这种由易到难、由浅入深的扩展活动无一不是根据学生的前认知经验进行的。

二、整合思维，提高能力

语言的学习与思维的发展有紧密的关系，鉴于学生的年龄和认知能力，将拼音的学习与认识事物、发展思维相结合，突出了汉语拼音综合性的特点。统编教材的拼音教学部分中"语文园地"的编排就突出了综合训练的特点，既强调拼音的复习，又通过音节词认识事物。在教学中，教师可以设计联想活动，训练学生的想象思维和初步的逻辑思维。

例如，一年级上册《语文园地二》中的"读一读，做动作"活动，其设计的目的是让学生通过拼读音节了解音节词的意思，再展开想象用自己的动作表达词意，意在训练学生的理解力。

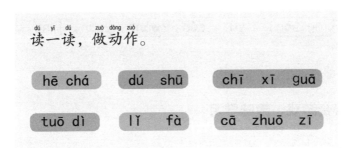

"把同类的事物涂上相同颜色"的活动，则让学生在读准音节词的基础上，把相同词语进行归类，培养了学生初步的逻辑思维能力。

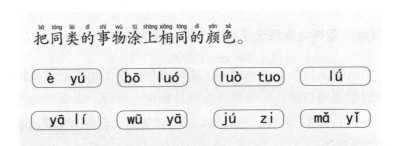

再如，《语文园地三》中"秋游的时候，你想带什么"则在生活情境化的训练中激发了学生复习拼音的兴趣。学生通过正确拼读，发现这些音节词都是秋游时常会携带的物品。在此活动中，教师可以让学生从个体需求出发，结合生活经验，选择所需物品，发展学生的思维能力。

qiū yóu dì shí hòu　　nǐ xiǎng dài shí me
秋游的时候，你想带什么？

| mào zi | shuǐ hú | píng guǒ |

| tiào qí | miàn bāo | shuǐ cǎi bǐ |

| bǐng gān | yǔ sǎn | wàng yuǎn jìng |

三、整合游戏，趣味学习

《义务教育语文课程标准（2011版）》中明确指出："汉语拼音教学尽可能有趣味性，宜以活动和游戏为主，与学说普通话、识字教学相结合。"[①]学龄初期儿童比较好动，我们要顺应他们的这一心理特点来进行拼音教学。拼音的学习以趣贯穿，在游戏和活动中加以巩固，让学生边玩边学，乐在其中。

1. 以顺口溜形式掌握汉语拼音字母的音和形

顺口溜是学生喜闻乐见的形式，朗朗上口，便于记忆。学习拼音字母时，就可以编写顺口溜。在编顺口溜的过程中，教师一定要巧妙地加以引导，以发展学生的求异思维，培养他们的听说能力，促进语文实践能力的发展。例如，教学《z c s》一课时，教师可以使用顺口溜帮助学生识记："熊认字 z z z 小刺猬 c c c 蚕吐丝 s s s"。让学生在反复朗读中识记拼音字母，并且启发学生边读边想象，根据汉语拼音字母的形象自主编出顺口溜，辅助识记。学生想象力极其丰富，编出了各种各样的顺口溜，如，"像个小2 z z z，半个圆 c c c，半个8 s s s"；还有"熊老师写字 z z z，刺猬有刺 c c c，弯弯丝线 s s s"。学生在兴趣盎然地编顺口溜的过程中，不知不觉地对汉语拼音的识记加以巩固。这些顺口溜形象有趣，既能帮助孩子识记字母的音、形，又解决了孩子学得快忘得快的问题。加上顺口溜是孩子们自己参与编出来

---

① 中华人民共和国教育部. 义务教育语文课程标准（2011版）[S]. 北京：北京师范大学出版社，2012：21.

的，很受他们的欢迎。不论是课间玩耍，还是放学回家，他们都会三五成群，拍着小手进行诵读。运用这种方法，学生很快掌握了拼音字母的音和形。

此外，孩子们编的顺口溜反映了他们不同的观察角度、不同的情感体验、不同的生活观点。教师在引导时，既要激活他们的思维进行编创，又要注意结合一年级孩子的年龄特点，引导他们学会为人处事。例如，在教学韵母"i"时，有个孩子编了句顺口溜："妈妈洗衣 i i i。"教师可以先表扬他编得好，然后接着引导："我们在渐渐长大，妈妈要工作、做家务，又要洗衣，多辛苦呀！自己的衣服要谁洗呢？"通过引导，学生又编了一首顺口溜："妈妈洗衣真辛苦，我来洗衣 i i i。"此类训练，既有情趣，又结合了学生的生活实际，让学生在娱乐中学会了知识，学会了做人。

再如，教学《j q x》一课，j q x 与 ü 相拼的拼读规则是学习的难点。教师首先让学生认真观察：你发现了什么？有什么问题？经过观察发现，有的学生说："ju qu xu 中 ü 上的两点怎么没有了？"有的说："本来韵母是 ü，到了音节中韵母 ü 怎么变成了 u？"老师趁势说："ju qu xu 中的韵母实际上是 ü，只是书写时省写了两点。这是因为，在普通话里，j q x 不能和 ü 相拼，所以和 ü 相拼时，ü 上的两点可以省去。你能编个顺口溜记住这个规则吗？"顿时，学生学习的积极性被激发出来，纷纷发言："小 ü 小 ü 有礼貌，见了 j q x 就脱帽。""小 ü 碰见 j q x，去掉两点还念 ü。""j q x，小淘气，见了鱼眼就挖去。"可见，为学生创设自己发现问题、提出问题的空间，可以极大地激发学生的学习热情，使之主动参与到学习过程之中。

2. 以游戏形式突破汉语拼音教学的重难点

儿童心理学研究表明，游戏是儿童参与率、合作率较高的一种行为方式。在拼音教学中，只要运用得当，游戏方式是一种学习效率较高的方法。

例如，教师帮助学生复习容易混淆的字母"b d p q"时，可以安排这样的教学活动：

师：（左手握拳，竖起大拇指）平时我们用这个动作表示什么意思？

生：表扬、夸奖。

师：大家看看，像什么字母？

生：b。

师：翻个跟头像什么字母？（把手势往下翻，变成拇指在下，拳头在上。）

生：p。

师：（边做动作边念儿歌）伸出左手夸b，翻个跟头是p（把手势向下翻，变成拇指在下，拳头在上）。

之后，教师再让学生跟着自己一起做手势，念儿歌。请学生借助右手，看看d和q有什么区别，引导学生自己编出："伸出右手夸d，翻个跟头是q"。这样让学生既动口又动手，他们的注意力不容易分散，而且乐意学，学得快，记得清。接着，教师告诉学生："还有许多字母也可以通过做手势记忆，你们可以试试。"学生开动脑筋，果真用手指摆出了许多字母，通过游戏活动不仅激发了学生的学习兴趣，还培养了他们的想象力，创造力。

3. 手脑并用巧记汉语拼音字母的形

新课程改革的一个重要目标就是转变学生的学习方式。学习方式的转变意味着必须关注学生的学习过程和学习方法，关注学生是用什么样的手段和方法，通过什么样的途径获得知识的。为了培养学生的动手能力，激发他们学好拼音的兴趣，启发学生运用多种材料摆一摆，识记汉语拼音字母的形。

在《语文园地二》"还能摆什么？快来试试看"的训练中，教师可以通过教材中的示例启发学生运用多种材料摆一摆，识记汉语拼音字母的形。

huán néng bǎi shí me　kuài lái shì shì kàn
还能摆什么？快来试试看。

教学中还可以将此训练进行拓展，开展"我会摆"的评比活动。学生运用生活中的物品，发挥想象力，动手"玩"拼音。用小绳、小棒、彩泥、学习用品、手势、体式等方式摆出字母的形，有的同学用一根细铁丝弯成不同的字母f, t, n, m；也有的同学匠心独运，利用一根短毛线，加上两颗花生米，变成几组字母：u, ü, l, i；还有的同学带来弯把儿的儿童伞，变换位置摆在投影上，变成 f, t；更有淘气的男孩子带来弹弓，放到投影上投影出字母 y……在这项活动中，学生选择合适的材料摆出字母的形，训练了他们的思维能力；动手摆、动手捏的过程培养了学生动手操作的能力；边动手边复习巩固汉语拼音，最大限度地调动了学生的学习兴趣。

4. 巧用废物制作学具加大拼读练习

为了增加学生拼读兴趣，教给学生用废旧台历自制拼音卡片，拼音卡片由声母、单韵母和复韵母三部分组成，每部分都可以单独演示使用，还可以进行组合使用。在动手制作的过程中，也是对声母、韵母的复习巩固。课堂上让每个学生充分利用台历式拼音卡片大量练习拼读。可以师生合作，老师说，学生翻卡片拼读；可以生生合作，一个学生翻卡片，另一个学生拼读。这种拼读比赛的游戏活动提高了学生的学习兴趣，降低了拼读难度，加大了学生的拼读量。教师通过大量的"耳听口练"的游戏活动，把课本上的拼音知识逐步转化为学生的拼读能力。

第四节　注重强化运用，提升学习效率

　　教材倡导学用结合，在运用中学习。教材中安排了词语和儿歌，并且结合词语和儿歌的学习认识几个汉字。这些词语，都是由学生学过的音节组成的常用词语，每课的几个词语之间存在着内在的逻辑关系，可以使学生初步感知语言特点。所选的儿歌也都包含本课新学的音节。这些词语和儿歌，为学生巩固拼音、复习本课和前面学过的字母和音节提供了语境，体现了拼音学习的工具价值，教师可以借此引导学生积累语言，形成初步的语感。

　　在学习拼音过程中要求认识的几十个常用汉字，都是学生可以自己拼读出来的，使拼音和汉字的学习双线并行，有机地融为一体，而不是相互孤立、自成体系。之前学过的汉字，可以帮助读准拼音，成为学习拼音的好帮手；新学的拼音，又可以帮助认识新的汉字。拼音与识字相得益彰、协同发展，拼音的学习直接指向运用，学生学以致用，体会知识的价值，从中感受到学习成功的愉悦。

一、强化语境，巩固拼音

　　儿歌是小学生最喜欢的学习材料，统编教材在编排时关注了小学生的这一特点，在拼音教学内容中编排了大量的儿歌，借助儿歌这种形式有机地把拼音与识字结合起来。这样不仅能让学生在具体语境中巩固拼音，还能让他们运用拼音学习一部分构字率较高的独体字，为学习合体字奠定基础。

　　每篇汉语拼音部分的课文中都编排了配图和词语，用图画表示词语的意思，并在汉字的上方标注了拼音音节。学生通过读儿歌，既能学会一些汉字，又不会产生心理负担。教材中有许多标注了拼音的小短文、儿歌和童谣，它们深深地引吸着学生，激发了学生想要拼读音节、认识汉字的强烈欲望。

　　例如，一年级上册第7课中的小儿歌《过桥》，就将儿歌与数学的学习紧密结合在一起，体现了学科的整合。学生刚刚认识了数学符号，在语境中实现数学思维和语言思维的联通，让学生体验到学习的快乐。教师在教学中可以先让学生找出会拼读的音节，自己拼一拼；还可以让学生当小老师教给大家拼读，提高学生学习的自主性。然后再让学生尝试着读一读，有的学生会借助拼音读，有的学生则是借助前面学会的生字帮助读。教师可以让学生在自己读后比一比谁认读的字多，激发学生学习生字的兴趣。最后老师教读儿歌，让学生边读边想象，在体验过做数学题的快乐后，积累词语、培养语感。

这样的拼音教学，既能引导学生看图理解字义和短文的意思，又能让学生在运用汉语拼音识字读文的过程中巩固汉语拼音、掌握独体字、认识生字。

对于学生而言，最重要、最有效的教育方法就是帮他找到一条能让他尽情施展才能的途径。教师作为学生学习的服务者，要为学生创设自主学习的情境。

二、强化目标，运用拼音

教师在汉语拼音的教学中要树立目标意识，对汉语拼音的复习巩固要贯穿整个小学阶段。一年级下册教材的课文中都注有拼音，学生在学习时还要继续学习大小写拼音字母。在此阶段，教师可以让学生通过学习运用查字典识字的方法，熟记大小写拼音字母的形，按音序记忆字母表。因此学习汉语拼音不是一年级上学期某个阶段的任务，而是贯穿整个小学阶段的学习任务。拼音学习对不同年段的学生有不同的要求，教师在教学时要关注年段、年级之间的衔接。一年级上学期时，学生能做到准确拼读，正确书写即可。教师切勿在此时让学生进行枯燥、反复的操练，泯灭学生的学习兴趣；二至四年级的学生需要在识字学词和阅读的过程中，反复复习巩固汉语拼音，在不断地运用中达到熟练的程度；高年级学生则要在具有信息化特征的语文实践活动中学习拼音输入法，逐渐达到信息社会化的要求。

教师在教学汉语拼音时要从提高语文素养的大背景出发，综合考虑育人的因素，努力把握新教材的编排特点，关注学情，把握学生起点，在实践中加强整合，强化运用，才能有效地优化学生学习汉语拼音的效果。

第五节　走进课堂教学，感受拼音魅力

汉语拼音《j q x》课堂教学实录

——统编小学一年级上册

（一）复习导入，激发兴趣

师：老师知道同学们最喜欢去拼音王国，这节课我们继续走进拼音王国，我们已经和他们里边的好多小伙伴都已经成为好朋友了，对吗？

生：对。

师：那一会儿他们要欢迎我们的时候，你可别忘了跟他们打打招呼。下面我们就要出发了，开启我们的小火车。（播放音乐小火车）

师：快和我们的好朋友打打招呼。（课件依次出现拼音图片）

生：a o e i u ü d t n b p f l g k h。（齐）

师：谁来给大家拼第一幅图。看看你们是好朋友吗？（课件依次出现拼音图片，点名回答问题）

生：b-- ǐ --bǐ。

生：t-- ù --tù。

生：l-- ù --lù。

生：h-- ē --hē。

生：我来给大家拼，h--u-- a ---hua。

生：g --u-- a -- gua。

生：g --u--o-- guo。

（二）学习新知，练习拼读

师：真好。今天这节课，老师还要给大家介绍三个新朋友，可是这三个朋友都藏在了这幅图里边，请大家仔细观察，看看你能不能找到我们今天的新朋友？

生：我发现了气球。

生：我看到了桌子上的西瓜。

生：还有蝴蝶在和大公鸡玩耍。

师：同学们真棒，我们都找到了今天的朋友，那这三个朋友就是我们今天要学习的——第六课 j q x。我们这节课的学习任务，请大家认读 j q x，能正确地书写；练习拼读音节，知道小 ü 与 j q x 相拼两点要省略的规则。我们要比一比这节课谁学得最好。

师：侯老师给大家带来一首小儿歌，认真听。叽叽叽，叽叽叽，1234567，七只小鸡嘻嘻嘻，7654321。这小鸡的鸡就是我们要认识的第一个声母。你们知道是什么吗？

生：j。（齐）

师：仔细观察 j。侯老师可以给他编一个儿歌来记。小鸡捉虫，叽叽叽。你们可不可以帮侯老师编一编，看看它的形状、样子，编一个歌谣。

生：竖弯加点 jjj。

师：好，你很会观察，那么 j 和小 i 想交朋友了。知道可以拼成什么吗？

生：j--i--ji。

师：嗯，那我给他变成加上声调小帽子，谁会读？

生：j--ī--jī！（齐）

师：真好。我们已经认识了 j，那我们再看看气球。五颜六色的多漂亮啊，那么气球的气字，我们要读得轻短一些，就是我们今天要认识的第二个声母朋友，读什么呀？

生：q。

师：仔细观察 q 在四线三格里边是什么位置？ q 在四线三格中住在中下格，好了，我们也用一首小儿歌来记一记他，像个气球 q q q，是不是？好，那么我们还可以给他再编一个小儿歌，左上半圆 q q q。对了，那么 q 和小 i 也可以组成新朋友，谁会拼一拼？

生：q--i--qi。

师：那我给他带了一个四声的小帽子，怎么拼？

生：q--ì--qì（齐）

师：（课件出现 p 和 q）仔细观察，我们发现了一组好兄弟。谁来说一说观察到了什么。

生：p 的半圆在右边，q 的半圆在左边。

师：他真会观察，所以我们的这组好兄弟要注意了，右上半圆 p p p，左上半圆 q q q。所以这一组好兄弟可千万要给它分清楚了，不然你就是一个粗心大意的小朋友了，是不是？

生：是。（齐）

师：好了，那记住了，右上半圆是 p，左上半圆是 q，分清楚。

师：好了，那这组小兄弟我们分清了，再看一看，这是谁啊？

生：x。

师：是我们特别爱吃的大西瓜，西瓜的西就是我们要认识的第三个声母 x。仔细观察他在哪一个格？

生：x 在中格。

师：刀切西瓜 xxx，它还像什么？

生：像个十叉。

师：所以我们还可以用另外半句小儿歌记住它，像个叉叉 xxx，我们用它的形状来记住了。

生：像个叉叉 x x x。

师：好。那同样 x 和小 i 也想交朋友。给它加一个声调小帽子可以吗？（课件出现拼音）

生：x-- ī -- x ī 。（齐声朗读三遍）

（三）指导书写

师：不同的声调小帽子戴在头上要有不同的声调，所以声调小帽子很关键了。那么现在请大家仔细观察，j q x 分别在四线三格的什么位置？谁来说？（点名回答问题）

生：j 在上中下格。

师：那我们今天要认识的第一个声母朋友 j，他在 23 个声母当中，住的房子是最多的，要占上中下三个格。好，请大家仔细看侯老师来书写，（开始板书 j）第一笔竖向哪边弯？

生：向左弯。

师：所以叫它竖左弯，上面的点要对齐，占上格。好了，伸出小手跟老师一起写，第一笔竖左弯。第二笔，点。好，两笔写成。

师：那看 q。谁会写？

生：q 占中下格。

师：对，看老师来书写（开始板书 q），我先写的是左半圆，再写竖，竖在中下格，下不能到底，所以我们要占中下格，不能到底。好，伸出小手写一写，先写左半圆，再写竖。几笔写成？

生：两笔写成。

师：好了，再看 x 占哪个格？

生：占中格。（齐）

师：嗯，刚才我们说它占中格，对吧？那请大家注意，虽然他像个十叉，那我们要写的时候要先写的是哪一笔？先写的是右斜，再写的是左斜。右斜左斜叉中间，所以你的这个十叉要摆在你的四线三格的中间，伸出小手写一写，右斜。左斜。好极了，会写了吗？

生：会写了。

师：那我们在本子上写一写，我们打开本子，先跟老师来做我们的写字功，身坐正，两肩端正放轻松，左扶纸，右握笔，把你的铅笔拿出来，好。三个一要记心间，哪三个一？跟着侯老师一起说——

生：胸离桌子一拳远，眼离书本一小臂，手离笔尖一指节。

师：好，现在按照我们的写字功的姿势摆好，写一个 j。（学生开始练习 j 的书写）两笔写成。竖左弯。点。好，再写一个 j。再写一个，真好，有同学写得特别棒，请大家来写一写 q，两笔写成。左半圆竖，两笔写成左半圆竖。好，再写一个，比一比这两个写得好不好，哪一个是最漂亮的？先要写左半圆，再写竖。最后写一个 x。右斜左斜叉中间，右斜左斜叉中间，好，再写一个比较一下，哪一个写得更漂亮？不错。再写一个。右斜左斜叉中间。真漂亮。自己看看你写的，跟侯老师写的。比较一下占格，位置，我们书写要工整和规范。写得漂亮吗？

生：漂亮。

师：好，那我们再写一遍，j 是占上中下三个格的，先写的是竖左弯，第二笔要写点。q 占中下格，先写左半圆再写竖。x 占中格也是两笔写成，先写右斜再写左斜。在本子上再写一个 j。注意两笔写成。第一笔竖左弯。第二笔点。好，q 两笔写成。左半圆。竖。好，再写一个 x。注意是右斜左斜叉中间，右斜左斜叉中间。好，写好以后，跟你的同桌小朋友互相交换一下本子，看一看他哪一个写得最漂亮。

生：（交换作业本互相交流讨论）

（四）自主学习三拼音节

师：今天我们认识了三个新朋友，j q x，注意他们在四线三格中的位置。现在老师要考考你们了，你们知道两拼音节的拼音规则是什么吗？

生：前音轻短后音重，两音相连猛一碰。

师：再考一考大家，三拼音节要注意什么？

生：声轻介快韵母响，三音连读很顺当。

师：两拼音节的我们已经会了。三拼音节的，我们同桌同学互相来学习一下。跟你的同桌小伙伴互相读一读，看看两个人会不会读了，注意是声轻介快韵母响。

（同学们跟着课件练习 j--i-- a -- 家，q--i-- a -- 掐，x--i-- a -- 霞的拼读）

师：学得怎么样？我要检查汇报一下，看看哪一小组的同学学得最好，谁来读第一组。

生：j--i-- a -- 家。

师：好。声轻介快韵母响，我们再请一组同学读第二组。

生：q--i-- a -- 掐。

师：好，第三组。哪两个同学汇报一下？

生：x--i-- a -- 霞。

师：正确，它们的小帽子是二声的，x--i-- a -- 霞。一起读，第一组 j--i-- a -- 家，第二组 q--i-- a -- 掐。第三组 x--i-- a -- 霞。好了，三拼音的拼音规则，声轻介快韵母响，三音连读很顺当。好极了。

师：读得不错，那现在老师要奖励你们一个大苹果了，谁来摘？我们先分小组摘一摘，第一组。这个大苹果。（课件出现带拼音的苹果图片，学生朗读对应摘下的苹果）

生：q-- ǐ --qǐ。

师：第二组看好了，你们要摘哪一个苹果？

生：j-- ǐ --jǐ。

生：x-- ì --xì；x-- ǐ --xǐ；q-- ì --qì；x-- í --xì；j-- ī --jī；j-- í --jí；q-- í --qí。（齐读）

师：老师这也准备了大苹果，红红的大苹果。好不好？那一会儿谁读对了，谁写好了，把这大苹果奖励给你，好不好？

生：好。

师：好了，那我们刚才学了这么多，大家是不是有一点累了？那我们现在休息一下。（课件出现拍手歌，让学生们放松一下）

生：j q x，j q x，三个朋友在一起，大家玩得笑嘻嘻，拍拍手，拍拍肩，我们继续来学习。

（五）学习 j q x 与小 ü 的拼读方法

师：我们现在可不可以继续学习了？看看谁来了？我们刚才学得这么开心快乐，小 ü 忍不住也想加入，欢迎他吗？

生：欢迎。

师：j q x 和小 ü 呀也想交朋友，跟我们大家一样，特别欢迎他们，那我们来看看 j 和小 ü 怎么交朋友？仔细观察（动画中 j-- ü --ju）交成了一个好朋友。再仔细观察，q 和小 ü 怎么交朋友？仔细观察，（动画中 q-- ü --qu) 他们也组成了一对好朋友，那么 x 更忍不住了！我也要加入，x 和小 ü，（动画中 x-- ü --xu) 是不是也交上好朋友了？

生：是。（齐）

师：那么刚才你们观察到了 j q x 和小 ü 交朋友以后，有什么变化？

生：小 ü 把它头上的小帽子去掉了。

师：小 ü 呀是一个特别有礼貌的小朋友，他觉得戴着帽子和你交朋友不礼貌，所以见到 j q x 的时候，小 ü 就怎么样啊，帽子摘掉了！那么老师为了帮助大家记住这个规则，编了一句顺口溜，小 ü 小 ü 有礼貌，见到 j q x 赶紧就脱帽。你会了吗？小 ü 是个特别有礼貌的孩子，你能不能让他学习？嗯，那我们先要坐正坐好，一起说一说这个小歌谣。

生：小 ü 小 ü 有礼貌，见到 j q x 赶紧就脱帽。

（六）游戏复习巩固新知

师：那你来看一看，这三道题谁会写？（课件出现填空题 j-- ü --ju，q-- ü --qu，x-- ü --xu）

生：j-- ü --ju。

生：q-- ü --qu。

生：x-- ü --xu。

师：好，这三位同学真棒。老师要把这三个大苹果送给他们，因为他们知道了小 ü 和 j q x 相拼的时候点要去掉。好，小 ü 小 ü 有礼貌，见到 j q x 赶紧就脱帽。那么在拼音王国里还有一个规则，就是 j q x 从来不和小 u 交朋友，所以侯老师又把他们的规则找到了，给大家读一读。

生：j q x 真淘气，从不和 u 在一起。

师：这是它的规则啊，拼音王国里边的规则，j q x 淘气，摘下小 ü 帽笑嘻嘻，那有人说一说，j q x 不和谁交朋友？

生：u。

师：对，在拼音王国里，他们从来不和小 u 交朋友，只和谁交朋友？

生：ü 。

师：只不过小 ü 要摘掉小帽子，摘掉小帽子还念什么？

生：还念 ü 。

师：这是最最关键的一条规则，你只有把这条规则掌握好，你才能继续在拼音王国里做游戏。老师又要考一考你们了。看看谁还可以有大苹果？（j--ü--ju；q--ù--qù；x--ǔ--xǔ；j--ú--jú 填空练习）

生：j--ü--ju；q--ù--qù；x--ǔ--xǔ；j--ú--jú。

师：好了，这四道题，请大家仔细看一看，音节的分解和组成，如果我们把音节组合，小 ü 的点要怎么样？

生：去掉。

师：音节还原，要怎么样呢？

生：小 ü 的点要加上。

师：好了，那现在我们又遇到了一个难题，这是拼音王国里边小 u 和小 ü 的家。但是小青蛙已经迷路了，你能给他们送回家吗？让我们看看，怎么回家呢？可不要送错了啊，谁来送送第一只小青蛙？（课件出现身带两拼音节的小青蛙，学生上台练习送对应的小青蛙去 u 和 ü 的家）

生：我要把 k--u--ku 送到小 u 家。

生：要把 q--u--qu 送到小 ü 家。

生：要把 m--u--mu 送到小 u 家。

生：我要把 n--ü--nü 送到小 ü 家。

生：我要把 j--u--ju 送到小 u 家。

生：我要把 h--u--hu 送到小 u 家。

生：我要把 x--u--xu 送到小 ü 家。

师：那咱要看一看啊，小 u 家都有谁呀？

生：ku，hu，mu。

师：再看看小 ü 家都有谁？

生：xu，ju，qu，nü。

师：对，n 和小 ü 相拼，n--ü--nü。那 j q x 和小 ü 相拼小 ü 两点要去掉，所以他们都已经回到了自己的家里面了，对不对？

生：对。

（七）小结本课内容

师：拼音王国的鸽子信使又来了，它给我们带来了一封信。我们一起来读读这封信好不好？

生：好。

师：那我们来看看信上都说了些什么？小朋友们，这节课你们在拼音王国里学习了？

生：j q x 的写法。

师：我们已经学习了他们的写法，两拼音节：jī，qī，xī；三拼音节：jiā，qiā，xiā。最关键的，我们还掌握了拼音王国里边最重要的一条，小 ü 遇见 j q x，去掉两点还念 ü。好，重要的我们又给大家放了一遍规则，这节课我们的收获是不是特别大呀？

生：是。

师：所以呀拼音王国的国王特别喜欢同学们，他邀请我们下节课还来到拼音王国做客，可以吗？

生：可以。

师：我们这节课学得真好，那我们坐上我们的小火车，回家了，火车开启，小火车回家喽。欢迎我们同学下节课再来拼音王国，好不好？

生：好。

师：好，这一节课想一想自己学到的知识，回家把我们学到的内容讲给爸爸妈妈听，做一名优秀的小老师？

师：好，这节课我们就上到这里，起立。同学们再见。

生：老师再见。

【教学点评】

《义务教育语文课程标准（2011年版）》实施建议提出："拼音的教学尽可能有趣味性，宜以活动和游戏为主与普通话和识字教学相结合。"汉语拼音的学习很容易枯燥、乏味，加上一年级的孩子又活泼好动，易于接受直观事物的特点，所以汉语拼音的教学必须调动学生学习的积极性。在教学中，教师努力创设丰富多彩的教学情境，将抽象、枯燥的汉语拼音同丰富的游戏、故事、比赛等结合起来，让学生在学中玩、玩中学、寓教于乐。其次，教师也很注重学生学习习惯的培养。对课堂开始时的师生问好、学生的坐姿、举手、起立发言的站姿、倾听、说完整话等常规习惯进行训练，课堂学习中学生参与性高，学习积极性也很高。

本课对于 j q x 的读音字形和音节的拼读，学生学习起来并不吃力，很顺当地就完成这部分内容了。首先让孩子们观察声母 j q x 的情境图，有意识地培养孩子观察的能力，为了让孩子们记住 j q x 的发音，老师耐心地引导他们只要把"母鸡的'鸡'发短音就是声母 j 的发音了；把'气球'的'气'读一声，读得短一些、轻一些，就是声母 q 的读音；把'西瓜的西'读得短一些，轻一些，就是声母 x 的发音"。然后放手让学生自己来尝试编儿歌记住 j q x 的形：一只小鸡 jjj。左上半圆 q q q。一个叉号 xxx。学习本课的一个难点就是j q x 与 ü 相拼，省写 ü 上的两点的拼音规则。一是容易忘记省写 ü 上的两点；二是不知为什么要省写 ü 上的两点；三是学会了省写规则后，又将其他声母（如：n、l）与 ü 相拼时也去掉 ü 上两点；四是省掉两点后又将 ü 读成 u，造成拼读错误。要突破这一难点，教师是这样进行教学的：先让学生观察 j q x 与 ü 拼读的音节，看看发现了什么，学生通过观察发现 ü 两点去掉了。于是趁热打铁，总结 j q x 与 ü 相拼省写 ü 上两点的规则。让学生熟记儿歌："j q x 真淘气，从不和 u 在一起，它们和 ü 来相拼，见了帽子就摘去。"或"小 ü 遇见 j q x，去掉两点还读 ü。"写的规则学生已基本明了，读的规则还需强调。即 j q x 与 ü 相拼时 ü 上两点去掉后仍然读 ü，千万不能读成 u。通过多种方式的朗读巩固，学生基本能掌握读的规律了。于是为了检测一下他们的学习情况，教师还出示了几个音节让他们进行巩固：ju-（）-（）qu-（）-（）xu-（）-（）nu-（）-（）lu-（）-（）。此环节把学习的主动权交给学生，运用设计送小青蛙回家来检查学生掌握的情况，学生积极性很高，班里绝大多数学生都能很快辨别出来。这样，j q x 与 ü 相拼 ü 上两点省略的规则也就深深地印在了学生的脑海中。枯燥的拼音课变得有趣味性，而且还能发展学生的语言，从小培养学生的创新能力。

（执教教师：侯婉娟　设计、点评：罗祎）

汉语拼音《ang eng ing ong》课堂教学实录

——统编小学一年级上册

（一）游戏导入，激发兴趣

师：在汉语拼音的学习旅程中，我们认识了很多朋友，其中有五个前鼻韵母，它们是谁呢？

生：（齐）an、en、in、un、ün。

师：同学们，让我们快快转动大转盘。

（课件出示图片：大转盘）

师：（点击课件中的转盘，随机出示一个前鼻韵母）说一说你看到了哪个前鼻韵母。

生：（齐）前鼻韵母 a n。

生：（齐）前鼻韵母 en。

生：（齐）前鼻韵母 in。

生：（齐）前鼻韵母 un。

生：（齐）前鼻韵母 ün

师：今天，还有几个拼音朋友想和大家认识，它们和前鼻韵母长得非常像，请大家跟随老师快快走进拼音乐园吧！

（课件出示："拼音乐园"图片）

（二）借助情境图，学习后鼻韵母

师：同学们，这是一幅美丽的图画。（课件出示：课本中情境图，并逐渐锁定"月亮透过窗子"的画面）仔细观察，说一说你看到了什么？

生：我看到"月亮透过窗子在对我们微笑"。

师：同学们观察得真仔细，在图中有一扇大大的窗子。（课件出示：窗子图片及音节词 chuāng zi）窗子外的月亮在对我们微笑。（课件出示：月亮图片及音节词 yuè liang）我们今天要认识的第一个朋友就藏在这里面，它就是？

生：（齐）ang。

（教师板书：后鼻韵母 ang）

师：（结合手势指导发音）请大家和老师一起读 ang，注意先发 a 的音，再发后鼻音，舌头逐渐后缩，舌根抬高，鼻子出气。

生：（齐）ang。

师：谁想试着读一读？

生：ang。

师：接下来，我们要给 ang 带上四声调的帽子，帽子戴在谁头上？

生：（齐）帽子戴在 a 头上。

师：谁能带领大家复习标调儿歌呢？

生：有 a 别放过，没 a 找 oe。iu 并列标在后，单个韵母不用说。

师：和老师一起读读戴好声调帽子的 ang。

（课件出示：标有声调的后鼻韵母 ang）

生：（齐）āng áng ǎng àng。

师：观察继续，睁大你们的小眼睛，看谁说得最快，你们看到了什么？

（课件出示：台灯图片及音节词 tái dēng）

生：台灯。

师：今天要认识的第二个新朋友是谁呢？

生：eng。

（教师板书：eng）

师：好的，我们一起来读一读，注意将后鼻音发准。

生：（齐）eng。

师：（引导学生自己诵读）eng 的声调帽子也戴好了，谁能试着读一读呢？

（课件出示：标好音调的 eng）

生：ēng éng ěng èng。

师：其实在我们的生活中也时时能看到 eng 的身影，谁能说说哪些词语藏着 eng 吗？并把音节拼读出来。

生：橙子。

生：城堡。

生：绳子。

师：没想到，同学们找到了这么多带有拼音 eng 的词语，你们真是善于观察生活的好孩子。接下来，让我们继续观察，你又发现了什么？

（课件出示：猫头鹰图片、婴儿图片及音节词 māo tóu yīng 和 yīng ér）

生：妈妈抱着一个小婴儿，在她们的头上还挂着一个猫头鹰的钟表。

（教师板书：ing）

师：和老师一起来读一读 ing。

生：ing。

师：那么谁能编个小儿歌帮助大家记住 ing 呢？

生：婴儿婴儿 ing ing ing。

生：一只老鹰 ing ing ing。

师：ing 还有位好兄弟呢，你们看！（出示整体认读音节 ying）它是一个什么音节呢？

生：（齐）整体认读音节。

（教师板书：ying）

师：它也读作 ying，请和老师一起读"整体认读 ying ying ying"。

生：（齐）整体认读 ying ying ying。

师：同学们，你们能编一个小儿歌，帮助大家区分韵母 ing 和整体认读音节 ying 吗？

生：大 y 牵着韵母 ing，整体认读 ying ying ying。

师：（随机指导）那么请同学们为韵母 ing 和整体认读音节 ying 戴好音调帽子，并自己读一读吧！

生：īng íng ǐng ìng。

生：yīng yíng yǐng yìng。

师：拼音家族还有最后一位朋友，它已经迫不及待地想和大家见面了，你们看，就隐藏在这个钟表里，它是谁呢？

（课件出示：猫头鹰钟表）

生：ong。

（教师板书：ong）

师：（引导学生进行分组）我们为 ong 标好音调，看看哪组同学读得最准确。

生：ōng óng ǒng òng。

师：大家仔细观察，我们今天学习的 ang eng ing ong 有什么共同的特点？

生：都有共同的部分 -ng。

师：那在发音上呢？

生：从鼻子出气。

师：同学们的观察力非常敏锐。-ng 叫作后鼻韵尾，单韵母 a、e、i、o 和它组成的韵母叫作？

生：后鼻韵母。

师：（进行手势引导）发音时注意舌根抬高、鼻子出气。请同学们和老师再来读一读。

生：学生再次练读后鼻韵母。

师：在书写时我们也要注意。首先来看 ang，写 a 时注意"脸蛋圆圆，扎个小辫"，然后写好后鼻韵尾。写 eng 时注意 e 略扁，占满中格。ing 要先写好小 i，注意和大 y 区分。写 ong 时注意 o 要写得圆润饱满。注意每个韵母中的字母之间要紧凑。（教师板书：ang eng ing ong）

师：（随机指导）下面，请同学们试着写写吧，每个后鼻韵母写一遍。

（学生进行书写练习）

师：（屏幕投影学生书写内容）哪位同学愿意做小老师为同学书写的后鼻韵母进行评价？

生：某某同学写得好，好在占格规范等；某位同学写得有待加强，字母松散不紧凑。

师：希望同学们规范书写。

师：（课中操）我们今天认识了新朋友，你们开心吗？让我们唱一唱、跳一跳，欢迎它们的到来。

（学生进行动作表演）

（三）结合生活，学习音节拼读

师：我们学习的后鼻韵母经常藏在音节中和我们做游戏，你喜欢做游戏吗？

生：（齐）喜欢。

师：那么谁试着说说我们做的哪些游戏的名称中含有今天学习的后鼻韵母和整体认读音节呢？

生：捉迷藏。

生：放风筝。

师：老师也为大家带来了许多游戏，你们看！

（课件出示：捉迷藏图片及音节词踩影子图片及音节词跳房子图片及音节词）

师：我们一起读一读。

（学生诵读）

师：做游戏很快乐，现在我们成为一名小学生也很快乐，学校的很多事物也藏着今天学习的拼音朋友，你能找出它们吗？

（课件出示：操场图片及音节词办公室图片及音节词讲桌图片及音节词）

生：操场的场有 ang。

生：办公室中有 ong。

生：讲桌中有个讲有 ang。

师：（引导学生小组诵读）我们分小组来读一读。

（学生分组练习诵读）

师：它们不仅藏在学校中，更藏在祖国的大好河山中。国庆节假期，同学们要去各种景点游玩，名胜古迹的名字里也藏着它们呢，你们找得到吗？

（课件出示：故宫图片及音节词长城图片及音节词兵马俑图片及音节词）

生：找到了。

师：谁想担任小导游，带领大家读一读并领略祖国的大好河山？

（学生领读）

师：游历过祖国的大好河山，让我们回到拼音乐园。在同学们的帮助下，这幅藏着后鼻韵母的图画呈现在我们眼前。我们快来找一找图画里藏着的后鼻韵母。

（课件出示：课文中情境图）

生：窗帘、墙壁、台灯。

师：同学们找到的词语真多，谁能借助这幅画和词语讲个小故事呢？

生：天黑了，屋子里的台灯亮起来了，窗外的月亮也在微笑，猫头鹰的钟声响起，妈妈哄着小婴儿要睡觉啦！

（四）闯关游戏，巩固拼读

师：（随机指导）同学们的故事讲得非常棒！故事中的很多音节都含有今天学习的后鼻韵母，接下来让我们走进音节城堡，请同学们迎接第一关挑战，自己练习拼读书中的音节。

（课件出示：语文书中的音节）

（学生进行拼读练习）

师：时间到，男女生比赛朗读，听听谁读得更准、声音更洪亮。

（男女生拼读比赛）

师：大家读得都很棒！

师：大家通过练读书中音节闯过了第一关，难度提升，请同学们两人一组，利用手中的拼音卡片组成含有 ang、eng、ing、ong 的音节，你找我读，我找你读，并为同学们展示。

（学生利用卡片练习拼读）

师：哪组同学想来展示？

（小组同学展示）

师：拼音卡片中的朋友找到了，那屏幕中的朋友呢？同学们，快来找找箱子中含有后鼻韵母的翘舌音音节和平舌音音节吧，并把它们放到相应的货架中。

（课件出示：zòng ràng zhōng sēng cáng shěng）

（学生进行音节分类）

师：看来第二关也难不倒大家，让我们一起来到第三关，在我们前进的路上，灰太狼设计了三个关卡，只有同学们找准、读准两拼、三拼和整体认读音节，才能打败灰太狼，爬到山顶，你们准备好了吗？我们先来读读两拼音节，有谁找到了？

（课件出示：pīng qióng yǐng liàng yǒng）

生：pīng yǒng。

师：这是一个两拼音节，在拼读时要注意什么呢？

生：声母轻快韵母响，两音相连猛一碰。

师：我们再来找找三拼音节。

生：qióng liàng。

师：在拼读时要注意什么呢？

生：声轻介快韵母响，三音相连猛一碰。

师：（引导学生观察 yǐng）这个音节是？

预设：整体认读音节。

师：同学们已经勇敢地闯过了三个关卡，作为奖励，拼音乐园的小主人为大家准备了礼物，看看哪组小朋友最团结，得到的礼物最多！

（课件出示：礼物盒子图片）

（小组竞赛，学生拆开"礼物"，练习拼读 xiǎo yáng、dēng long、píng guǒ、shǒu qiāng、chéng zi、yīng wǔ 等音节词，读准音节词后，收获礼物。）

（五）课堂小结

师：在今天的课程学习中，我们一起认识了后鼻韵母 ang、eng、ing、ong 和整体认读音节 yīng；我们还去了音节城堡，学会了拼读音节并收获了礼物。拼音乐园中还有汉字园地和儿歌小屋，大家想不想去一起游玩呢？让我们下节课一起去探索！

【教学点评】

汉语拼音《ang eng ing ong》一课是统编小学语文一年级上册第三单元第13课。在本课中，教材借助一幅妈妈哄婴儿睡觉的情境图进行后鼻韵母的教学，并在此基础上结合音节拼读的学习激发学生学习兴趣，进而达到学以致用的目的。在开展本课的教学中，教师始终秉承着统编教材的新理念，落实以趣为先、情境创设、结合生活等要求，进行拼音教学。

一、借助图片　创设情境

统编语文教材在进行汉语拼音部分的编写中，最大的特色便是情境图的呈现。新教材中的情境图是一幅整合的情境图，与单图相比，具有一定的故事情境，可以将学生要学习的汉语拼音巧妙地融入图画故事中，引导学生在有趣的情境中进行学习。

在教学中，十分注重情境图的利用。首先，将整幅情境图呈现在学生眼前，引导学生进入故事情境，并带领学生寻找图中的汉语拼音要素。学生的观察力是十分敏锐的，很快便能找到如窗（chuāng）子、台灯（dēng）、婴（yīng）儿、钟（zhōng）表等内容。学生在寻找的过程中，不仅培养了学生的观察力，更充分利用了学生的口语基础，将图形与发音联系起来，提高了汉语拼音的学习效率。教师在借助情境图进行拼音教学时，非常注重面向全体，大部分学生在结合情境图进行学习时，兴趣是非常浓厚的，借助情境图的内容进行拼音儿歌的创编也是本节课的亮点之一，学生在其中感受到了主动学习的乐趣。但是部分理解能力较慢的同学在借助情境图创编儿歌的过程中不尽完善，作为教师，在今后的教学过程中要充分关注、适当引导，帮助不同层次的学生学有所获。

二、联系生活 学以致用

学习汉语拼音的目的是进行识字，进而帮助学生解决生活中的问题。教师在进行教学的过程中，十分注重联系生活，借助学生身边的事物帮助学生进行学习，让学生感受到汉语拼音就藏在我们的身边，降低了学生的学习难度。

在进行音节拼读的练习中，首先选取了学生们最喜爱的游戏为切入点，贴近学生生活。一年级学生年龄小，活泼好动，他们对游戏具有浓厚的兴趣。引导学生说一说身边哪些游戏的名称含有本课学习的后鼻韵母，学生的话匣子一下子被打开了，紧接着课件呈现跳房（fáng）子、踩影（yǐng）子、放（fàng）风（fēng）筝（zheng）等游戏名称，由教师带领学生进行齐读练习。在此基础上，结合一年级学生刚刚进入校园对学校生活具有强烈的好奇心这一特点呈现学校中带有后鼻韵母的事物，如讲桌、办公室、操场等，学生探究积极性非常浓厚，争先恐后试着练读课件中的音节，因此，鼓励学生进行小组合作练读是很有效的。紧接着，结合时效性等特点，以假期生活为切入点，引导学生在游历祖国名胜古迹的过程中寻找后鼻韵母，如：故宫、长城、兵马俑等。在之前练习的基础上，学生已经具备了独立拼读的能力，因此，鼓励学生扮演小导游，带领全班学生进行拼读，是符合学生循序渐进的学习规律的。低段学生非常喜爱展示自我，得到周围人的肯定，所以都很希望扮演小导游带领全班同学拼读，学习氛围非常浓厚。在整个拼读环节中，秉承着"教——扶——放"的教学原则，先由教师领读，再到学生分组合作练读，最后为学生独立拼读，符合学生学习规律，也达到了练习的目的，有效完成了本课的教学重点。

在联系生活的教学环节中，也存在着些许不足。在未来的教学中，应将更大的主动性交到学生手中，鼓励学生寻找生活中的后鼻韵母及音节，加强学生的反馈，在反馈中，教师能更为有效地掌握学生的学习情况，并适时调整教学内容，帮助学生真正做到学以致用。

三、结合游戏 巩固提升

"儿童的天性是游戏。"作为教师，我们要以学生的学情为出发点，设计符合学生特点的教学方式，这样才能激发学生的学习兴趣，进而达到事半功倍的效果。

对于低段学生而言，有效的师生互动便是游戏的开展。因此，在本节课的教学过程中，始终贯穿着游戏教学的方式。在课程导入阶段，利用转动大转盘的方式，随机呈现前鼻韵母 an、en、in、un、ün，带领学生在游戏中进行巩固复习，并为本节课的开展奠定良好的契机。在进行音节拼读的学习过程中，则设计了不同的闯关游戏，将不同的知识点渗透在游戏中。第一关为拼读书中呈现的音节，在学生自主练习后进行男女生竞赛。书中呈现的内容是本节课要求学生掌握的基础内容，作为教学重点不容忽视，全班学生能够有效掌握。在此基础上进行拼音卡片的组合及练习，难度提升。学生要拼出正确的音节，并准确读出，对部分学生来说具有一定难度。为了突破这一难点，两人一组使用卡片练习便是较好的方式，学生在互帮互助中收获知识、收获友谊。紧接着，第三关呈现，即让学生找出含有后鼻韵母的不同类型音节，如含有后鼻韵母的平舌音音节、翘舌音音节、两拼音节、三拼音节、整体认读音节等，有效将之前所学的知识和本节课的新知联系在一起。对于低段学生而言，一定的奖励也是激励其学习的有效途径。闯关游戏后，又设计了送礼物的环节，鼓励学生正确进行音节词的拼读，并收获实物奖品。面对丰厚的奖品，同学们踊跃参与，不仅落实了学习内容，也收获了学习的快乐，学生们热情高涨，也将本节课推向了高潮，让学生们对本节课的学习兴趣意犹未尽。

但是在开展游戏及活动的过程中，教师也要注意游戏的有效性及对教学重难点的服务性，切忌形式热闹丰富，而学习内容空洞无效。

汉语拼音是学生的学习重点，也是难点。在教学过程中，作为教师，我们要充分研读教材、分析学情、创新形式，建立高效教学课堂，为学生语文核心素养的形成奠定良好的基础。

（执教教师：杨霞　设计、点评：罗祎）

汉语拼音《语文园地三》课堂教学实录

——统编小学一年级上册

（一）谈话导入

师：同学们，今天我们一起来学习语文园地三，齐读课题。（板贴题目）

生：（齐）语文园地三。

师：拼音宝宝要带我们去个地方，猜猜是哪里？（播放天津全运会各场馆宣传片动画）

生：（齐）全运会。

师：原来大家都看出来了，是第十三届全运会的天津赛场，这节课我们也来赛一赛，争奖章夺奖牌。准备好了吗？

生：（齐）准备好了！

（二）读一读，记一记，再说一说你的名字里有哪些声母和韵母

师：同学们拿出我们手中的门票，登上大巴车去看比赛吧！（多媒体课件出示声母大巴座位图）

师：蓝色大巴已经坐满了，他们是谁？

生：（齐）声母。

师：声母要读得轻而短，示范读：b p。我们一起来读一读。

生：（齐）b p m f d t n l g k h j q x zh ch sh r z c s y w。

师：大家读得既轻又短。

师：声母中有对四胞胎，你能读准确吗？（课件出示：b-d-p-q）

生：（指读）b-d-p-q。

师：你读得很准确，请问你是怎么分出来的？

生：b p 的肚子朝右边，d q 的肚子是朝左边的。

师：你是按照左、右半圆来区分的，这个方法不错。谁再来读一读？

生：b-d-p-q。

师：你有什么好方法区分他们啊？

生：（边做手势，边汇报）儿歌。拇指向上，左手 b，右手 d，拇指向下，

左手 p，右手 q。

师：你真棒，儿歌加手势，声母四胞胎分得清。

师：我们也该上车了！金色是韵母大巴，请座位号是韵母的小朋友准备上车。

（多媒体课件出示韵母大巴）

谁是火车头 a，读韵母，口型不能变，示范读：a。

生：（学生开火车读手中门票的座位号）a o e i u ü ai ei ui ao ou iu ie üe er an en in un ün ang eng ing ong（多媒体课件依次出示韵母大巴韵母座位号）

师：同学们读的韵母真响亮。

师：韵母中也是一对三胞胎，谁能读准确吗？（课件出示：ei-ie-üe）

生：ei-ie-üe。

师：你读的复韵母，从前一个字母快速滑向后一个字母真准确。

师：你是怎么分出来的？

生：儿歌。e 在前 ei ei ei，e 在后 ie ie ie，ü 加 e，üe üe üe。

师：你的儿歌能帮助大家记住这三个韵母，让大家一起读一读。

生：（齐）ei-ie-üe。

师：还有一组韵母三胞胎，谁能读准确？（课件出示：ui-iu-in）

生：ui-iu﹣in。

师：你读的复韵母，既准确又洪亮。

师：你是怎么分出来的？

生：儿歌。u 在前 ui ui ui，u 在后 iu iu iu，u 变 n，in in in。

师：你的儿歌能帮助大家记住这三个韵母，让大家一起读一读。

生：（齐）ei-ie-üe。

师：同学们读得真响亮。

师：紫色是整体认读音节大巴，请座位号是整体认读音节的小朋友准备上车。（多媒体课件出示整体认读音节大巴座位）谁是火车头 zhi。开火车读整体认读音节。

生：（学生开火车读手中门票的座位号）zhi chi shi ri zi ci si yi wu yu ye yue。（多媒体课件依次出示整体认读音节大巴整体认读音节座位号）

师：小朋友都上车了，还有几个座位，组委会把票送给小朋友的爸爸妈妈，和大家一起看比赛，谁能获得这意外的惊喜呢？

师：xxx 请你到前面来取票，读一读座位号是——

生：（到前面来取票，读）yuan。

师：请你来读出下一位获得惊喜同学的名字。

生：xxx。

师：xxx 请你到前面来取票，读一读座位号是——

生：（到前面来取票，读）yin。

师：请你来读出下一位获得惊喜同学的名字。

生：xxx。

师：xxx，你也来取票吧，读一读座位号是——

生：（到前面来取票，读）yun。

师：你声音真洪亮。最后一位幸运者是？

生：xxx。

师：xxx，你也来读一读你的座位号是——

生：（到前面来取票，读）ying

师：这下，16个整体认读音节都和大家见面了。

师：在他们之中，也有几个整体认读音节是双胞胎，你能读准确吗？（课件出示：ye-yue）

生：（指读）ye-yue。

师：你读得真准确，你是怎样区分这两个整体认读音节的？

生：ye ye ye 小椰子，yue yue yue 大月亮。

师：你的小儿歌作用大，帮助你记住这两个整体认读音节。（小组获得奖章）让我们大家一起来读一读。

生：ye-yue。

师：还有一对双胞胎，谁能读准确？（课件出示：yin-ying）

生：yin-ying。

师：你读得真准确，你是怎样区分这两个整体认读音节的？

生：yin yin yin 听音乐，ying ying ying 老鹰飞。

师：这个方法也不错，帮助你记住这两个整体认读音节。让我们大家一起来读一读。（小组获得奖章）

生：（齐）yin-ying。

师：其实拼音宝宝就在我们身边，举个例子，我叫高知，我的名字里有声母 g，和整体认读音节 zhi。谁能像我这样说？（课件出示汉语拼音字母表）

生：我叫赵子诺，我的名字里有声母 zh。

生：我叫马雅韩，我的名字里有声母 m，韵母 a。

师：原来拼音宝宝可以帮助我们拼读名字，认识很多的汉字。

（三）看比赛的时候，你想带什么？

师：我们系好安全带，大巴出发了，小朋友们可真高兴，妈妈给我们准备了很多东西，都是什么？请你们拼音节，猜一猜。（课件出示九组音节词）

生：mào zi shuǐ hú píng guǒ tiào qí miàn bāo

shuǐ cǎi bǐ bǐng gān yǔ sǎn wàng yuǎn jìng

师：谁来拼，把它读准确，准会变个样。

生：mào zi shuǐ hú píng guǒ（课件配合变成实物）

师：你真棒，都拼读正确。（小组获得奖章）

生：tiào qí miàn bāo shuǐ cǎi bǐ（课件配合变成实物）

师：平舌音、翘舌音分得清。（小组获得奖章）

生：bǐng gān yǔ sǎn wàng yuǎn jìng（课件配合变成实物）

师：你的整体认读音节读得很准确。（小组获得奖章）

师：小朋友们，去看比赛，你想带什么？（教师用手指一指实物图）打开书51页，再读音节，把你想带的物品打上钩。写字姿势要正确。

师：谁来汇报，你想带什么？你来打钩，大家读。

生：（女生上台打钩，其他女生齐读）mào zi shuǐ hú píng guǒ bǐng gān yǔ sǎn wàng yuǎn jìng

师：这次我请一位男生，咱们来比一比，看男生读得好不好。

生：（男生上台打钩，其他男生齐读）mào zi tiào qí shuǐ cǎi bǐ yǔ sǎn wàng yuǎn jìng。

师：男生读的拼音真洪亮。

师：我们每个同学带的东西都是不一样的，其实大家知道吗？天津全运会的安检是非常严格的！水和食物都是不能带进比赛现场的，同学们，我们赶快把他们挑出来！你来领读，大家齐读。

生：（一位同学挑出水和食物，齐）shuǐ hú píng guǒ miàn bāo bǐng gān。（课件配合音节词消失）

师：谢谢帮助我们把安检不能带的都收好，这下，我们把剩下的装到小书包里。哎呀，书包还有地方，你还想带什么呢？你能拼出来吗？

生：（指读）guó qí。

师：为什么要带国旗呢？

生：因为带国旗为运动员们加油。

师：这个想法好，为你们组再贴一枚小奖章。（小组获得奖章）谁还来说一说？

生：shào zi。

师：这个想法也不错，也可以为运动员们加油助威。为你们组再贴一枚小奖章。（小组获得奖章）谁还来说一说？

生：shǒu jī。

师：这个建议也不错，能记录下运动员们比赛的精彩瞬间。高老师也有一个建议，谁来读一读？（课件出示音节词：塑料袋、照相机、国旗）

生：（指读）sù liào dài zhào xiàng jī guó qí

师：你猜老师为什么带上塑料袋呢？

生：环保记心间，把地上的垃圾捡进塑料袋。

师：你真是环保小卫士，大家也很棒，让我们休息一下，奖励大家一首小儿歌。全体起立，我们一起来跳儿歌。（课件播放课间操"ie、ei""iu、ui"）

生：学生和老师一起来做儿歌课间操。

（四）比一比，读一读

师：全体请坐，四个复韵母"ie""ei""iu""ui"来到全运赛场，他们是今天的检票员。我们和检票员打个招呼吧！（齐读）——

生：（齐）"ie、ei""iu、ui"。

师：检票员送给我们小朋友的神秘信封快拿出来吧！拼一拼里面的拼音词，贴一贴，帮拼音宝宝找到对应的检票口检票。组长拿出神秘信封开始小组活动。

生：四人一小组拿出任务信封，拼读音节词，把音节词粘贴到对应的检票口。

师：哪组来汇报你们的检票口有哪些票？你来读一读 ui 里面的音节词。（实物投影展示）

生：（组长汇报，大组齐读音节）duī xuě rén chuī qì qiú hē shuǐ。

师：谢谢你们帮助拼音宝宝找到对应的检票口检票。（小组获得奖章）还有哪组需要汇报？

生：（组长汇报读音节）dǎ liè xiě zì dié bèi zi。

师：他们组贴得对不对？

生：（齐）对。

师：谢谢你们帮助拼音宝宝找到对应的检票口检票。（小组获得奖章）还有哪组需要汇报？

生：（组长汇报读音节）chuī qì qiú diū shǒu juàn。

师：他们组贴得对不对？刚才那组就有"chuī qì qiú"，它怎么又跑到这里来检票了？

生：因为这个音节词有 iu。

师：这个音节词真厉害，既有 ui 又有 iu，有特权，可以从两个检票口检票。你们组非常棒。（小组获得奖章）还有哪个组没有汇报？

生：（组长汇报读音节）dǎ léi dié bèi zi

师：他们组贴得正确吗？

生：正确。

师：这里也有一个有特权的音节词，既可以在 ie 检票口检票，也可以在 ei 这个检票口检票。

师：谢谢大家帮助我们的拼音宝宝到对应的检票口检票，我们表扬一下他们组。（小组获得奖章）

（五）用拼音

第一题：读一读，把音节读准。

师：检票完毕，赶快去比赛现场看看，拼音宝宝给我们带来了什么？同学们自读音节，睁大眼睛找不同，圈出来。（多媒体课件播放进入比赛现场

的镜头，出示五组音节）

生：（自读音节，圈画不同）

1.yǎn yuǎn

2.yīn yīng

3.jiǎn juǎn

4.zuān zhuān

5.chán chuán chuáng

师：谁能够读第一组音节？

生：（指读）yǎn yuǎn

师：她读得正确吗？

生：不正确。

师：这是个整体认读音节，示范读——yuan

生：yuan。

师：这次你读准确了，谁再来读？

生：yǎn yuǎn。

师：你读得也不错，你观察真仔细，两拼音节、整体认读音节分得清。

我们一起来读一读。读音节要注意。（贴板贴 y–ǎn yuǎn）

生：（齐）yǎn yuǎn。

师：谁来读第二组？

生：yīn yīng

师：声音真洪亮，你能说说这两个音节有什么不同吗？

生：in 的后面没有 g，ing 的后面有 g。

师：一个 g 大作用，前鼻、后鼻音读得真准确。让我们一起来读一读。

（贴板贴 īn īng）

生：（齐）yīng īng。

师：真棒。第三组谁来读？

生：jiǎn juǎn。

师：她读得不太正确，应该读 j–ü–ǎn—juǎn，你再读一读。

生：juǎn。

师：你能说一说他们有什么不同吗？

47

生：前面的音节有 i，后面的音节有 u。

师：是 u 吗？

生：不是，是 ü。

师：谁能用儿歌来帮助她记住 juan？

生：ü 见到 j q x 就把眼闭。

师：这个小儿歌就能帮助你把 ü 读准确。我们一起来读一读。（贴板贴 j－ü－ǎn=juǎn）

生：（齐）jiǎn juǎn。

师：第四组谁来读？

生：zuān zhuān。

师：你读得很准确。他们有什么不同呢？

生：第一个音节是平舌音，第二个音节是翘舌音。

师：z、zh 读得真准确，平翘舌音分得清。我们一起再来读一读。（贴板贴 z zh）

生：（齐）zuān zhuān。

师：最后一组有点难，谁来挑战？

生：chán chuán chuáng。

师：两拼、三拼不混淆，准确拼读你真棒。让我们再来读一读。（贴板贴 ch－u－áng=chuáng）

生：（齐）chán chuán chuáng。

师：大家读得都不错，所以拼音宝宝要和我们做游戏，比比赛，争奖章。游戏规则：开火车，读音节。这列火车谁来开？（课件出示：chán chuán chuáng）

生：（争先恐后）我来开火车。

生：（开火车读）chán chuán chuáng。

师：注意把三拼音节读准确。这位同学再来读一读——chuán。

生：chuán。

师：我们再找一组，这列火车谁来开？

生：（开火车读）chán chuán chuáng。

师：这列火车开得很棒，我们给小组贴一枚小奖章。（粘贴小奖章）

师：列车换了，这列火车谁来开？（课件出示：yīn yīng）

生：（开火车读）yīn yīng。

师：这列火车开得很棒，前后鼻音分得清，我们给小组贴一枚小奖章。（粘贴小奖章）

师：再请一组，这列火车谁来开？

生：（开火车读）yīn yīng

师：整体认读音节读得真响亮，我们给小组贴一枚小奖章。（粘贴小奖章）

师：游戏规则变化了：看音节不出声，举起手，这个音节你会读吗？（课件出示：juǎn）

生：（快速抢答举手读）juǎn。（小组获得奖章）

师：下一个谁来读？（课件出示 jiǎn）

生：（快速抢答举手读）jiǎn。

师：下一个音节准备。（课件出示 zuān）

生：（快速抢答举手读）zuān。

师：最后一次机会抢答，准备。（课件出示 zhuān）

生：（快速抢答举手读）zhuān。

师：游戏规则变变变，小朋友们看图，选择正确的音节连一连，看看哪组最快完成得奖章。（出示图片和音节）

生：（小组完成游戏纸的连线）

师：哪一组愿意来汇报呢？

生：yǎn jīng wǎng yuǎn jìng tiào yuǎn yǎn jìng

（六）总结

同学们都很棒，今天我们和拼音宝宝玩了很多游戏，一起复习了汉语拼音读了音节，看看每个组都获得了这么多的奖章，下节课我们就带着这些奖章到比赛现场继续学习！今天这节课就上到这里，下课。

【教学点评】

汉语拼音是一串枯燥乏味的字符，要让学生爱学、乐学，就要变无趣为有趣。本节课是《语文园地三》的第一课时，主要完成"用拼音"这一教学环节，该栏目是学生在学习完所有拼音的基础上，抓住知识点，利用多种题型让学生复习拼音，能够联系生活实际去运用拼音。

在《语文园地三》中，教师把汉语拼音的复习渗透到每个环节，生动演绎了教学内容，让学生始终处在一个到天津市全国运动会现场观看比赛的情境里，进入有趣的天地，有利于使学生对拼音产生"好感"，能快乐地走进课堂学习拼音。在玩中学，学中乐，极大地激发了学生主动参与的兴趣，使课堂成为学生自主发展的世界。教学中我通过持票上大巴车的情境展示音节，引导学生对比并交流，让学生正确区别形近、音近的声母、韵母和整体认读音节，这样有助于巩固拼音，提高拼读能力，激发学生学习汉语拼音的兴趣，对声母、韵母和整体认读音节进行复习。

同时，教学中，教师鼓励学生在实际生活中运用所学的汉语拼音，例如，寻找自己名字里的声母、韵母和整体认读音节，说一说去现场观看比赛还可以带什么，并且拼读出来等环节，极大地激发了学生学习的热情。在教学结束时，还通过小组活动，引导学生连线音节组成词语，引导学生们在生活中学习、实践，这些唤起了学生的拼音生活体验。

学习本课时，学生还是刚开学不久的小朋友，考虑小幼衔接的过渡，课程中设计了区分 ie、ei、iu、ui 的儿歌课中操，让学生在唱唱跳跳中，缓解课程中的疲劳，调动学生的注意力，突破学习知识难点，同时使学生从乐学到学会。

教师把主动权交给孩子们，让孩子去读、去背、去发现、总结规律。采用分组读、分类读、对比读等多种方式，将枯燥的复习巩固变得充满乐趣，既活跃了课堂气氛，又充分调动了学生的学习积极性，让学生在轻松愉快中巩固掌握了声母、韵母和整体认读音节。

立足于儿童的认知规律，教学中多采用儿童乐于接受、能激发学生学习兴趣的形式，如贯穿课程始终的比赛获得小奖章；多采用表扬、鼓励、奖励、评优等能让学生获得成就感、树立自信心的评价方式，让孩子在学习中找到乐趣，培养学生的学习热情。

（授课教师：高知　设计、点评：罗祎）

第二章
识字写字篇

识字是阅读和写作的基础，是小学语文第一学段的教学重点，也是贯穿整个义务教育阶段的重要教学内容。[①]引导学生掌握识字方法，提高识字能力，有助于其语文素养的形成。统编教材在识字教学上进行了许多改革，注重以语言运用为核心，以识字教学为重点，以识写分流、多认少写，放缓识字坡度为基本原则，形成了新的识字教学序列。

汉字是我们祖先伟大的发明，是汉字文化的核心构成，她创造出了世界上迄今为止唯一一个没有断裂与消亡的文明。小小的方块，大大的世界！横竖撇捺点的灵动组合，搭建出无数精美的文字"建筑"。汉字是我们每一个中国人的骄傲，激发儿童对祖国文化的认同感和责任感应该从热爱汉字开始。

统编教材在识字教学的编排上非常有特色，放缓识字坡度，减少了识字量。选字依据《识字、写字教学基本字表》，具有"构形简单，重视率高，其中的大多数能成为其他字的结构成分"的特点，注重以语言运用为核心，以识字教学为重点，以"识写分流、多认少写"为基本原则，形成了新的识字教学序列，有一个十分重要的特点，那就是重视联系，系统性地进行识字教学安排。让学生可以尽早把识字的成果运用于阅读，增加学习语文的成就感。凸显激发识字兴趣，引领学生学会学习。识字是阅读和写作的基础，这集中体现了识字教学的重要意义。

识字教学是小学低年级语文教学的重要组成部分，具有重要的地位。形成了新的识字序列，从多板块着眼，系统性地进行识字教学的安排，使识字教学贯穿于语文学习的各个部分，形成一种"无处不在"的识字环境。

[①] 中华人民共和国教育部 . 义务教育语文课程标准（2011版）[S]. 北京：北京师范大学出版社，2012：21.

	集中识字		阅读		语文园地		总计	
	识字	比例	识字	比例	识字	比例	识字	比例
一年级上册	93	31%	176	58.7%	31	10.3%	300	100%
一年级下册	93	23.25%	253	63.25%	54	13.5%	400	100%
二年级上册	57	12.66%	318	70.66%	75	16.66%	450	100%
二年级下册	62	13.77%	310	68.89%	78	17.33%	450	100%

上图是统编教材第一学段生字在教材各个板块的数量及比例。识字写字的编排，主要采取两种途径。一种是分散识字，一种是集中识字。集中识字的编排，主要采取了两种方式，一种是专门的识字课，那么另外一个途径就是在语文园地部分专门设置了识字加油站。通过多种方式来引导学生学习在课文当中最容易出现的一些生字。显而易见，无论是在识字板块，还是阅读板块、语文园地板块都是围绕识字做文章，体现全程识字的特点。

结合新教材，教师在各板块识字教学中必须运用多种教学方法和手段，激发学生的学习兴趣，提高学生识字能力，帮助记忆，巩固识字教学效果。

第一节 提前集中识字，快乐走进语文

统编语文教科书改为先编排一个集中识字单元，再编排两个拼音单元。这一变化，引起了教师和媒体的广泛关注。"先识字再学拼音"的编排方式，是编写组综合考虑汉字与拼音的关系、语文教材传承文化的功能、识字教学的历史经验、一年级的教学实际等因素后做出的科学设计，有利于强调汉字的重要性，使拼音回归到合理的定位。

"先识字再学拼音"，改变了以往儿童一进入语文学习就先学习较为枯燥单调的拼音，使具有悠久历史的祖国文字能尽早地与学生见面。一年级刚入学的阶段，是从学前到正式义务教育的过渡阶段，在此阶段，学生对新内容的学习难度较大，障碍较多。学生在幼儿阶段通过各种场合、多种途径多多少少接触了一些汉字，甚至有一定的汉字积累，尤其对生活中出现频率较高、构字能力较强的"基本字"不太陌生，这些字他们主要靠"听读"而习得。而将归类识字（一）置于拼音学习前，也主要采用听读的方式来学习，这种"口耳相传"的学习方法与他们的生活接轨，很好地体现了小幼的衔接。同时对刚入学的孩子来说，他们简单地认为进学校学语文就是要学认字，而识字（一）安排的40个认读字是学生生活中经常接触的"高频字"，多数已认识，学起来比较轻松，能获得学习的成就感。因此，在学生既有基础、学习能力还比较弱的情况下，"先学少量基本字"的难度低于"先学拼音"的难度。

"先识字再学拼音"有利于凸显教科书的文化意味，增强国民的文化素养。在教材中开篇第一篇安排了传统意味浓厚、文化内涵丰富的《天地人》，《天地人》以国画为背景，以传统文化三字经的形式，呈现儿童在生活中已会熟练运用的"天、地、人、你、我、他"；《金木水火土》《对韵歌》将中国传统蒙学蕴涵在童谣、韵语歌中，赋予识字吟诵的意境，读起来朗朗上口，吟诵中能够感受中华文化的丰厚博大，汲取民族文化的智慧；《口耳目》以儿童最常用的看图识字的方法，借助自身熟识的人体，学习口、耳、目、手、足等人体器官名称，理解字义；《日月水火》以图文对照的方式学习8个象形字，揭示字理象形的特点，初步了解汉字造字的一些规律，让学生感受人类发明的最早的汉字，一个字就像一幅画，从而增强汉字学习的趣味性。

"先识字再学拼音"的编排，更能让学生感知语文学习的主要内容，明了语文学习的价值，有助于增强学生学习语文的动力，提高学习的积极性。

一、把握特点，体现多样

汉字有两大特点：表意性及系统性。识字教学要遵循汉字的这两大特点，正如北师大王宁教授所说："通过教学让学生对表意汉字构造特点和使用规则有正确的感受，这种感受是非常重要的。"[1] 根据汉字特点进行识字教学，有利于发展学生的归纳和综合思维，让他们掌握科学的识字方法。教材中的提前识字单元呈现了多种形式的识字方式。

---

[1] 王宁. 汉字构形学导论 [M]. 北京：商务印书馆，2015：243.

单元	课题	识字方式
识 字 一	天地人	蒙学识字
	金木水火土	儿歌识字
	口耳目	看图识字
	日月水火	象形识字
	对韵歌	韵语识字

不同的识字方式所采用的识字方法也是不同的："蒙学识字"，以传统蒙学的反复诵读为基本方法，在学生掌握字形或者对字义理解的困难处通过故事、图片、多媒体等方法加以阐释，注重渗透汉字文化和传统文化；"儿歌识字"，主要采用多种形式朗读的方法，在读中不断复现生字，也可以结合生活或者阅读识记，适当联结相关知识，帮助巩固生字，强调对语言音韵美的感受；"看图识字"，图文相互关联，联系学生实际生活经验，加强生活中的运用；"象形识字"，关注图画、古文字和现代汉字之间的联系，引导学生在反复诵读中识记汉字，领悟象形字的特点，感受汉字背后的文化。不同的识字方式要采取不同的识字方法。

二、整体入手，合理定位

教师要遵循母语教学的规律，依照统编教材识字教学的编排体系，从整体上把握本单元各个识字材料的要点，达到以点带面的效果。

1. 关注已有经验，趣味识字

对于刚入学的儿童而言，汉字与他们的生活密切相关，他们在学前已经具备了一定的识字量。教师在教学的时候要关注"学情"，关注学生原有的起点，让提前识字单元成为连接新知识和学生已有学习经验的桥梁。

《天地人》中出现了六个常用汉字：天、地、人、你、我、他，这几个字都属于"高频字"，学生在入学前或多或少认识，教师在教学时要考虑到学生不是"零起点"，因此可以先询问学生有哪些生字已经认识了，是怎么认识的；再总结出生活中的各种识字方法，让认识的学生当小老师教给大家，激发识字欲望；然后用字卡检查学生能否把字音读准确，关注到不同层次的学生，激发学生的识字兴趣，同时提高了他们的语言表达能力。

2. 凸显传统文化，趣味识字

提前识字单元中的识字材料虽然大多是以单个字或是组合在一起的短小儿歌等简单形式出现的，但其中蕴含着丰富的文化意蕴。比如，以"天地人，你我他"作为第一课，渗透中华传统文化天人合一的思想，蕴含着人与自然、人与人之间和谐相处的理念。《对韵歌》是根据《声律启蒙》和《笠翁对韵》编写而成的韵文，句式整齐，音韵和谐，读起来朗朗上口。教师在教学中要有国学意识。教学《天地人》一课时，以现代画家的国画作品《一望大江开》为背景，在教学中巧妙利用图片，引导学生感受中华文化的魅力。教学《金木水火土》时，教师可以将儿歌按照分句一一对应，向学生介绍"金木水火土"指的就是古人眼中的万物。"天地分上下，日月照今古"即是天地分列万物上下，与日月一起润泽万物，贯通古今的意思。

这些设计都能很好地将中华古典文化知识和韵味融入识字学习，使学生认识、了解中华文化，帮助他们形成身为炎黄子孙的自豪之情。

3. 凭借插图，趣味识字

一年级学生的直观形象思维和认知特点决定，直观形象的画面更具有吸引力。在识字教学中，要充分利用教材中的插图，处理好"图"与"识字"的关系，从而帮助学生有效识字、学词。

如《口耳目》一课，能结合儿童生活，呈现出三个小朋友在赏花，有从远处跑来的，有用手正在指着花的，有用耳专心倾听的，在这幅情境图相对应的位置，标注出"口、耳、目、手、足"五个字。因此，在教学中，可以引导学生观察图画，由"图"到"字"，再把图上的事物与汉字结合起来，凭图解字、识记汉字。

凭借插图的艺术形象，教给学生根据物体形态识字的方法，深刻领悟文字的丰富内涵，激发想象力，不仅提高了学生识字的兴趣，还教给学生识字的方法；不仅提高了学生的识字能力，还拓宽了学生识字的途径。

三、立足学情，有序推进

学生从幼儿园进入小学，学习方式和学习习惯都发生了一定的变化，教师要巧妙利用教学活动，最大限度地激发学生的兴趣，让他们能身心愉悦地识记汉字。

1. 教师示范

刚入学的学生学习能力较弱，根据他们的年龄特点，在低年级的课堂，尤其是一年级的课堂上，教师需要发挥指导和引领的作用。教师在示范带读时，首先要准确地提示学生发音时舌头的位置。其次，教师需要一边叙述方法，一边示范发音，并请同学跟读练习。然后，教师要及时地针对学生发音中存在的问题进行个性化的指导帮助，更重要的是要对学生的进步给予高度赞赏。教师更要做有心人，记录每位学生的发音问题，并在一段时间后检查他们的发音是否过关。[①]

2. 互助学习

提前识字单元中的生字多为生活中的常用字、高频字，对于学前基础扎实、识字量大的学生来说，这些都是他们已经认识的字，难免在课堂学习中会缺少兴趣。在课堂上，教师可以请已经掌握正确读音的学生作为小老师，为其他学生示范发音。示范的形式也可以是多样化的，教师可以请一位学生示范，让其他学生看得更清楚，学得更容易；也可以让学生两人一组，组成一对一的互助小组，这样的学习会有针对性，也更加高效。

3. 小组合作

合作学习是一种有效的学习组织形式，可以充分调动课堂气氛，提高学生的学习兴趣。一位教师执教《对韵歌》时，先请学生自读课文，再请几位学生作为小老师带读，然后再让全体学生在组内互读，最后请一位进步最快的学生读。这几次读看似反复，但实际上每次读的指向都不同，充分激发了小组内每个学生的读书兴趣，最后的推荐朗读也将学生的期待值提升到最高

---

① 沈恬. 统编教材"无拼音"状态下的识字教学策略［J］. 小学语文，2017（9）：27.

点。教师在课堂上利用合作读这种学生喜爱的学习形式，充分调动了他们的积极性。

四、形义结合，加强识记

每个字都是音、形、义结合的整体，不同的字具有不同的特点。对于需要重点学习的字，教师也要根据汉字的不同构形特点，根据学生的年龄特点，采用不同的识字方法教学。

1. 象形字的识字教学方法

儿童的形象思维优于抽象思维，依据学生这一思维特点，将象形字的构形直观展现在学生面前，引导他们去观察、去思考，加深了感性认识，发展了想象思维。

在这单元安排认识的40个字中，传统意义上的象形字有19个。例如第一课的"天、人"，第三课的"口、耳、目、手、足"，第四课的"日、月、水、火、山、石、田、禾"，第五课的"云、雨、鸟、虫"。虽然经过数千年的形态演变，到了现代，有些象形字的象形特征已经不明显，但只要适当溯源，把现代汉字与甲骨文、图画、生活相结合，学生还是能很容易地联想到它所表示的事物及其音、义。

如"人"字的教学：

师：我们在生活中使用的文字是汉字，汉字有非常久远的历史。我们的祖先最初用画画的方式造字，让每个人都能看懂。同学们你们猜猜看，这是哪个字？

生：人

师：随着年龄的增长，我们的样子会改变，汉字的样子也发生了变化，看看现代楷体的"人"字，你觉得它更像一个怎样的人？

生：像一个张开两腿站立的人。

学生在老师的引导下把汉字"人"与现实的人对应起来，留下了深刻的印象。接着教师使用相同的方法，结合甲骨文：𐤒，引导学生认识正面站立的人——大，以及本义为头顶，引申义为天空的"天"字。在教学这三个字时，除了结合图画和古文字外，教师还可以让学生对照自己的身体直观感知字形，这也是非常受学生喜爱的教学活动。

第三课《口耳目》中的"耳、目、手"等字的象形痕迹较弱，教学这些字时，教师需要充分利用课文插图帮助学生识记。教学"目"字时，教师要向学生讲清"目"的甲骨文、金文 ⬭ 为横目，像人眼睛的形状，后来因为书写的缘故，横目写成了竖目，眼珠的线条变成了中间的两横；教学"手"字时，教师可将 ⅄ 与学生或者自己的手掌对应，让学生发现向上的分支就像手的五个手指头，下面表示手臂；"耳"的甲骨文 ⅀ 像人的一只耳朵，教师可以帮助学生将图片、古文字、现代汉字联系起来识记，找出字形与图像、笔画、线条之间的对应关系。

教学《日月水火》时这样设计：（1）教师通过多媒体展示字的原始图形，激发识字兴趣。（2）出示概括抽象图，概括抽象图是帮助儿童由图到文形成思路，进而理解和识记独体字的重要条件。（3）出示古体汉字，这是从实物到文字的转变，是对实物进行抽象概括的过程，也是从图画到楷体汉字的过渡，没有这个过程就没有文字的产生。将古体汉字与抽象图对照，分析汉字的构形。（4）出示楷体汉字，这就是要求学生掌握的生字了，在理解字义的基础上将生字运用到实际语言环境中。（5）指导学生正确书写生字。这样的识字教学把一个个抽象的文字变成了一幅幅画，一个个故事，使学生在课堂上就掌握了生字的音、形、义，提高了他们识字的兴趣与识字的效率，让他们真正成为学习的主人。

2. 指事字、会意字、形声字的教学方法

教师教学指事字时，应该讲清其理据，这样学生就能形"像"结合起来识记了。例如教学《金木水火土》一课中的"上、下"两个字时，教师可以先板书一长横，然后让学生说说怎样添一笔才能表示"上"或者"下"。学生会在长横的上方或者下方加一短横或一点，教师再稍微修改或添加，"上、下"的形、义就显现出来了。

《口耳目》一课中的"坐"是会意字，通过字形分析不难看出"坐"字表示的是两个人在土地上休息。教师可以顺势提问："人在土地上休息时，最常用怎样的动作？"学生异口同声地回答"坐"。这样将字的形义结合，学

生就能轻松有趣地识记会意字了。

"站"是形声字，教师可以通过分析这个字的形旁和声旁进行教学。形旁是"立"，像一个人正面站立在地上，表示该字的意思；声旁是"占"与"站"读音相近，表示该字的字音。这样，学生对形声字的构形特点和规律就有了大致的了解。当然，也可以让学生联系动作来认识"站"字。

五、以点带面，有效积累

字不离词，词不离句，句不离篇。识字的根本任务是为阅读学习服务。教师在一年级的识字教学中应该根据教材特点，根据学生的学情，利用好身边的教学资源，进行适度的拓展，以达到以点带面的良好效果，让学生在品味语言文字的同时提高语文素养。

1. 巧借课后习题拓思路

统编教材在课后习题的设计上花费了很多心思，编排了形式丰富多样的课后习题，有语言积累型，有知识积累型，有趣味问答型，还有拓展型。教师如果能将课后习题与课堂教学有机地结合起来，则不仅能提高教学质量，而且能为学生提供拓展思维的机会。例如，《口耳目》一课的课后问题是："我们的口、耳、目、手、足能做哪些事？"可以让学生结合生活实际拓展思维，有序完整表达；还可以运用儿歌的形式，巧妙地回答这个问题——"口口口，圆圆的嘴巴，唱歌曲；耳耳耳，小小的耳朵，听声音；目目目，大大的眼睛，看风景；手手手，胖胖的小手，指鲜花；足足足，肉肉的小脚，走四方"。教师将该课的知识点编成儿歌，让学生在朗朗上口的节奏中，轻松地完成了课后习题。

2. 巧用情境插图强语感

言语的构成是由字到词，由词到句，由句到段，由段到篇的。学生在学习语言时，只掌握生字是远远不够的。教师在教学中要注重培养学生的组词意识和说句意识。组词的形式可以是多种多样的，可以是常用的"给生字宝宝找个朋友"游戏，也可以让学生看着书上的情境图练习说话，还可以将带有这个生字的词语编成一个故事，让学生从故事里找到与这个生字相关的词，并大声念出来。例如，"口"字的字形和字音对于学生而言都不难，在教这样的字时，教师就需要在拓展字义上下功夫，用"门口"、"口水"、"口袋"等词编成发生在班级里的小故事，请学生找出故事里含有"口"字的词。这样的活动既让学生在乐趣中积累了含有"口"字的词语，又让学生明白了这些词可以用在什么样的语境中，学生的语感则在潜移默化中得到了增强。

3. 点滴文化渗透增素养

文化渗透是统编教材的一大亮点，但如何运用好这样的资源，发挥其最大的价值，还需要教师进行深入思考。教师在第一单元的识字课上，也要注意对学生进行这样的文化渗透。如，《口耳目》一课中有"站如松，坐如钟，行如风，卧如弓"的俗语，教材中的配图是两个京剧人物演示的"坐"与"站"。教师在教学时除了让学生识记生字和理解文意外，还可以简单介绍国粹京剧和这两个人物的身份，在教学《日月水火》时，教师可以在教完所有生字后，让学生思考"日"与"月"、"水"与"火"这两组生字有何内在联系，学生马上就能发现它们之间相关、相对的特性。由此可见，适度进行文化拓展，对学生今后的语文学习是大有裨益的。

教材设计突破了传统的借助拼音识字的模式。没有汉语拼音为读音拐棍，教师可以引导学生学习倾听，在听读中识字、正音。还可以充分利用学生已有的认知，互教互学，相互交流，让课外习得较多的学生在互动参与中获得极大的成就感，从而带动、激励更多的学生也能够课内外结合，去主动识字。

第二节　单元集中识字，掌握识字方法

识字教学是低段语文教学的重中之重，为阅读和写作打下基础。统编教材在识字板块的编排上内容更丰富，学法指向更明确，语用作用更明显。统编教材在一年级上下册中各安排了两个单元的集中识字，二年级上下册各安排了一个单元的集中识字，这样集中识字既能掌握更多识字方法，又能在具

体的语境中灵活自如地运用它们，发挥不断复现和反复强化的作用，更加凸显低段识字教学的核心地位。

集中识字侧重让学生了解和掌握识字方法，感悟汉字的构字规律，联系生活识字。

单元	课题	识字方式			
一年级上册	画	古诗识字			
	大小多少	儿歌识字			
	小书包	归类识字			
	日月明	会意识字			
	升国旗	儿歌识字			
一年级下册识字一	春夏秋冬	归类识字	一年级下册识字二	动物儿歌	儿歌识字
	姓氏歌	蒙学识字		古对今	蒙学识字
	小青蛙	儿歌识字		操场上	归类识字
	猜字谜	字谜识字		人之初	蒙学识字
二年级上册识字	场景歌	归类识字	二年级下册识字	神州谣	儿歌识字
	树之歌	归类识字		传统节日	韵文识字
	拍手歌	儿歌识字		"贝"的故事	归类识字
	田家四季歌	儿歌识字		中国美食	归类识字

教材中呈现的集中识字课的方式不同，体现着教材编写者的意图：在识字知识与能力上，识字教学要采用多种方式，引导学生掌握不同的识字方法，帮助学生提高自主识字的能力；在文化认同和精神归属感上，帮助学生感悟祖国语言文字的博大精深，喜爱汉字，对汉字学习有兴趣。

一、归类识字，感悟规律

汉字中大多数是形声字，一年级下册识字单元的第三课《小青蛙》中，安排了学习"青字族"的汉字，教师在引导学生读完儿歌后，让他们圈画出"青"字的"兄弟姐妹"，引导学生观察发现这些字的右边都是"青"字，但是左边的偏旁各不相同，音节中的韵母也都是 ing 。教师适时归纳：它们都是"青"字家族的成员，是"青字族"的字，它们的韵母和"青"字的韵母相同，所以右边的"青"字就表示它们的读音。学生再次朗读，体会这组字的发音特点。对于学生而言，尤其是低年级学生，识字教学的直观性尤为重要，他们对直观刺激的印象最深刻，无论是视觉、听觉还是触觉，都会极大提升他们的学习效果。为了让学生感受形声字的发音特点，可以选择让学生自己去读一读，这比教师的讲解更易于接受。

接下来，教师在引导学生认识"睛"字的过程中发现，左边的偏旁代表了这个字的意思。在此基础上，教师引入第四课《猜字谜》的第二个字谜，引导学生借助字谜、儿歌理解字的偏旁与字义之间的关系。

这个教学环节体现了创造性地使用教材的思想。《猜字谜》中第二首儿歌涉及的内容，恰恰说明了偏旁与字义的联系。教学时就将它引入本课的教学，辅助学生理解"青字族"的字。这种组合学习的形式巧妙地突破了学生的理解难点。

在引导学生初步感悟了一组字的构字规律后，教师适时带领学生完成课后"想一想、填一填"的内容，让他们在语境中练习运用，从而进一步巩固对形声字的识记和理解。最后，教师还可以安排学生补充"青字族"的字，例如，有的学生会说出自己名字中的"静、婧、靖"，用这种方式进行拓展性识字。

这样步步紧扣的教学环节，有机地贯通了识字、理解和运用，使学生在认识汉字的过程中感悟形声字的构字特点，掌握这种识记汉字的方法，为接下来的识字学习奠定基础。

统编教材中除了有"青字族"、"包字族"这样的形声字归类识字外，还在一年级下册识字单元的《动物儿歌》中，将带有"虫字旁"的字安排在一起，这样整组识字的安排同样便于学生发现汉字的规律。教学时，可以抓住"虫字旁"的字，探究形声字特点，掌握形声字构字规律，并联系回顾前面学习的《小青蛙》，通过找"蜻"的双胞胎兄弟，发现它们是部首不同的形声字，通过区分部首来区分字义，再次复现了形声字识字方法。从开始带着发现形声字规律到学生自主运用规律学习形声字，教学过程始终紧扣文本需要掌握的形声字。这样，聚焦一个目标，分步实施，由扶到放，由易到难，一课一得，学生扎实地掌握了识字规律。这也更符合把"教材"转变为"学材"的课改理念。

二、读中识字，举一反三

语文学习注重语感的培养，而语感培养的途径之一就是大量有效的、有趣的朗读，教师一定要借助一、二年级这一黄金期来实现以读为本、以读带讲。如一下第五单元集中识字中所选课文虽然都是儿歌、童谣，但是表现的场景与意蕴却有较大差异，所以在指导朗读的时候侧重点自然各有不同：《动物儿歌》带领学生感受昆虫的奥妙，在朗读的时候讲求"趣"，课上在学生充分识字的基础上，先是通过"粮食"和"食粮"的对比，引导学生发现儿歌的韵律美、结构美。然后在自读、生生读、师生读的基础上拍手读，发现节奏感，最后配乐拍手读，甚至背诵积累下来。而《古对今》带领学生领略四季的变化，在朗读的时候讲求"韵"；《操场上》带领学生蹦蹦跳跳、大汗淋漓，在朗读的时候自然而然需要有点"动感"；而《人之初》带领学生回到历史中，感受传统蒙学的博大精深，在朗读的时候是否可以适当摇头晃脑，凸显一种"古味"呢？所以以读为本并不代表是一读到底，教师依据文本特色对快慢、高低、停顿等各种语调节奏进行深入细致的指导，这是一种智慧，也是一种能力。

三、比较识字，发现规律

观察与发现，比较与归类，有利于促进视觉性的记忆。一年级下册识字板块侧重的是教给学生从认一个字到认一串字的方法与诀窍，引导学生发现更多的识字规律与奥妙，而这种基本方法就是形声字识字法，这也是一年级下学期学生的能力发展点所在。如"虫字旁"，最初出现在一年级上册的课文《青蛙写诗》中，学生认识了"蛙"字，但是没被要求认识更多"虫字旁"的字，这是学生对"虫字旁"的初印象，教学重点在于认识这一偏旁，指向于"一个"。而到了一年级下册"虫字旁"的字在《动物儿歌》中大量出现，"蜻蜓、蝴蝶、蚯蚓、蚂蚁、蝌蚪、蜘蛛"这些字都是"虫字旁"，也都是形声字，所以这是教形声字认字的最佳时机。此时教学的重点不在于对"虫字旁"的认识，而是引导学生发现形声字的奥妙，比较不同部件的特点，发现声旁与形旁的关系。通过同形旁形声字的对比学习，整合文本，将前面学过的《小青蛙》一课中同声旁形声字进行对比。利用已经认识的部首发现造字的规律，进而去认识更多形声字。

四、联系生活，拓宽渠道

学生都有一定的生活经验，文字对于他们来说，不仅是语言符号，还是生活本身。所以，只有把识字变成一种鲜明的、激动人心的情境，里面充满了活生生的形象、声音、旋律的时候，读与写的过程才能比较轻松。如《小书包》《升国旗》等识字课内容，都反映了儿童的真实生活，因此，教学中，可以密切联系学生的生活实际。

如《小书包》一课，可以先让学生说一说自己的书包里有哪些文具，然后再把"书包、尺、作业本、笔、转笔刀"等词语卡片贴到相应的实物旁，图文对照，练读词语。这样做让认读生字的活动富有情趣。这些教学设计能密切联系生活，让学生在情境中把学词和认识事物相结合，使学生学得轻松，学得愉快。

识字教学要密切联系生活。当然学生的识字能力应该在日常生活中进行巩固和运用。因此要鼓励学生多留心身边的汉字，多关注广告牌、包装袋、路牌、店铺名字等等。只要能看到的汉字都可以读一读，认一认，这样既帮助学生巩固了所学生字，又提升了识字能力。

五、注重实践，巩固运用

识字教学要充分利用学生已有的语言基础，有意识地引导学生字不离词，词不离句。这样，会使文字在学生头脑中留下深刻的印象，学生也会在词语的使用中感受语言表达的快乐。

如教《大小多少》一课，具体做法如下：1. 出示情境图，学生观察后，说说看到了什么？教师出示相应词语，要求学生借助图画读读词语；2. 借助拼音读词语，先练读，再指名读，最后全班齐读；3.去拼音再练习读；4.练习读童谣，说说知道了什么？并给换个说法，注重语言训练，比较：群与堆，颗与棵，头与只，这三组量词的不同；5.课件出示图片等，说出事物名称、数量及如何比较；6.实践练习，说说教室里有哪些事物，请说说名称、数量及如何比较；拓展生活，生活中还有哪些事物，请说说名称、数量及如何比较。

在本课量词及比较的教学上，以生活中的事物为起点，将认识量词和理解句意有机地联系在一起，通过丰富的语文实践活动，使学生主动进行探究性学习，在说说练练中对量词的用法有了初步的感悟。

总之，统编教材集中识字教学内容安排科学合理，考虑了学生思维和认知的特点，教学内容丰富，教学方法蕴含其中。教师在用教材时，要从全程的角度思考识字策略，结合教学的实际，选择最有效的教学方法。

第三节　阅读教学识字，帮助理解课文

在教材中，大部分生字是在课文学习中随文出现的。阅读课中识字教学的方式方法，直接影响着学生对汉字的热爱程度、自主识字兴趣的浓厚程度及他们对课文的理解乃至对汉字的情感。

目前低年级的识字教学，应该讲模式化的倾向是比较突出的，比如老师们都习惯于采取第一课时集中识字，然后第二课时集中进行课文的学习。这样安排不是说不可以，因为先识字再阅读可以帮助学生扫清阅读的障碍，顺利地进行阅读。但是这样模式化的安排，其实弊端也是非常明显的。那就是将识字和阅读人为地割裂开了，而且这种模式化的教学必然导致识字写字活动变得非常刻板机械，时间长了，学生学起来觉得很单调乏味，难以激发学生持久的学习热情。

其实，"集中识字"和"随文识字"的教学路径本身并没有什么不对，也无所谓优劣，问题在于具体操作时，教师因教学目的不明确，教学方法刻板无趣，很难让识字教学生动有趣。

阅读教学中的识字和识字课中的识字及《语文园地》里的识字，目的指向是不一样的。识字课和《语文园地》里的识字，重点在于通过教学，认识汉字，了解和掌握识字方法。但阅读中的识字，除了以上的目的外，还要借助汉字感悟语言，理解文本内容，领悟文本内涵，享受阅读的快乐。

有了这样的认识，在阅读课堂里，教师就不会把生字学习孤立起来，局限于单个汉字的字形识记和字义理解，会更自觉地把生字置于语言情境里，引导学生领悟汉字在表情达意上的作用，体会"这一汉字"在"这一处"的独特魅力；或追源溯流，带着学生去探寻汉字的前世今生，让"符号化"的汉字苏醒过来，言说自己的生命特质及与相关汉字之间的联系，从而将生字学习由"这一个"走向"这一类"。

一、遵循规律，科学识字

要提高识字效率，选择恰当的识字方法至关重要。而要科学地选择识字方法，就必须遵循两个规律，一是汉字本身的构字规律，二是学生学习汉字的认知规律。

1. 遵循汉字本身的构字规律

汉字本身的构字规律，指的就是它的造字的理据，各自的原理，简称为字理。字理识字，它最大的优势就在于能够帮助学生实现对字的形象感知和意义识记，还能够让学生发现汉字很有意思，让他们感受到中国汉字文化的独特魅力。字理识字已经成为老师们非常喜欢使用的一种识字教学的方法，但是要特别注意的是并不是每一个字都适合用字理识字的方法。因为每一个汉字都有它合适的识字方法。

那么，哪些是适合于用字理分析的方法来识记的呢？首先，适用字理，识字应该是那些理据充分，对学生掌握汉字规律有帮助的。其次，是符合学生理解程度的及能够帮助学生牢固记忆的。

第一类是难写的字。比方说第七课《妈妈睡了》这一课中的"窗户"的"窗"字，《纸船和风筝》中"松鼠"的"鼠"字。这两个字的字形，都比较复杂，学生特别容易写错，那么我们就借助它们的各自的特点来进行教学。

先看这个"窗"字，是个上下结构的字。上面是个穴字头，下面是烟囱的囱字，学生特别容易把这个"囱"方框里的这个部分写成夕阳的"夕"字。实际上它不是个"夕阳"的"夕"字，它那一点是要出头的。针对这样的识字写字的难点，我们就可以展示"窗"字大篆和小篆的变化过程。告诉学生这个"囱"字中间是表示什么呢，表示窗洞中纵横交错的窗格。那点呢，是一长点，一定要出头。经过这样的形象识记，学生就不容易写错了。我们再来看一下这个"鼠"字，在《纸船和风筝》一课当中虽然是会认的字，但是由于《语文园地七》当中有一个看图写话，这个看图写话就是以猫和老鼠为故事主角的写话。那么我们实际上是可以考虑让学生提前来学"鼠"字的。这个"鼠"字呢，笔画比较复杂，比较难写，我们就可以利用"鼠"字象形的特点，让学生观察，像这个"鼠"字的上部，它是特别像张着口、露着牙齿的鼠头，下部像是老鼠的足和尾。老鼠的牙齿十分厉害，所以这个字当中它比较强调老鼠的利齿。所以提示学生这个上部象形的特点以后，学生就不容易把上部的"臼"字那两横连成一横了，要告诉学生这就是老鼠的牙齿。通过这样的学习，学生很快就能记住，也不容易写错。

　　第二类是形近字，也就是字形上容易混淆的字。在区分形近字字形这方面，字理识字也能发挥很大的作用。如第21课《狐假虎威》中的"爪"字，和《纸船与风筝》中的"抓"字。其实学生经常会把这个"抓"字部分的这个"爪"写成西瓜的"瓜"。那么我们就可以结合篆文的"爪"和"瓜"的不同写法来引导学生进行比较和辨析。让学生观察这个"爪"字，它像是朝下伸着的手的形状。而这个"瓜"字呢，非常形象地模拟了这个藤上结瓜的样子，所以"瓜"字下部是有一点的。还可以让学生根据这个字形和字义来编一个形近字的顺口溜。比如说：爪子才能抓，藤上结个瓜。然后我们还可以扩展一组爪字族和瓜字族的字，比如一年级下册学过的爪字族中的"爬"字，还有"瓜字族"的呱呱叫的呱、孤独的孤、狐狸的狐等字来强化记忆。通过这样直观形象的比较辨析，学生很容易就记住了这组形近字。

　　第三类是一些独体字做形旁的字。比如"页"字做形旁的一组字。像《场景歌》中红领巾的"领"，《妈妈睡了》一课中额头的"额"，那我们就可以先出示这个"页"字的演变过程，让学生知道这个"页"字，它是繁体简化的结果。原本，它是表示人的头部，让学生知道带有"页"字旁的字大多与头有关，好像这个红领巾的"领带"，额头的"额"，脖颈的"颈"，还有脸颊的"颊"，凡是带有"页"字旁的字，大多都与这个头有关。

第四类是形义关系清楚的形声字。大多数形声字，我们都是可以用字理识字来帮助学生一串一串地识字的。如《树之歌》中带木字旁的字，《拍手歌》中带鸟字旁和隹字旁的字等。

2. 遵循汉字学习的认知规律

汉字学习的认知规律，主要表现在对汉字的形象感知和意义识记上。我们知道人的机械识记特别容易遗忘，而形象识记和意义识记则印象深刻。因此我们评价一种识字方法的优劣，主要看它能不能尽量地减少死记硬背的内容，更快更牢地识记汉字。

我们现在使用的汉字，百分之八十是形声字。但教材编排时，生字的呈现要与课文内容相结合，很多有规律的生字就不得不被打乱而分散出现。教师如果缺乏联结意识，只是按部就班，遇到一个教一个，学生就很难主动把相关汉字组成组块，去比较发现，探究不同部件的内涵。如此，学生只是记住了作为符号的汉字，而没有触及汉字背后的文化，出现记忆错误也就很正常了。

所以，在阅读教学中，教师要努力去发现每一篇课文中生字与生字之间的关联，以及本课重点生字与以前学过汉字之间的关联，引导学生构建汉字记忆系统。

一年级下册的《咕咚》是一篇连环画式的民间故事，语言浅显易懂，体现多样化的生字识记方法：借助拼音识记、图文对照识记、根据字形猜测认读等。课文中的"咕、咚、吓"等生字，就是让学生根据字形来猜测读音、识记汉字的。教学时，教师要注重创设情境，激发学生猜的兴趣，提点猜的方法，达成"对识字有兴趣""掌握识字方法"的年段教学目标。

猜字，可以从游戏入手，由浅入深，从形象到逻辑，层层展开。首先，请学生根据教师的语言提示，模拟出一种声音。教师先后出示"小鸡的叫声""小青蛙的叫声""班主任老师的笑声"三个短语，请学生模仿。于是，学生"叽叽叽""呱呱呱""哈哈哈"，"玩"得不亦乐乎。

然后，教师揭示"这三种声音都可以用汉字表示"，出现"哈哈""呱呱""叽叽"三组汉字，请学生看字形猜一猜，哪一组汉字是谁的声音，并说出理由。之后教师点拨揭示形声字规律：形旁表义，这些拟声词都是口字旁，表示和嘴巴发声有关；声旁表音，这些拟声词的读音和右边汉字的读音相同或相近。

接着，教师出示"咕咚"，请学生猜测读音，按形声字的规律，说说猜测理由，实现识字方法的迁移运用。

最后，在课文阅读中，继续猜测"吓"，进一步巩固"看字形，猜读音"的识字方法。

这样的设计，把学习和游戏融合在一起，体现了教学的趣味和智慧，实现了从"一个字"的教学走向"一串字"的教学，学生学得兴味盎然又富有实效。

二、随文识字，促进理解

在具体教学汉字时，不是只采用一种方法而是将多种方法组合在一起，彼此渗透，互相补充，让学生对汉字有一个立体的认识。便于学生对汉字的准确识记及对课文的准确理解。

例如：一年级下册《树和喜鹊》课文第一部分，写树和喜鹊的"孤单"。

从前，这里只有一棵树，树上只有一个鸟窝，鸟窝里只有一只喜鹊。树很孤单，喜鹊也很孤单。

师：从前，为什么树和喜鹊很孤单，到了后来又很快乐了呢？我们要好好读读课文，读好了问题就解决了。轻轻打开书32页，请三位同学读课文。

（学生举手读课文）

师：（出示一、二段）你从他的朗读中知道了什么？

生：我知道了从前这里只有一棵树，树上只有一个鸟窝，鸟窝里只有一只喜鹊。

生：我知道了树很孤单，喜鹊也很孤单。

师：（变红"孤单"）同学们请看，树很——（生：孤单），喜鹊也很——（生：孤单）。什么是孤单？你有过孤单的时候吗？

生：我自己第一次在家里，没人陪我，我很孤单。

师：原来，孤单就是自己一个人。

生：有一天，我自己一个人玩，楼下一个人也没有，我很孤单。

师：原来，孤单就是没有伙伴一起玩。看来我们同学都有过孤单的时候。当我们自己一个人的时候我们会感觉很孤单。那课文里这个"孤单"是什么意思呢？（出示泡泡框）认真读书的孩子会发现在第二自然段的下面有个泡泡框，谁来读一读？

（指名读泡泡框的内容）

师：你能说说这句话是什么意思吗？

生：它的意思是第一自然段有"孤单"的意思。

师："孤单"的意思从第一段中就能找到答案。（出示第一段）赶快读读第一段，找找答案。

（学生自由读第一段）

师：谁找到了答案？

生：从前，这里只有一棵树，树上只有一个鸟窝，鸟窝里只有一只喜鹊。

师：从你的回答中我听出来了，你觉得（变红"一棵树"）一棵树、（变红"一个鸟窝"）一个鸟窝、（变红"一只喜鹊"）一只喜鹊很孤单。

师：（出示：一棵树、一个鸟窝、一只喜鹊）这几个数量词让我们再来读一读。

生：（齐读）一棵树、一个鸟窝、一只喜鹊。

师：（出示第一段）再看看还有哪个词也让我们感受到了它们的孤单？

生：我还从"只有"感受到它们很孤单。

师：真棒！赶快看看这段中"只有"出现了几次？

生：（齐）三次。

师：（出示：从前，这里只有一棵树，树上只有一个鸟窝，鸟窝里只有一只喜鹊。从前，这里有一棵树，树上有一个鸟窝，鸟窝里有一只喜鹊。）那如果我把"只有"去掉还能感受到它们的孤单吗？

生：（摇头）感受不到。

师：自己小声读读体会体会。

（学生自由读两句话。）

师：我们一起来体会体会。请一位同学和我读。（指名一生上前面）其他同学一边听一边再体会。

师：（指课件）从前，这里只有一棵树。

生：从前，这里有一棵树。

师：树上只有一个鸟窝。

生：树上有一个鸟窝。

师：鸟窝里只有一只喜鹊。

生：鸟窝里有一只喜鹊。

师：我们配合得真默契，谢谢你。听了我们俩的朗读，你有什么感受？

生：没有"只有"就感受不到它们的孤单了。

师：这个"只有"让我们感受到它们很孤单。你能把你的感受读出来吗？

生：（读）从前，这里只有一棵树，树上只有一个鸟窝，鸟窝里只有一只喜鹊。

师：这就是孤单啊！让我们一起带着感受来读一读。

（指名找伙伴配合读。）

师：我听出来了它们真的很孤单。（板贴：一棵）正是因为这里只有——（生：一棵树）（板贴：一只）正是因为这里只有——（生：一只喜鹊）所以它们感到——（生：孤单）

（教师板书：孤、单）

师："孤"，左边的"子"是指幼儿，右边的"瓜"，表示单独、突兀的样子，"孤"表示单独无伴的孩子，通常指丧父、丧母或父母俱亡的孩子。"单"指的是独一的、独个的、一个的。我们再来读读这个词。

生：（齐读）孤单。

这部分，没有一个长句，没有一个生僻字，低年级儿童几乎都能通过自己练读，达到流畅朗读。但里面的"孤单"一词，是两个生字组成的词，学生可能会认会读，却未必能准确理解，于是也就不能很好地走进文字，领悟言语表达的情感。

在首段中，"一棵树"、"一个鸟窝"、"一只喜鹊"所组成的画面，再加上三个"只有"，充溢着"形单影只"的无奈。在教学中，教师要通过让学生想象画面等方式，体会"孤单"带来的无助感，触摸语言营造的意象，诱发学生对朋友、对伙伴的渴望之情。首先，引导学生结合自己的生活实际体会自己有没有"孤单"的时候，唤起学生对"孤单"的情感记忆，也从故事中树和喜鹊身上迁移到每一个学生身上。然后，结合教材中话泡泡中的提示再读第一自然段，抓住三个"只有"联系上文体会"孤单"的意思。最后，通过字形分析、讲解感悟等方式，引导学生识记生字，结合造字原义加深理解"孤单"。"孤"，左边的"子"是指幼儿，右边的"瓜"，表示单独、突兀的样子，"孤"表示单独无伴的孩子，通常指丧父、丧母或父母俱亡的孩子。"单"指的是独一的、独个的、一个的。"孤"和"单"组成词语，更强化了孤独无助的寂寞和凄凉。

如此，学生不但理解了"孤"和"单"的造字原义，还结合课文语境，体悟了"孤单"在课文的情感内涵，并联系自己的生活实际，给"孤单"涂抹上属于自己的情感色彩，更为后文的学习奠定了情感和认知的基础。

三、语境识字，加强运用

从儿童识字的心理机制来看识字的过程也就是建立联系的过程，即汉字的音形义之间的联系。我们提倡在语境中识字就是遵循字不离词、词不离句、句不离文的原则，为学生提供丰富的语境来识字。让学生在语境中、在阅读中学习和巩固要认的字。

在语境中识字要注意三点。一、避免把单个的字从词句中抽离出来，让学生去识记。因为这个生字一旦脱离了语境，它的音与形之间的联系就变成了机械的联系，不能够形成长时记忆。二、提倡以词语和句子为单位进行教学，既巩固了音与形、形与义的联系，又学会了运用，形成了识字能力和阅读能力及思维能力的滚动发展。三、为了帮助学生巩固识字、理解字意、积累词汇，我们常常会让学生给生字组词或者提供词语让学生来认读、积累。在这个教学环节中要注意组成的词语必须是学生能够理解的，如果超出了学生的认知可能，那么虽然组成词语的每一个字他都认识，但是他无法对这个词语的词义进行解码。那么这样的组词就没有多大意义。

四、加强复现，及时巩固

低年级的孩子在识字当中存在一个很突出的问题，学得快忘得也快。学生每一节课要认识那么多字，他们体现出来一个特点就是即学即忘，就是学也学得快，忘也忘得快。这个原因应该讲是多方面的，一方面是因为识字写字的量比较多，学习任务多，学习时间有限。第二，是由儿童记忆的特点所决定的。儿童记忆保持的时间是随着他年龄的增长而延长的。在儿童的现阶段他们的记忆保持的时间是有限的。第三，它与人类的大脑对新事物遗忘的规律密切相关。德国心理学家艾宾浩斯著名的遗忘曲线，显示人类大脑对新事物的遗忘，是从学习之后立即开始，它体现出先快后慢的特点。那么这样一个遗忘的规律对我们的识字教学有什么启发呢？那就是提醒我们一定要及时巩固，防止遗忘。巩固识记的这个方式是有多种多样的，如可以让学生自制生字词卡，让学生随时随地来进行认读、复现；可以让学生学完一课以后当日进行检测；可以让学生进行分段的复习，防止生字的回生现象，如一周过后进行周复习，把这一周的生字词卡让学生进行一个阶段性的复习；还可以采取单元复习的方式，也就是把一个单元当中的要求会认的字重新组合，组成新的句子，让学生们认读。在认读句子的过程中来实现对生字的巩固和复习。此外，还有一个最好的办法就是让课外阅读始终伴随学生的学习过程。因为教材低段要认的一千六百个字，都是依据对小学生阅读的自评调查来确定的，也就是说，教材把儿童日常阅读中字频出现最高的那一千六百字安排在了第一学段。只要认识这些字就可以尽快地过渡到独立阅读，所以学生课外阅读的过程，实际上就是反复与汉字见面的过程。不断地复现，不断地见面，这是巩固识字的最好途径。生字的学习并不要求堂堂清、课课清，要允许学生在后续的学习中通过反复再现，达到巩固识记的效果。

五、多元模式，防止固化

目前的识字教学，模式化的倾向是比较突出的，那么有没有多元化的教学路径呢？答案是肯定的。在处理识字和阅读的关系上，我们可以尝试另外的两种方式，一是先集中识字后随文识字，或者一部分集中识一部分随文识。如第十七课《难忘的泼水节》一共有十五个要求会认的字，那我们就可以采取先集中识记再随文复现强化的方式来学习。我们可以把这十五个字分成几个组进行归类，像"泼，敲，踩"这组都是表示动作的词语，"铺"和"盛"都是多音字，我们就可以进行集中归类识记。常用字，我们可以联系生活实际自主识字。龙船的"龙"、驶过的"驶"、一年一度的"度"，就可以安排随文识记。第二种方式是先阅读后识字。这种处理方式比较适合识字量相对比较少，而且识字的难度也不大的课文。如第八课《古诗二首》，一首是《登鹳雀楼》，一首是《望庐山瀑布》。由于这两首古诗，学生相对比较熟悉，有一部分学生甚至可以熟读成诵了，这样的课文就完全可以边读诗边识字，甚至可以尝试把识字写字放在古诗学习的最后一个环节来进行。总之，根据学情要灵活地处理识字和阅读的关系，合理安排识字教学环节，能够使识字教学的效率更高，效果更好。

第四节　语文园地识字，发现构字规律

集中识字还更多地体现在语文园地里。园地里的识字方式呈现多样，既有集中识字的内容，也有集中写字的内容。在每一个语文园地的第一个栏目都是识字加油站。在语文园地中的"识字加油站""字词句运用""我的发现""书写提示""展示台"等栏目均从不同侧面围绕识字教学进行了精心的设计。由此我们可以看出识字在低年级语文教材中的分量。

		识字形式	我的发现
一年级上册	园地一	古诗	
	园地二	课程表	
	园地四	反义词	
	园地五	表示时间的词串	木字旁的字大多和树木有关
	园地七	称呼	日字旁的字大多和时间有关
	园地八	场所、职业	

	园地一	天气有关的词语	
一年级下册	园地二	量词	
	园地四	身体器官	
	园地五	字族识字	口字旁的字大多和嘴有关
	园地六	夏天相关的词串	
	园地七	汉字加减部首	
	园地八	日常用品词串	虫字旁的字大多和虫子有关
二年级上册	园地一	郊游物品词串	
	园地三	动宾短语词串	
	园地四	火车票	构词方式
	园地五	形近字辨析	
	园地六	交通工具词串	形声字"声旁表音"
	园地七	自然风光词串	
	园地八	动物名称	
二年级下册	园地一	公园导览	
	园地二	职业名称	
	园地三	食物味道	火字旁四点底的字多与火有关
	园地四	玩具名称	
	园地五	房屋、处所、洞穴有关词串	
	园地六	场所	
	园地七	清洁卫生相关的词串	
	园地八	偏旁归类	

上图是第一学段四册教材语文园地各栏目识字教学的安排，从图中我们可以看到各栏目虽然内容不同，但是都密切联系学生生活，激发识字兴趣，培养自主识字的习惯。"识字加油站"栏目，丰富识字载体，将识字与学生喜闻乐见的生活环境相联系，让学生边玩边学，真正体现趣味识字；"字词句运用"栏目，提示识字重难点；"我的发现"栏目，总结识字规律；"书写提示"栏目，归纳书写规则；"展示台"栏目，拓展识字途径。

根据识字方式和编写意图可以分为以下几类：

一是运用规律性的方法识字。如反义词识字、量词识字、字族识字、汉字加减部首识字等。

二是生活中识字。如课程表识字、时间的词串识字、身体器官识字、游乐场导览图识字等。

这样的编写传递了汉字教学的两个理念。第一是汉字是表意文字，这些汉字是系统有序的存在。第二汉字教学源于生活，也优于生活。每一次的情景识字，每一次的事物归类识字都特别体现这个理念。显然，教材试图通过语文园地的生字学习，更好地发展儿童的类别意识和分类思维能力。

一、用好教材，板块教学

统编教材里语文园地的内容设计，都是分板块呈现的，每个板块与本单元的课文或者识字等学习内容都有着内在的关联，但是又有着各自不同的学习任务和语文素养的发展目标。

在园地的识字板块中，要认识新的汉字，并且还要借助这一板块，积累识字经验，习得识字方法，感受识字趣味，联结生活运用等。

一年级上册《语文园地四》"识字加油站"，借助六组反义词识记六个生字，学习新笔画"撇点"，会写"女、开"，泡泡提示学生说出更多的反义词。教材内容将识字、理解字义、拓展延伸等巧妙地结合在一起。

反义词的呈现分成两组，一组是在前面的课文或者集中识字中已经认读过的，属于熟字；一组都是生字，是本课学习的重点。教学时需要发挥它们在板块学习中的不同作用。泡泡提示按照反义词的识记特点结合已有知识，把以前认识的汉字进行重新归类。

仅以此为例，我们看到从教学的角度就涉及四个学习层面：一是整理旧知，形成"反义词"概念；二是运用"反义词"概念，学习新知；三是结合实际，拓展提升，在已有认知中构建更多反义词的汉字组合，如两字都已经认读过的，如"东西""南北"等，已认读过一个汉字的，如"头尾""里外""黑白"等；四是通过新构建的反义词组合，进一步巩固已学生字，接触未学生字，激发识字兴趣。

教师在教学中一定要用好教材，建立板块教学意识，发挥教材隐含着的识字教育功能。

二、遵循规律，自主识字

统编教材非常重视汉字构字规律知识的传授，特别是在语文园地的"我的发现"栏目中，不断强化汉字的构字规律，让学生对汉字的认识从感性提升到理性，形成对汉字构字规律的一个系统认识。

例如，二年级上册《语文园地八》的"字词句运用"练习：

猜猜下面词语的读音，再选择合适的放在句子里读一读。

啪	唰	吱呀
嘟嘟嘟	呱呱呱	咚咚咚
哗啦哗啦	叽叽喳喳	嘻嘻哈哈

大家都睡着了突然响起＿＿＿＿＿的敲门声。

＿＿＿＿＿，雨不停地下着。

鸟儿在树上＿＿＿＿＿地叫着。

教材有意呈现学生不认识的字，引导学生调动自己的知识储备，思考如何才能猜读出这些不认识的字。学生借助形声字的构字规律，通过这些字共有的偏旁——口字旁，就知道这些表示的意思应该与声音有关，而这些字的右半部分都是学生学过的字，作为声旁它们很可能是在提示这些字的读音。学生根据这样的提示不仅猜出生字的意思还猜出其读音，结合句子朗读，可以猜出这些词语运用的具体语境。

又如，二年级上册《语文园地五》的"识字加油站"：

| 识字加油站 |

山（ fēng ） 锋	爱（ mù ） 幕	吵 （ chāo ）写
蜜（ fēng ） 峰	扫（ mù ） 墓	抄 （ chāo ）闹
刀（ fēng ） 蜂	开（ mù ） 慕	炒 （ chāo ）饭

锋 蜜 蜂 幕 扫 墓 慕 抄 炒

同样是不认识的字，在上面这道题中，学生依然可以借助形旁表义的构字规律来判断生字的意思。如，带虫字旁的字一般与虫有关，"蜜 feng"表示的是一种昆虫，因此"蜜 feng"中的 feng 应该是带有虫字旁的"蜂"；带金字旁的字一般与金属有关，"刀 feng"表示的是刀刃，因此"刀 feng"的 feng 应该是带有金字旁的"锋"。学生按照同样的方法可以根据字形特点，猜测其他不认识的字运用的具体语境。

面对不认识的字，学生借助汉字构字规律，可以进行大胆猜读，随着学生对汉字构字规律认识的深入，学生自主识字的能力就能提高。学习上的成功体验给学生带来的成就感，将进一步调动他们的识字热情，使他们能更加主动地去自主识字。

三、利用游戏，自主识字

喜爱游戏是儿童的天性，把识字教学融入游戏中，让学生在玩中学，在学中玩，既动脑又动手，能激发学生的学习兴趣，提高识字效果。

例如《语文园地四》的"识字加油站"，教师引导学生认识一组与身体部位有关的词语，在学生认识了这些生字后，教师可以安排这样几种小游戏，加强学生对这些生字的记忆。

| 识字加油站

méi
眉毛　　bí
鼻子

zuǐ
嘴巴　　bó
脖子

bì
手臂　　dù
肚子

tuǐ
小腿　　jiǎo
脚尖

我来说，你来指。

méi bí zuǐ bó bì dù tuǐ jiǎo
眉 鼻 嘴 脖 臂 肚 腿 脚

图词连线。教师同时出示一幅图（画面是一个小朋友）和表示身体部位的词语，请学生做一个"找部位"的游戏，将表示身体部位的词语和图中相应的身体部位连线，看谁认得清，连得准。学生在连线的过程中既识记了汉字，又将这些词语直观化了。

你读我指。两个学生为一组，教师出示一个词语，一个学生读出词语，另一个学生听到词语后迅速用手指出自己相应的身体部位；游戏第二轮，读和指的学生互换。这样的游戏方式能增加识字的趣味性，帮助学生记忆生词。

看口型猜词语。两个学生为一组，教师出示一个词语，一个学生看到词语后不读出声，只做口型；另一个学生根据同伴的口型猜读他说得是哪个词。

你指我猜。一个学生背对着黑板面向全班同学，教师出示一个词语，全班同学看到词语后不能出声，只能指着自己相应的身体部位，前面的学生根据大家的动作猜出老师出示的是什么词。

另外，教师还可以结合每课的识字内容，设计各种识字游戏活动。设计识字游戏的目的在于变枯燥、单调的识字学习活动为学生喜欢的、活泼的、有趣的游戏，在玩一玩、做一做、猜一猜的活动中激发学生的识字兴趣。以上几个小游戏只是例子，教师还可以根据教学内容，充分发挥创造力，创设更多有趣的情境和有意思的游戏方式，调动学生的识字积极性，让他们在游戏中识字。

四、利用生活，自主识字

语文学习是母语学习，无处不在，无时不在，在生活中识字是一个很重要、很方便的识字途径。在识字教学中，教师可以抓住课内外的契合点，将学生的识字学习由课内延伸到课外，拓展识字活动。

统编教材语文园地中的识字非常强调联系生活，每个单元"识字加油站"的设计多以学生在日常生活中能够接触到的活动和事物为抓手，把识字与直接的、感性的经验进行对接，激发学生的兴趣，让学生真切地感受到语文与生活的密切关系，树立生活识字的意识。

如，《语文园地一》中的"识字加油站"安排了一组和天气有关的词语，这也是学生在生活实际中经常会遇到的词语，他们会在天气预报节目中看到、在广播中听到，也会经常听身边的人提起。教师可以抓住这些特点，把这些词语与学生的生活结合起来，开展教学活动。

在认读了这些词语以后，首先，教师引导学生自主发现，这些词语都和什么有关？学生通过读词语会发现这些都是和天气有关的词语，接着，教师将词语和学生的生活相联系，在回忆和情境复现中帮助学生构建起对这些词语的生活认知。随后，教师适时引入相关的天气图片，请学生再次认读词语，并找出每种天气对应的图片，将文字直观化、生活化。此外，教师还可以引入生活中不同天气所对应的天气符号，让学生对应着找一找、猜一猜，在激发学生兴趣的同时，将所学的汉字与生活中常见的符号联系起来。对应熟悉的生活环境学习汉字，能更好地帮助学生记忆生字，提高识记汉字的效果。

我们在"识字加油站"的教学中，要结合教材的内容引导学生养成生活识字的意识和习惯。如《语文园地四》"识字加油站"中安排的是火车票识字。火车票识字的教学我们就可以采取以下的步骤：第一步，让学生猜谜语引出火车，激发学生的兴趣。然后老师提问，你坐过火车吗？你坐火车都去过哪些地方呢？通过这样的方式来激发学生的学习兴趣。第二步，出示火车票，让学生看一看说一说他从火车票的票面上能够了解到哪些信息，然后和同桌一起交流自己认识上面的哪些字，还有哪些字不认识，不认识的字可以借助拼音来读一读记一记。第三步，结合票面上的一些信息来扩展积累词语，在词的积累当中进一步巩固识字。比方说从票面上"下铺"这个词语当中，我们可以扩展积累上铺和中铺这两个词语。根据检票可以扩展购票、售票，还有像"乘坐"的"乘"我们就可以扩展乘坐、乘客等这样一些词语。第四步，可以出示老师提前已经准备好的其他车票的照片进行投影，让学生交流自己认识的字。第五步，再引导学生留心从其他的票据上来识字。比如门票啊，电影票啊，参观券，购物券和发票等，可以通过这样的方式认识更多的字。

关联识字学习与生活识字的方法，可以应用在每堂课的识字教学中。对于生活中出现频率高的字，教师在教学中可以多引导学生回忆"你在什么地方见过这个字"。这样有意识地建立起课内学习与生活认知的联系，学生在生活中也会主动去学习汉字，将识字学习渗透在生活中，使学生对汉字的单一形象认识转变为立体应用认知，不仅使汉字在学生头脑中的形象更加丰满，也更易于学生加深对汉字的印象。

五、利用字典，自主识字

字典是学生最基本的工具书，是跟随学生一生的无声老师。统编教材十分重视工具书的使用，分别在一年级下册《语文园地三》和二年级上册《语文园地二》设置了"查字典"，引导学生学习运用音序查字法和部首查字法查找不认识的字。教材不仅详细介绍了这两种查字典的方法，还将学习和运用紧密结合起来，引导学生运用查字典的方法查找不认识的字，解决阅读中遇到的问题。

为了让学生熟练使用工具书，教材从多个角度编排了查字典方面的巩固练习。如，一年级下册《语文园地三》用音序查字法从字典里找到下面的字，目的在于提升学生用音序查字典查找生字的速度；为了提升学生运用部首查字法查找生字的能力，二年级上册《语文园地七》设计了关于独体字的查找练习。

一个优秀的老师应该是"授之以渔"，让孩子们"会学"，而不是简单地"学会"。人们总是把字典比喻为不说话的"老师"，可真正向这位"老师"请教的孩子能有几个？字典是小学生最常用的工具书，是孩子身旁宝贵的资源，要用好它，用活它，首先得教会学生查字典的方法。

例如：统编教材一年级下册《语文园地三》学习查字典：

（一）情境导入，激发兴趣

师：今天我给同学们带来了一个好朋友，她叫圆圆。昨天是圆圆的生日，她想在日记本上记录下这快乐的一天。她写道——"昨天是我的生日，妈妈亲自下 chú，为我做了一桌好菜。"写着写着，圆圆停下手中的笔，怎么回事？原来，她遇到了不会写的字。"下 chú"的"chú"字怎么写呢？你们谁有好办法来帮帮她？（课件出示圆圆遇到的困难）

生：查字典。

师："厨"字很调皮，他躲在字典爷爷的屋子里，我们怎么找到他呢？今天，我们就来学习查字典的方法。

（板书：查字典）

师：查字典的方法有三种，今天我们来学习其中的一种方法——"音序查字法"。（板书：音序查字法）

（学生齐读）

师：新华字典是小学生常用的字典，今天我们就以新华字典为例进行学习。你们想学这个本领吗？

生：愿意。

【点评】上课伊始，通过创设情境——"圆圆在写日记时遇到不会写的字"导入，使学生带着积极快乐的情感投入课堂学习活动中来，使学生明白以后遇到不会写的字时可以运用查字典的方法自主学习。

（二）闯关游戏，学习音序

师：要想学习这个本领，我们得先过三关。第一关：读一读。请同学们打开语文书，找到汉语拼音字母表，一起读一遍。

（全班打开语文书齐读：复习汉语拼音字母表。）

师：同学们读得真准确！下面，哪个小组愿意帮助喜羊羊过河？（课件出示"喜羊羊过河"游戏）

生：我们第四小组来！

（小组开火车读E、G、f、d、R、i、J、q）

师：祝贺同学们顺利闯过第一关。下面我们来看看第二关：记一记。（课件出示"汉语拼音字母表"）

师：请同学们观察"汉语拼音字母表"，说说你的发现。

（学生观察）

生：我发现汉语拼音字母表有大写字母，也有小写字母。

生：我还发现大小写字母顺序是一致的。

师：（指大小写写法不一致的汉语拼音字母）你还有什么发现？

生：我发现有的大小写字母不一样。

师：你真棒！下面请同学们找一找大、小写字母写法不一致的汉语拼音有哪些？用铅笔圈在书上。

（学生圈画、汇报）

师：让我们一起读一读你们刚才找到的这些写法不一致的拼音字母吧！（课件出示大小写写法不一致的汉语拼音字母）

（学生齐读：Aɑ、Bb、Dd、Ee、Ff、Gg、Hh、Ii、Jj、Ll、Qq、Rr）

师：同学们你们记住了吗？

生：记住了！

师：那我们来连一连。（课件出示：连线闯关 GQR g qr）

（指一名学生连线）

师：恭喜同学们第二关闯关成功！我们刚才复习的汉语拼音字母表与一会儿要学习的音序关系密切，你们一定要熟记汉语拼音的顺序和大小写啊！

师：让我们一起来看看第三关：找一找。（课件出示第三关画面）

师：老师这里有一些音节，请同学们利用手中的卡片找出这些音节的第一个字母的大写字母。（课件出示：xiǎo piào hóu）

（学生利用字母卡找出 X、P、H）

（学生举起找到的字母卡齐读）

师：同学们你们看，我们找到的像这样的——音节的第一个字母的大写就叫作音序。（课件出示"音序"定义）你们学会了吗？

生：学会了。

师：那下面我们来练一练，找出下面音节的音序吧。

（课件出示：zhāng chú shàng）

（学生举起找到的字母齐读Z、C、S。）

师：同学们请注意"zh""ch""sh"这三个声母虽然是由两个字母组成，但音序一定是第一个字母的大写。

【点评】通过三个闯关游戏，引导学生复习字母表，要求学生熟记字母表的顺序，记住字母的大小写形式。明确"音序"的含义，这样查字典时学生就容易在"汉语拼音音节索引"中找到字母的位置，为下面音序查字法的学习打下基础。而闯关游戏，则能激发并保持低年级学生学习的持久度。

（三）认识字典，做好铺垫

师：祝贺同学们闯关成功！下面让我们一起先来认识字典老师好吗？

生：好！

师：翻开字典第一页，找到"总目录"，顺着总目录往下看，找到"汉语拼音音节索引"。（课件相机出示）谁找到了，请举手！找到的同学告诉我们"汉语拼音音节索引"在第几页？

生：第9页。

师：用音序查字法查字典，我们首先翻到第9页。（课件出示第9页图）

师：善于观察的小朋友看一看，"汉语拼音音节索引"都有哪些内容？

生：有音节。（课件圈出音节）

生：有汉字。（课件圈出汉字）

生：有页码。（课件圈出页码）

生：有音序。（课件圈出音序）

师：让我们看一看字典的9、10、11页分别有哪些音序？

（学生边翻字典边读音序）

师：下面我们举办一场翻页码大赛，你们说好不好？

生：好！

师：请同学们找到23页，找到的同学请举手。

（学生举手汇报）

师：请同学们找到321页。

（学生举手汇报）

师：请同学们找到500页。

（学生举手汇报）

师：我们可以根据页码数字的大小大致判断，是一页一页地翻，还是一叠一叠地翻。

【点评】在学习如何运用音序查字法查字之前，指导学生初步认识新华字典的每一部分的内容，重点了解"汉语拼音音节索引"的页码及内容。一年级的学生刚刚掌握100以内的数字，查字典时遇到100以上的页码，查找起来有困难。因此，利用比赛，让学生达到快速翻找字典的目的。

（四）分步指导，学查"厨"字

师：下面我们可以学查字典了。请同学们打开语文书39页，看看书上告诉我们怎样查到"厨"字？分了几个步骤？

生读第一步：从"汉语拼音音节索引"里面找到大写字母"C"。

（板书：音节索引→C）

生读第二步：找到音节"chu"，在正文第"xx"页。

（板书：chu）

生读第三步：翻到正文第"xx"页，找到"chu"，接下来就可以查到"厨"字了。

师：谁找到了，在第三步中，哪个词特别重要？

生提取关键词："正文"。

（板书：正文页码）

师：请同学们快速翻到65页。

（生翻字典，发现两个65页）

师：有的同学们找到了两个65页，到底哪个是正文65页呢？

（课件出示区分两个65页：第一张图是页码旁带部首"冫"。第二张图是页码旁带拼音"chóu—chū"。）

师：下面请同学们在正文65页找到"厨"字吧！

（学生在"chu"音节下，按顺序一个字一个字地找到"厨"字）

（板书：按序找字）

师：同学们，我们就是按照这样的方法一步步找到了"厨"字。你们看，字典上面为我们提供了音节、部首、字义、组词这么多的信息。字典是不开口的老师，希望同学们今后多向这位老师请教。

师：为了让同学们更快地记住我们刚才学习的方法，老师准备了一首口诀，请同学们听老师读一遍！"音序查字要牢记，先把大写字母找。字母下面找音节，看看它在第几页。"（课件出示"音序查字法口诀"）

师：请同学们跟着老师一句一句朗读。

（学生跟读）

师：谁愿意自己读一读？

（指名学生朗读）

师：我们全班同学再来读一遍！

（学生齐读）

【点评】基础打好之后，学习音序查字典的方法就简单了。学生通过学习语文书上查"厨"的方法，初步掌握了音序查字典的三个步骤，并让学生熟记音序查字法口诀，用口诀辅助方法的掌握。授之以渔，方法掌握了，就能够巩固练习了。

第五节　重视汉字书写，打好写字基础

写字教学是识字教学的重要组成部分，是语文教学的一项重要基本功。语文课程标准在第一学段的目标中指出："掌握汉字的基本笔画和常用的偏旁部首能按笔顺规则，用硬笔写字，注意间架结构，初步感受汉字的形体美。""努力养成良好的写字习惯，写字姿势正确，书写规范，端正，整洁。"[1]可见，写字教学不仅是教学生掌握写字技能，还要在写字的过程中陶冶学生的性情，培养审美能力。写字首先是练习执笔，练习写基本笔画并了解基本

---

[1]　中华人民共和国教育部 . 义务教育语文课程标准（2011版）[S]. 北京：北京师范大学出版社，2012：7 .

结构，这是写字的基本程序。基础打扎实了，掌握了基本功，到了一定程度，会认的字也自然会写了。"写字教学有了一定的轨道，循序渐进，教儿童用熟了笔，写熟了笔画，知道了笔顺和结构，会认的字不用再学也就会写了。"①

第一学段写字教学的目标有三个：一是掌握汉字的基本笔画和常用的偏旁部首。二是能按笔顺规则用硬笔写800个左右的常用汉字，注意间架结构，初步感受汉字的形体美。三是写字姿势正确，书写规范、端正、整洁，努力养成良好的写字习惯。

根据语文课程标准对写字教学的要求，我们制定了对第一学段书写素养的学业水平描述，从下面这个表格中我们不难看出对学生书写素养的要求的循序渐进。

核心素养	一年级	二年级
书写素养 执笔正确 坐姿正确 书写笔画	1. 掌握正确的执笔姿势、写字姿势，养成良好的书写习惯。 2. 能正确书写汉字的基本笔画和常用的偏旁部首。	1. 能用正确的姿势书写汉字，做到书写规范、端正、整洁。 2. 进一步掌握基本笔画和笔顺规则，正确书写常用的偏旁部首。

一、把握教材，理解特点

统编教材在写字指导板块的编排上非常有特点：

1. 先认先写"300基本字表"，逐步发展识字写字能力。统编教材一年级，要求书写的300字中有225个都是"300基本字表"中的字。剩下的75个字绝大部分的部件也是在"字表"中出现过的。

2. 减少写字量，切实做到"多认少写"、减负提质。相比原人教版教材，统编教材在一年级的书写量由350字降到了300字。此举也正是为了减轻学生的书写负担，提高书写质量。

3. 书写要求循序渐进、逐步拔高。一年级上册第8页让学生先认识田字

---

① 教育部基础教育课程教材专家工作委员会 . 义务教育语文课程标准（2011年版）解读 [S]. 北京：高等教育出版社，2012：117.

格，认识横中线与竖中线，并注意笔画在田字格中的位置。这是学生开始学习写字必然要经历的第一步，只有这样才能在后面的教学中掌握从哪里起笔，在哪里收笔，占哪几格。一年级上册第16页提出了"坐端正，握好笔"的要求，实际上就是明确对坐姿与握姿做了要求。可见书写的要求明确具体，且要求逐渐拔高，是课程标准写字教学要求的具体化，符合儿童的认知规律，很科学。

4. 强化基本笔画的掌握，夯实基本功。一是将笔画"提"调整到一年级上册第13页，这实际上强化了汉字基本笔画的书写，点、横、竖、撇、捺、提、折、钩是构成现代汉字的8种主要笔画，统编教材在学生学写汉字之初就将其集中呈现，这为后面各汉字部件的书写夯实了基本功。二是每逢有新要掌握的笔画，就会把该笔画用红色呈现在生字的左前方。不光是要让学生认识其笔画名称，更重要的是要学生掌握笔画书写时的起笔、运笔、收笔及所占的格子位置，也就是书写基本笔画的基本技能。这样，就为写好字打下坚实的基础。

5. 突出形近笔画的对比。学生在书写过程中对于形近笔画的掌握应该是书写的难点之一。为此，统编教材在形近笔画的对比方面体现得很充分：一是及时对比。比如一年级上册第13页，"云"字中的笔画"撇折"与"山"字中的笔画"竖折"的对比。二是延时对比。如一年级上册第73页的"卧钩"与第81页的"斜钩"的对比。之所以有及时与延时之分，全由难度大小而定。撇折与竖折书写难度小，可以同时比较；卧钩与斜钩书写的难度大，所以两者之间要经历一定的间隔时间，待学生消化以后再进行比较效果会更好。

6. 笔画数量前多后少，呈现出前紧后松的趋势。一年级上册一共出现了22个常用笔画，一年级下册只出现了4个笔画。就拿一年级上册来说，各单元也呈现出前紧后松的趋势：识字单元一出现11个笔画，课文单元一出现了6个笔画，识字单元二出现了2个笔画，课文单元二出现了2个笔画，课文单元三出现了1个笔画。之所以前紧后松，是因为学生可以利用后面大部分的时间对前面密集出现的笔画进行反刍、消化、巩固，学生越学越轻松，这是符合认知规律的。

7. 笔画呈现出先易后难的规律。如由"提"到"竖提"，再到"横折提"，比现行教材中由"竖提"到"横折提"再到"提"更科学。如由"弯钩""横折钩"到"竖弯钩"，比现行教材由"竖弯钩"到"横折弯钩""弯钩""横折钩"更科学，因为对初入学的学生来说，"弯钩""横折钩"比"竖弯钩"更易于掌握。又如由"横折""竖弯钩"到"横折弯钩"，再到"横斜钩"，比现行教材由"竖弯钩"到"横折弯钩""横折"，再到"横斜钩"更科学，都是在简单的基础上再加难度，符合学生的认知规律。

8.字的形体结构由简单到复杂。独体字——左右结构——上下结构——半包围结构——全包围结构，利于学生由浅入深地感知汉字的特点，利于保护学生在书写中产生的成就感。

二、指导双姿，打好基础

1.正确的写字姿势。低年级语文教师一定要让学生掌握正确的写字姿势，即坐姿和握笔姿势，简称"双姿"，这是养成良好的书写习惯的首要任务。从一年级学生入校的第一天起，教师就应该指导"双姿"的做法，培养"双姿"意识，之后持之以恒，常抓不懈。每个教师都要有这个意识，这对孩子的眼睛和身体发育都是至关重要的。

为了便于老师教，学生学，教师可以在日常教学中运用儿歌口诀，帮助学生正姿，打好基础。

坐姿口诀：头正、肩平、身直、足安。

执笔儿歌：

老大老二对对齐，

手指之间留空隙，

老三下面把笔托，

老四老五里面藏。

新"三个一"口诀：

手离笔尖一指节，眼离书本一小臂，身离桌子一拳头。

这些小口诀，对于孩子写字习惯的养成很有帮助，教师可以发挥自己的才能编写一些适合自己班学生的小儿歌，帮助学生努力养成良好的写字习惯，有正确的写字姿势，保持正确的写字姿势应该是学生在每一次书写活动中都要做到的。孩子年龄比较小，自觉性不高，很难保持，这就需要我们老师在教学中加以关注，多提醒，多指导学生，多纠正，来帮助学生养成良好的写字习惯。

良好的写字习惯不仅仅包括写字的姿势，还有用笔的习惯、用本的习惯、把字写在格中央、字距相等、行款整齐、保持本面整洁等多种习惯，教师都要——指导、耐心培养。不过对于低年级的学生而言，"双姿"是最重要的写字习惯。

三、掌握知识，提高技能

（一）掌握基本的笔画、常用的偏旁部首

《基于学科核心素养的天津市小学语文学业质量标准》的"附录3"总结出汉字的28种基本笔画及书写要领。教师应随着识字教学的进度，逐步地、有计划让学生掌握。比如同为"丿"（撇）这个笔画，在字的不同位置写法不一样：在字的上头，要写得平稳，不能斜，如"禾""香"；而在字的左边或左下方，就要写出斜式，如"厅""水"。

在第一学段，学生要学习大约70种常用部首。这些部首的书写同样是有规律的，是有"法"的，教师要想从根本上提高学生的写字能力，就要深谙这些书写规律，将书写的法则授予学生，让学生一边进行写字练习、一边体会这些法则的要义，天长日久就能达到心手双畅的水平。

（二）能按笔顺规则写字

为了方便、流畅地书写汉字，根据汉字结构的特征，常用书写工具、书写姿势、书写时的肢体语言及书写笔程，人们从历代书写经验中总结归纳出了汉字笔顺基本规则。该基本规则适用于绝大部分汉字的书写，有少数汉字的书写笔顺不尽一致，教师可以灵活把握。教材《语文园地》中设置了专门的"书写提示"每次让学生学习一种汉字笔顺的书写规则，循序渐进，为学生写字打好基础。

四、写字指导，注重策略

写字教学不仅要帮助学生养成良好的写字习惯，而且还要指导学生能够正确规范地书写。

1. 观察。这是写好字的前提。写字之前必须先看字，要仔细看字，看好字。眼高才能手高，如果眼睛的观察力、鉴赏力不高，手下是写不出好字的。

2. 感悟。感悟是一种思考，是连接一切写字环节的纽带：观察的过程中要思考，观察之后要思考，临习时要思考、临习之后还要思考。写字的过程应该是眼、脑、手一齐参与，协调活动的过程。不动脑子写字，不过是白白浪费时间和精力罢了。

3. 临习。既然写字是一种技能，技能的学习靠熟习，不实践、不练习就不可能"掌握基本的写字技能"，要想把字写得又好又快，只能靠实践、靠大量的书写练习。

不过"观察——感悟——临习"是经过高度概括的习字过程，教师在实际操作中还要将其细化、具体化。根据学生的实际介绍几种课堂教学指导策略。

（一）"导、练、展、评"策略

统编教材将点、横、竖、撇、捺、提、折、钩这八种最基本的笔画提前集中放置到第一个识字单元里，足见要夯实学生笔画书写基本功的用意。对于刚入学就学写汉字的学生来说，用这种教学策略比较恰当。

案例：统编教材一年级上册第8页，笔画"横"的教学片段。

（1）导

师：仔细观察，怎么样才能写好笔画"横"？

生1：要写得平平的、直直的。

生2：要写得长一点。

师："横"的下笔稍重、行笔向右较轻，收笔略向右按一下，整个笔画呈左低右高、向下俯势的形态。（师范写，学生跟着书写）

（2）练

生描红、练习，并尝试写"一""二""三"，教师巡视指导。

（3）展

生：用投影展示自己写在课本上的字，并表述："一"要写在横中线上，左边低右边高。"二"的第一横比第二横要短一些，"三"的最后一横最长。

生1：他的"一"写得好，可是"二"字第一横要写在横中线上面，不是横中线上。

生2："三"字第二横比第一横稍微短一点，不要短太多了。

生3：我认为在写好"二"字的基础上，把最短的那一横写在横中线上就是"三"了。

生：错啦！不是把"二"字写好后再添中间那一横，要按照从上到下的顺序写才对。

（4）评

师：横画要写平稳，因为横在一个字中起平衡作用，横不平，则字不稳。书写的时候还要注意每一画的起笔和收笔的位置。

正因为要学生掌握的笔画多，而学生的写字基础又薄弱，所以要先启发学生发现笔画的特点再范写。接着让学生用充足的时间独立练习，后展示交流，最后评价。教师发挥了主导作用，学生是主体。

（二）指导写字的方法，写好一类字策略

统编教材在每课要求会写的字的编排方式是遵循一定的构字特点的，教师在教学时就要利用这一特点指导写字的方法和规律，让学生掌握方法写好一类字。

案例：统编教材一年级下册《要下雨了》写字指导片段。

师：谁来说说口怎么写？

生：竖、横折、横。

师：你说得非常准确，这是口的笔顺，那么它写的时候在字形上需要注意什么呢？

生：是长方形。

师：有点儿像，谁能说得更加准确。

生：写的时候两个竖往回收。

师：两个竖往里收，所以这个字上宽下窄。我们来看一看这两个竖

的写法，第一条竖要往里收，第二笔横折的竖也要往里收，这样才能写得上宽下窄，最关键的是第三笔的横，这条横它起笔的地方稍微靠上一点，顶着左边的竖，右边收笔的地方要托着右边的竖，叫作"左顶右托"。（出示写好口字的要领）这就是写好口字的方法。谁来说一说？

生：上宽下窄、左顶右托。

师：我们来配合写一写口字吧。（师生根据口字要领共同写口字）

师：我们来看，当口字变成口字旁。它的写法有什么变化？

生1：口的位置变了。生2：口还变小了。

师：口的位置借助田字格来看，口的最后一横在哪儿？

生：在横中线上。

师：口字旁在左边的时候字形变小了，它的位置要写得高一点儿。（出示口字旁书写要领）大家一起来读一读。

生：口字旁，在左边，字形小一点，位置高一点。

师：下面，老师来写一写四个口字旁在左边的字。（范写：吧呀呢吗）你们提示老师应该怎么写好。

生：口字旁，在左边，字形小一点，位置高一点，口字旁的横注意左顶右托。

师：在生字本上每个字写一遍。注意写字姿势，头正、肩平、臂开、足安。

生：（书写生字）

师：（展示学生1作品）我们先来看第一个字，他有没有注意口字旁字形小一点，位置高一点呢？

生：位置太低了。

师：（范写口字旁）第二、三、四个字都注意到了口字旁小一点，位置高一点，只是左右两部分应该离得稍远一些，他写得太近了。

师：（展示学生2作品）这个同学的字有没有做到口字旁字形小一点儿，位置高一点儿呢？

生：做到了。

师：他注意到了这一点，但是"吗"字两部分离得太近了。（师范写"吗"）两部分应该离得稍远一点。今天我们先写到这里，下课之后把这四个口字旁的字每个写三遍，写之前一定要回忆书写要领，这三遍要一个比一个写得好。

（三）儿歌指导策略

儿歌是学生喜闻乐见的形式，我们尝试将儿歌、字理与写字指导相结合，把统编教材一年级上、下册中要求会写的字的书写指导方法变成朗朗上口的儿歌，利于教师教学时指导书写时提示学生。编写的两本《读儿歌学写字》，是以一首首韵文儿歌来呈现汉字书写的指导用书。每首小儿歌里，包含着生字的"结构、笔顺、占格、压线笔、字理"，最后根据儿歌韵文的"押韵"去编写。这"短小精炼、朗朗上口"的儿歌将汉字书写和笔画笔顺、间架结构等一并呈现，教师可以边读儿歌边示范指导书写；学生可以边读儿歌边写汉字。细细思量，行笔中的起承转合、轻重力度、高低呼应、穿插规避均有所得。每一首韵文儿歌力求将汉字的字形、字理准确完美展现。

《雨点儿》"有"字书写指导实录

（一）导入

师：同学们，上节课我们学了《雨点儿》这篇课文，还记得这句话吗？谁能来读一读。

生：不久，有花有草的地方，花更红了，草更绿了。

师：你把每个字音都读得很准确。

（二）指导

师：今天我们就来学写这句话中的一个字，就是"有"字。首先，请同学们仔细观察这个字，你觉得哪些笔画需要我们注意一下，才能使这个字写得更加美观？

生：月字的撇变为竖。

师：还有吗？

生：第一笔横要写长。

师：还有哪些需要注意的地方？

生：撇要从中线起笔。

师：同学们真是火眼金睛！现在我们一起将"有"字送入田字格，请同学们伸出食指与老师一起书空。写时注意：

长横写在格上方，

一撇起笔中线上，

月字在下撇变竖，

最后两横均匀放。

请同学们打开书88页，找到这个"有"字，先描红一个，再在后面的田字格中试着写一个。在写字之前，请同学们摆好写字姿势：头正身直肩打开，胸离桌边一小拳，眼离桌面一小臂，手离笔尖一指节。我们比一比谁的写字姿势最规范，写出来的汉字最美观。（出示写字功儿歌及图片）

师：（生书写，师巡视）长横要写在格的上方，一撇从中线起笔写，月字在下撇变竖，里面的两横均匀摆放。

（三）点评

师：同学们，老师这里有两幅小作品，谁愿意当小小评论家评价一下？注意评价时要先说说人家的优点，再提出修改的建议。

生：他做到了月字的撇变为竖。但是横应该写得再长一些直一些。

师：那这个小作品谁再来评一评？

生：他的横写得很长，月字的撇也变为了竖，第二笔撇也压中线了。

师：同学们观察得真仔细，希望大家向他们学习写得好的地方，自己再来写一个"有"字，争取比刚刚那个写得更好。注意先摆好你的写字姿势再来书写。

（四）结课

师：写完的同学请坐好！同学们，这个"有"字你会写了吗？

生：会了。

师：那能不能给"有"字组个词再来说一说啊？

生：有人、有力。

师：老师这里也有几个带"有"字的生词，我们一起来读一读。

生：没有、有心、有力、有时。

师：同学们，不妨利用课下时间，将这些词语积累在你的生词本上吧！

（执教教师：徐雯　设计指导：罗祎）

这是课上书写指导的一个片段，将儿歌与汉字的书写指导相结合，教师在三处用上儿歌指导，第一，示范书写之时；第二，巡视指导之时；第三评价反馈之时。这让教师和学生书写练习时都有遵循的书写规范。

（四）微课视频，指导书写

现代化教育技术早已经进入课堂，如何将此与我们的写字教学有机结合起来，我们尝试以"小螺号教育空间"为载体，将简便精巧的教学视频与课堂互动反馈技术相结合，精心制作成一系列写字指导的"微课"，以丰富学生们的认知，将中国汉字、国学经典浸润其中，立足于中华文化的熏陶，拓宽学生们的思维和学习实践空间，全面促进语文核心素养的发展。

《雪地里的小画家》"竹"字的写法微课教学实录

——统编义务教育教科书一年级上册

（一）看图猜课文

看看这幅插图，你知道我们今天要说哪篇课文吗？对了，今天我们就一起走进《雪地里的小画家》。

（二）课文呈现

老师读课文一遍。

（三）找脚印

听完了课文，我们快来帮帮课文里的小动物们找找他们的脚印吧。不知道你听得仔细不仔细，老师要考考你哦。小鸡的脚印像什么？嗯。像竹叶。今天我们就来看看竹字的写法。

（四）字理溯源

亲爱的同学们，你们知道竹字怎么发展演变来的吗？让我们一起走进竹的字理溯源吧。

看看这碧绿的竹子。最早甲骨文的竹字就像两根细枝上垂下的六片叶子。慢慢金文在甲骨文的基础上也变成这个样子。之后隶书的竹字就比较接近我们现代的汉字了。最后就是我们小朋友现在能够看到的竹字。这就是竹字的演变过程。

竹字其实表示温带或者热带一种竹本科的植物。它空心有节最后还能长笋呢。

（五）竹字笔顺

请你记住竹的笔顺，它的笔顺是撇、横、竖、撇、横、竖钩。要想写好这个竹字，老师带来了一个小儿歌。"竹字左右很相像。两撇平行左右放。左竖垂直右有钩。两横都要压线上。"

（六）跟我练写字

接下来我们读着儿歌，再把这个字写一写。拿起笔，让我们一起来写写吧。"竹字左右很相像。两撇平行左右放。左竖垂直右有钩。两横都要压线上。"（边写边说儿歌）竹字就写好啦。

《雪地里的小画家》要跟我们说再见了。我们下次再学习吧。

（微课制作：安虹　设计指导：罗祎）

《荷叶圆圆》"鱼"字的写法微课教学实录

——统编义务教育教科书一年级上册

同学们，你们好！今天让我们共同学习"鱼"这个汉字。在今天的学习中，我们将从文中寻鱼、字形探鱼、水中观鱼、生活识鱼、儿歌记鱼和动手写鱼这六个板块进行学习。

小朋友们，让我们快快走进今天的课文，找一找要学习的"鱼"字吧。你们看，小鱼儿在荷叶下笑嘻嘻地游来游去，捧起一朵朵很美很美的水花。原来小鱼儿说："荷叶是我的凉伞。"

让我们认一认"鱼"这个字。"鱼"字是个象形字，斜刀头是鱼头，田字是鱼身，而最后一笔长横是鱼的尾巴呢！小朋友，你们认识"鱼"这个字了吗？

在大自然中，生活着各种各样的鱼。你们快看，红色的是金鱼；黄色片状的是蝴蝶鱼；这两条鱼叫孔雀鱼，它们的尾巴像孔雀开屏一样，可真漂亮；这条橙白花纹的叫作小丑鱼。

其实，我们的生活中，"鱼"字也无处不在。小朋友们，快快找出图片中的"鱼"字吧！好了，我们一起来找找看。大家爱吃的烤鱼片中有个"鱼"字，爷爷爱逛花鸟鱼虫市场，妈妈做饭时会用金龙鱼食用油，做出了一道美味的水煮鱼。同学们，这里的"鱼"字你都找到了吗？

我们认识了"鱼"字，下面让我们一起学写"鱼"字。我们先来看看"鱼"字的笔顺：撇、横撇、竖、横折、横、竖、横、横。为了帮助大家记住它，老师带来了一首有趣的小儿歌，让我们一起读一读吧：鱼头尖尖像把刀，鱼鳞层层间距等。田字居中写端正，鱼尾最后是长横。

下面让我们写一写"鱼"这个字。写字之前，请同学们摆好写字姿势，做到"眼离书本一小臂，胸离桌子一小拳，手离笔尖一指节"。下面请看老师进行书写：鱼头尖尖像把刀，鱼鳞层层间距等。田字居中写端正，鱼尾最后是长横。"鱼"字就写好了！同学们，我们下次再见！

（微课制作：杨霞　设计指导：罗祎）

五、家校互动，延伸指导

在学校里有老师的指导，回家后家长的指导有些缺失，即使现在的80后家长知识水平并不低，但是对一些汉字的书写指导却感到力不从心，因为他们对书写的要求规则不清楚，怕与老师的要求相悖。因此，我们把《读儿歌学写字》录制了网络版放到"小螺号教育空间""每日一字"中，利用动图演示、视频讲解解决家长指导的难题，将教学指导有效延伸到家庭。

"每日一字"教学实录：

风字的写法

（一）课文再现

师：我们要学习，春"风"吹这个"风"字。

（二）字理溯源

师：风字的演变过程是这样的，请看图片。　　圆→風→风

（三）跟我学儿歌

师：风字的儿歌是：几字做框变了样，横宽弯斜钩向上，气吹虫动雁飞翔，简化点撇交中央。

（四）跟我练写字

师：下面来看老师的示范书写。几字做框变了样，横宽弯斜钩向上，气吹虫动雁飞翔，简化点撇交中央。（师边说边写汉字）看老师再来书写一遍。风字的外面是一个几字，几字做外框的时候，形状发生变化。横要宽，下面是一个弧弯钩挑钩向上，中间的部分是由繁体字简化而来，简化之后的笔画变成一撇一点儿放在风字中央部分。

师：今天我们就学习到这里，希望同学们每天都能有所进步。

（主讲老师：张楠　设计指导：罗祎）

讲字的写法

（一）课文再现

师：我们要学习，第七课《怎么都快乐》中"讲"故事的"讲"字。

（二）跟我学儿歌

师：跟我读儿歌：左边窄窄言字旁，右边长横放线上，竖撇竖中线上站，井井有条把话讲。

（三）跟我练写字

师：读儿歌学写字，讲字这样写：左边窄窄言字旁，右边长横放线上，竖撇竖中线上站，井井有条把话讲。根据儿歌我们再来写一个，言字旁我们写窄，横折提起笔横中线，注意点画的收笔位置和竖画对齐，右边上横短下横长写在横虚线上，竖撇写在竖中线上，最后一笔是竖要做到起笔高，收笔比竖撇略低。讲字就写好了。

师：每天进步一点点，同学们我们下次再见。

（主讲老师：高知　设计指导：罗祎）

为了带领更多的人掌握汉字的规范书写，在"小螺号教育空间"公众号中组织了三个写字群，每天一千多师生、家长共同练习写字、拍照，工作室的老师们每天利用业余时间进行书写点评，展览优秀作业。可以调动广大师生的写字积极性，我们还定期组织书法比赛，让不同水平的人们都能获奖。有意识地提高大家的书写能力，培养热爱书法的审美情趣。

第六节　走进课堂教学，感受汉字魅力

《中国美食》第一课时课堂实录

——统编教材小学语文二年级下册

（一）认识火，开启学习之旅

视频（播放视频）

师：春节刚过，相信大家在家里一定品尝了很多美食，今天老师也给大家带来一段关于美食的视频，让我们一起欣赏一下吧。

师：中国的饮食文化讲究的是"色、香、味"俱全。烹饪美食的时候我们更是非常讲究"火候"，（老师板贴"火"的图片）今天大家就跟着老师一起走进《中国美食》这一课去领略美食文化的魅力，看老师一起板书课题。老师板书:《中国美食》（国字是一个大口框，口框要封紧，美字撇捺要舒展，食字的最后一笔是点）大家齐读课题。

生：（齐）中国美食。

（二）发现火，理解同质异形

师：同学们让我们看看本课书中有哪些中国美食，大家一边看一边借助拼音读准生字，把你会读的生字圈出来。

师：谁来汇报一下你会读的生字，读的时候一定要声音响亮。

生汇报（汇报：我会读了葱爆羊肉的"爆"。我会读了凉拌菠菜的"菠"）

师：刚才大家在书中认读了七道菜品，让我们先来挑战认读吧！每人一词，随机纠正并指导轻声音要读得轻而短。

师：我们来看看这些菜品你认不认识？

生：凉拌菠菜。

生：香煎豆腐。

生：红烧茄子。

生：水煮鱼。

生：烤鸭。

生：葱爆羊肉。

生：小鸡炖蘑菇。

师：我们大家一起读。

出示：蒸饺、炸酱面、小米粥、蛋炒饭

师：这一道道"色香味"俱全的美味佳肴构成了我们的中国美食。

师：生字宝宝们要一个个和我们大家交朋友，看看现在你还认识他们吗？让我们轻声拼读一下这些词语吧。谁来读读第一行。

师：谁来挑战第一行？

（生带拼音拼读）

师：你把翘舌音读得真棒，你再读一读。大家一起读一读。

师：翘舌音"炸"它有两个读音，让我们再读一读吧。

利用两张图片（爆炸和炸酱面）来区分多音字"炸"。

师：接下来我们挑战升级，淘气的生字宝宝，去掉拼音帽子了，希望你同样认读准确，看看哪个组的反应最快。开火车读。

师：生字宝宝们都回到了美食名称里，谁来大胆地报报菜名。

师：仔细观察变化（中间的烹饪方法变红）你发现了什么？

生1：每个词里面都有一个认读字。

生2：前四个字是火字旁，后三个字是四点底。

师：这些字都和火有关。都代表着熊熊燃烧的大火。我们用什么记字方法记住这些字呢？

生汇报自己的记字方法（加一加、换一换、形声字）

师：你看用这些方法我们就能记住一类字。因为用火烹调方式不同，才出现这么多美食。让我们一起练习读读这些词语吧。

师：谁听出来了，她有一个词读得不太好，是哪个字呢？

生：应该把小鸡炖蘑菇读成轻声。

师：我们一起读一遍，轻声音这次都读好了。

（课间游戏）——天降美食

师：你们的菜名都报得这么好，老师给你们带了一个小游戏，想不想玩？老师要考考大家的反应能力，请你大声读出各道美食的名称。记住只读菜品名称，遇到图片的时候可要"嘘"不出声（只做动作不出声），看看谁的注意力最集中。

师：中国美食不仅色香味俱全，而且其中还蕴含着我们荤素搭配、健康饮食的生活理念。这几组词谁再来读一读。

生读词语

师：你读得字音准确声音洪亮，老师奖励你个大拇指。其他同学都要像他一样读好下面的词语。

师：生活中爸爸、妈妈就用香甜可口的一日三餐经心呵护着我们的健康成长。古语讲"一粥一饭当思来之不易"，相信小伙伴都能从一顿顿饭菜中感受到爸爸妈妈的爱。跟老师看看"饭"字的写法。

师：饭字是左右结构。"食字旁"和饮食有关。"食字旁"由三笔构成。撇，横钩，竖提，这就是"食字旁"。右边是一个反字，这两部分组成了饭字。我们在手心里写一写。谁能给他组个词？

生：稀饭、吃饭、炒饭、做饭。

师：同学们，今天可是你大显身手的好机会。老师这有一个菜单，你们看看，咱们来读一读菜单上都有什么？

老师引读：素菜有？

生：凉拌菠菜、香煎豆腐、红烧茄子。

师：荤菜有？

生：烤鸭、水煮鱼、葱爆羊肉、小鸡炖蘑菇。

师：主食和粥有什么？

学生接：蒸饺、炸酱面、小米粥、蛋炒饭。

师：如果今天老师要到你家去做客，你想请老师吃什么？

生：我请老师吃凉拌菠菜。

生：我请老师吃葱爆羊肉。

生：我请老师吃小米粥。

师：有粥有饭真是符合我的心意。我一定去你家做客。

生：我请老师吃红烧茄子、水煮鱼、蒸饺和小米粥。

师：你点的菜真是色香味俱全，让我看了就有食欲。

师：大家真能干，每一个都是合格的小管家，接下来我要看看大家写字漂不漂亮。

（三）书写火，感受汉字之美

师：我们刚才了解了火、认识了火，接下来我们一起书写火。（课件出示烧烤炒三个字）你们看看这三个带有"火"旁的字，有什么特点？你发现了什么？

生：它们都带有火字旁。

生：我发现了一个词叫作烧烤。

师：我们在结构上还发现了什么？

生：它们都是左右结构。

师：要想把字写漂亮，老师给大家带来了三个小方法，我们要做到三看——一看宽窄、二看长短、三看穿插。（课件演示）

师：穿插笔画撇，我们要仔细看，"烧"字撇这一笔短而小；"烤"字撇这一笔长而斜；"炒"字撇这一笔有弯度。

师：观察清楚了，请你伸出小手和我写一写。

师：写字要领大家都记清楚了吗？要想写好字，书写姿势最重要，快来和你的小伙伴，比一比吧。我们要做到头正、身直、臂开、足安。你都做到了吗？大家拿出笔在书上描一个、写一个。回忆我们刚才的要领，请看老师写一遍。请你仔细看，我有没有做到刚才提示的要点。能像我一样书写吗？开始吧——

（学生书写，老师巡视指导。）

师：看一看小伙伴书写的生字，我们看看这个同学左窄右宽做到了吗？左低右高做到了吗？三笔撇画穿插各不同做到了吗？都做到了，那有什么小问题吗？谁来给他提个建议！

生：字形结构不错，就是有点太大了。

师：我们在写字的时候要注意字的整体结构。你写得不错，老师给你一个小印章。再看看这位同学有问题吗？我们看看这个同学左窄右宽做到了吗？左低右高做到了吗？三笔撇画穿插各不同做到了吗？看谁最会观察！

生："炒"没有做到左低右高，你愿意改一下吗？

师：刚刚我们大家一起书写带有火字旁的一组字，大家再遇到火字旁的生字一定会写得更漂亮。

（四）拓展火，做美食小达人

师：刚才大家写了带有"火"的三个字，生字王国的小伙伴还要和大家交朋友。快来认识一下它们吧，六个字你有什么发现？

生：第一组火字旁在左边，第二组火字旁在下面，第三组四点底表示火也在下面。

师：它们都表示火，请你跟它们打个招呼吧！

师：大家眼力真棒！它们都是表示"火"的生字。遇到我们没有学过的生字我们又想和它们交朋友，那该怎么办呢？对了，用部首查字典的方法查一查。这个好方法是我们上个学期学习的，我看看谁掌握得最棒？让我们展开一场竞赛好不好。

生动手查字典标注读音。

师：领先的小伙伴已经把生字放到我们的黑板上了，同学们让我们一起借助拼音读一读这六个字吧，在汉字王国中表示"火"不只这些，相信借助字典你会认识更多的生字伙伴。

师：今天我们一起认识火、发现火、书写火，还拓展认识这么多表示火的生字。真棒，老师为大家的表现点赞！中国美食就是中国味道中国文化。你们感兴趣吗，我们下节课继续学习。

我们这节课就上到这里，下课！

（授课教师：安虹　设计、指导：罗祎）

《中国美食》第二课时课堂实录

——统编教材小学语文二年级下册

师：中国饮食文化历史悠久，在世界上享有"美食王国"的赞誉。这节课我们就来继续学习《中国美食》。上节课你们都认识了哪些美食，我们先复习复习吧！一起读——

生：水煮鱼……

师：这七道菜品中变蓝色的词语，都是做饭用的——

生：材料（东西）。

师：我们把它们叫作——食材（卡片食材贴板书）。

生：食材。

师：请同学们再仔细看，变红色的词，它们都是做饭的——

生：动作，方法，烹饪方法。

师：我们把它们叫作——烹饪方法。借助拼音男生读，女生读，全班一起读。再读快一点，全班读：烹饪方法。"烹饪"两个字同学们没有学过，你能根据部首表意的特点，猜猜这个词跟什么有关系吗？

生：烹是四点底，跟火有关；饪是食字旁，跟饭有关。

师：非常好！烹饪连起来就是做饭的意思。同学们根据形声字表意的特点，能猜出词的意思，这是一种好的识字方法。

师：我们把它积累下来。再读——

生：烹饪方法。

师：如果留着烹饪方法，把美食中的食材换一换，就可以变出很多的美食。比如这道菜，凉拌菠菜还可以凉拌什么？

生：凉拌豆腐、凉拌海带、凉拌土豆丝、凉拌黄瓜、凉拌西红柿……

师：同学们还喜欢吃烤制的美食，比如烤鸭，去掉鸭，还可以烤什么呢？

生：烤鸡翅，烤全羊，烤羊腿，烤羊肉串……

师：你们都知道中国的美食，下面的词语，不出图，还能读好吗？

生：小米粥。

生：蒸饺。

生：炸酱面。

生：小米粥。

生：蛋炒饭。

师：这是我们餐桌上的粮食性食品，也叫——主食。

生：主食。

师：生活中，你还知道哪些主食？

生：米饭、饺子、大饼、面条、馒头……

师：专门卖主食的店铺也不少呢！看，这是——

生：天津百饺园、烧饼王、肉夹馍、馒头房……

师：真棒，同学们在生活中也能识不少字呢！很多主食带有食字旁，不信，你看，自己读读圈起来的字吧。

生：饺、馒、饼、馍。

师：如果说主食多带有食字旁的话，那么蔬菜就多含有什么旁呢？没错！草字头，本课生字就有4个！他们都是形声字，我们要根据形声字，声旁提供读音的特点读准它，大家读。

生：菠、茄、蘑、菇。

师：太棒了，剩下的生字宝宝藏在一个个精致的瓷碗中，我们小组比赛读吧！第一组，谁做代表？第二组？第三组。其他同学为自己的队员加分。开始（比赛）祝贺你们。

生：酱、粥、饺、腐、烧、烤、炖、炸、炒、爆、煎、煮、蒸。

师：中间组获胜，两边的小组把掌声送给他们。

师：留下的生字宝宝都是（烹饪方法），再读。它们的部首有什么特点？

生：第一行的字都带火字旁，第二行的字带有四点底。

师：火字旁和四点底，它们表面上字形不一样，但都表示——"火"的意思，都是"火"部家族的成员。我国饮食与火密切相关，所以人们管做饭，也叫"起火"，比如，你问人家：今天你做饭没做饭？也可以说：今天你起火没起火？

师：虽然都是起火做饭，但是我们祖先根据做饭的火候大小、时间长短、用油多少等，创造出多种制作方法，今天，老师就带同学们到饭店后厨去看一看，了解一下最常见的烹饪方法，快来看，这是用的什么烹饪方法？您能选一选吗？

生：第一幅图是蒸，第二幅图是煮。

师：你带着大家读一读吧。蒸，蒸包子，会了吗？

生：煮，煮水饺；炖，炖牛肉。

师：蒸、煮，都是用火把水加热制作食物。那有什么不同呢？

生：煮是食物放在水里，蒸是在水的上面。

师：蒸，水在下面，中间放着一个篦子，上面是食物。我们还可以用蒸和煮的方法做什么呢？这是——

生：蒸馒头。

师：这是——蒸寿桃。寿桃是祝老人健康长寿的一种面食。下面的两幅图，你一定知道吧？

生：煮面条，煮鸡蛋。

师：这些美食用的什么烹饪方法呢？你能连一连吗？谁愿意到前面来连。

生：第一幅图和煎连，第二幅图和炸连，第三幅图和炸连。下面的是煎锅贴，炸薯条，最后是煎带鱼。

师：煎和炸都是把油加热制作食物，你能说说煎、炸有什么不同吗？

生：煎就是放的油少一些，炸放的油多。

师：煎和炸的食品又香又脆，小朋友可爱吃了，但是煎炸食品要注意少吃，健康饮食。我们来读读这些词吧。一会儿我请小老师带着大家读。

生：我是小老师，请大家跟我读：

煎鸡蛋、炸丸子、炸薯条、煎带鱼。

师：我们把掌声送给小老师！再看，这四种烹饪方法一起读："炒、烧、炖、爆"，你知道用这些方法能做什么菜吗？

生：炒鸡蛋，炒土豆丝。

师：很多蔬菜是可以炒制的。

生：我妈妈做过红烧茄子。

师：炖可以炖各种肉，可以炖排骨。

生：炖鸡肉，炖牛肉，炖羊肉……

师：烧制的菜看来同学说得不是很多。看，老师这儿有四道烧制菜品，自己借助拼音先来读读吧，谁能当小老师带着大家读。

生：脆皮烧肉，红烧牛肉，红烧羊排，红烧带鱼。

师：真好！谢谢小老师，我刚才看到了有的同学是一边读，一边舔着嘴唇，一定被美食吸引了吧。爆这种烹饪方法，你见过吗？可神奇了。请出饭店的大厨给我们做做示范吧。

出示视频

师：爆，明显的特点就是——火大。所以这个爆字的偏旁就是火字旁。你看，这两道美食的烹饪方法就是爆。

师：大家一起读——"爆炒三丝""酱爆鱿鱼"。

师：真美味！我们聪明智慧的劳动人民创造了各种各样的烹饪方法，形成了灿烂的饮食文化。

师：如果说"烧、烤、炒"是中国美食常用的烹饪方法，那么"肉、蛋、茄、鸡、鸭"则是中国美食常用的食材。这节课，我们就练习写好这5个表示食材的字。

师：我们先来看"鸡"和"鸭"，他们都是左右结构的字，我们复习观察方法，一看宽窄，二看高低，自己运用这样的方法，认真观察一下。三看穿插，上节课我们学的是撇画有穿插，这两个字是横画有穿插。

师：鸟字是我们以前学过的，写时要特别注意，鸟头小，竖折折钩要舒展，怎样舒展？就是这笔横，要长。做偏旁时，它要写得——窄一些，（出示课件演示）为了书写更加紧凑。

师：看老师写，鸡鸭，左窄右宽，左低右高，鸟头小，竖折折钩要舒展。鸭的写法和鸡大致相同。好，请同学们描一个写一个。

师：我们看看，这个同学写的，横画有穿插吗？（有）鸟头小，横折折钩要舒展，还需要再努力。横画再舒展一些就更好看了。（鸟头再小一点，靠上一点）

师：大家再看"蛋、茄"这两个字。我们从整体观察它的特点是，上下窄，中间——宽，因为人字很舒展。对了，儿歌可以帮助你写好看，读一读：上下窄中间宽，人字很舒展。老师写一遍，同学书空。拿出写字卡，接着写好蛋、茄这两个字。

师：我们看看这个同学写的，"蛋"字，上下窄，中间宽，人字——很舒展。真不错，奖励一个小奖杯！

师：最后一个"肉"字，相同部件比大小。读儿歌。看老师板书这个字。

师：同学们看这里，我展示两位写的字，写得很不错吧？把掌声送给他们。

师：这节课我们认识了很多中国美食，还了解了常见的烹饪方法，老师带大家去超市逛一逛，采购一些食材。看，这是蔬菜区，都有什么菜啊？读——

生：豆角、西兰花、茄子、圆白菜、西红柿、黄瓜……

师：真不少！往前走，我们来到了——水产区。

生：螃蟹、黄花鱼、鲈鱼、对虾……

师：看，超市给物品分了类，我们采购起来就方便多了！这里还有……什么食材都能买到呢。

生：鸡翅、牛肉、羊肉、鸡蛋……

师：老师选了一些食材，设计了四道家宴菜谱，谁愿意读呀？

生：青椒炒土豆丝、煎牛排、软炸虾仁儿、酱爆鸡丁。

师：你们想不想也设计一份家宴菜谱？（想）老师帮同学们准备了一些食材卡片，还打印了一些烹饪方法。请小组合作先读读卡片，再拼拼菜谱。看哪组合作得又快又好。开始！

师：哪组愿意汇报。第一组吧。一起读读你们的菜谱。

生：我们的菜谱是"西红柿炒鸡蛋"、"白菜炖豆腐"、"红烧带鱼"……

师：这份家宴，颜色搭配得不错！有红色，鸡蛋是金黄色，豆腐是白色，白菜是绿色。你们有菜，还有带鱼，营养也丰富！他们的菜色香味美，把掌声送给他们！

生：我们的菜谱是"蒸螃蟹""炒西兰花""葱爆羊肉""水煮肉片"。

师：真棒！你们组还有海鲜呢！我们天津人爱吃！

生：我们的菜谱是"炸鸡翅""烤羊肉串""清蒸鲈鱼""酱爆洋白菜"。

师：清蒸鲈鱼在新年的时候，可就有新的寓意了：祝福人们年年有余呀！

师：大家一起积累这个词：年年有余。你们都成小小美食家了。由于时间关系，我们不能一一汇报，不过，回家可以汇报给父母听听。

师：中华美食闻名中外，不同地方有不同的特色。天津，也有许多著名的美食呢。有著名的食品三绝，是——

生："狗不理包子"、"十八街麻花"、"耳朵眼炸糕"。

师：除了三绝，天津早点闻名全国，比如煎饼果子、豆腐脑、锅巴菜、炸卷圈。还有很多很多名小吃呢，谁能读？（糖堆儿，果仁张，糖炒栗子）著名的菜品非常多呢：借助拼音自己读读，谁能带着大家读。（生读：老爆三⋯⋯）天津位于九河下梢，特别爱吃鱼虾，有"无鱼不成席之说"。有个电视节目叫《舌尖上的中国》，有人看过吗？太好了！我们的家乡美食还有很多很多，课下你来继续了解，可以录制一个《舌尖上的天津》发到班级微信群中和大家分享。

（执教老师：冯云亭）

《中国美食》教学点评

安虹和冯云亭联袂为我们大家呈现了一课完整的识字教学，也可以说为我们共同烹制了一桌色香味俱全的中国美食。

下面我先给大家介绍一下这两位老师的两课时教学任务的分配。

《中国美食》这课书的任务是要认读16个生字，会写9个生字，认读11个词语。然后在教学中不断加强认识，同时了解汉字部首"同质异形"的特点。"四点底""火字旁"的意思都是火，但是汉字的形体却不一样。当然还要通过中国美食，感受中国文化。这是整体任务。

安老师的教学任务主要用三个词来概括。第一是核心词"认读"——16个生字的认读和11个词语的认读，这课书的编排是在本课书中看图读词和识字，读字读词的任务都要在第一课时进行。第二个核心词"了解"——安老师初步带领学生认识，火字旁和四点底的生字很多，这些字都和火有关，都和烹饪方法有关。第三个关键词"书写"——安老师要在本课中书写四个生字。第一个要写"饭"，这个字看起来很简单，这个饭字的食字旁是学生第一个接触的偏旁。除了饭字还书写了"烧、炒、烤"三个带火字旁的生字。

冯老师的课可以用四个词语来概括。第一个词语是"巩固"，巩固16个生字和11个词语的认读，让学生在这方面读得更熟练。第二个核心词是"理解"，如果说第一课时，对火字旁和四点底的生字的字义是一个粗浅的理解，第二课时就要加深理解，理解得更加精细。比如说这些火字旁和四点底的生字跟烹饪的方法有关，这些烹饪方法有没有区别，比如说：炸和煎有什么区别，蒸和煮有什么区别，爆和炒有什么区别，对于这些字义细致地区别和深入地理解是在第二课时，都是由冯云亭老师完成的。第三个核心词是"书写"，整课书一共九个生字，第二课时，书写五个生字。第二课时写了五个表示食材的生字——这五个生字是"鸡、鸭、蛋、茄、肉"。第四个关键词是"运用"，这些字和这些词我们都学完了，还要运用。比方说：我们可以炒什么，可以炸什么。这些词要结合生活的进行运用。拓展练习要在冯老师的课上完成。

两课时就是这样珠联璧合，两课时连贯完成了一课书的任务。两课时完成得非常出色。

（根据录音整理，点评教师：何颖）

《雷雨》第一课时课堂教学实录

——统编教材二年级下册

（一）创设情境，导入课题

师：老师想请你们听一个声音，猜一猜这是什么天气？（播放雷雨音频）

生：这是雷雨声。

师：没错，这风雨交加、电闪雷鸣的天气正是雷雨，那今天就请你和我一起走进《雷雨》这一课，感受雷雨的景象。

师：请你伸出右手食指和我一起书写课题。16《雷雨》

（二）随文识字，初步感知

师：请同学们打开书74页，听老师读课文，听准字音，把不认识的字圈出来。（播放音乐，教师范读）

师：下面请你借助拼音朗读课文，做到读准字音，读顺句子，不认识的

字多读几遍，并且标出本文的自然序号，良好的读书姿势能帮助我们读好课文。（注意头正、身直、肩齐）

生：本篇文章一共有8个自然段。

师：调皮的生字宝宝也来和我们一起感受雷雨的景象了，你们能读对它们吗？有谁愿意当小老师带领大家读一读。

生：压、蝉、垂、户、扑。

师：有谁能找到翘舌音并读一读。

生：垂、蝉。

师：现在把拼音去掉，你还能读对它吗？说一说你是用什么方法记住它的呢？

生1：我用加一加的方法记住了蝉字，虫 + 单 = 蝉。

生2：我用减一减的方法记住了垂，把"睡"字的目字旁去掉就念垂。

师：看来你们掌握的识字方法还真不少，老师也想和大家分享一个识字方法，叫作象形字识字法，请观察这个象形字，想一想它像我们今天学习的哪个字？没错正是垂字，它像是树枝一样，在古代指的就是树枝因硕果累累而坠向地面。垂字经过不断发展演变，才发展成现在我们书写的垂字，中华的文化真是博大精深啊！有谁来为垂字组个词语。

生：垂直、垂柳。

师："垂"字会认、会读还不行，还要会写。写字有四步，一看二思三写四改，首先来观察一下"垂"字，我们应该注意什么？

生1：垂字的第二横是长横，四个横的距离一样宽。

生2：横竖要在竖中线上。

师：我们一起看一下"垂"字的笔顺，下面请和老师一起书写"垂"字。（生字儿歌：先写大树是个千，一条长横在中间，两个小竖左右放，四横距离一样宽。用红粉笔标注长横）请你运用正确的书写姿势（一尺一拳一寸）写一写这个字吧！

师：趁热打铁，请同学们再来观察两个生字（黑和雷），看一看它们有什么共同点和不同点，首先来说共同点。

生：它们都是上下结构，而且都有四个点。

师：你观察得真仔细，但是也有不同（出示PPT），请一位同学来说。

生：黑要注意上窄下宽，"雷"要注意上宽下窄。

师：请你和老师一起书写，"黑"要注意竖在竖中线，写"黑"字的时候先封口再写竖。

生伸出手指书空。

师：（播放书写音频）摆好书写姿势，请你们自己写写这两个字。

师：老师想请一位同学当小小评论家，说一说它写字的优缺点。

生：他的优点是生字的占格很到位，但是缺点是"垂"字的第二个是长横，最后一个横还要比第一个横长一些。"黑"字的四点底应该写得宽一些。

师：你说得真准确，老师帮他改一改，你们在书写时也要注意，同桌之间快来改一改吧！

师：把这些字换一个地方，你还能读对吗？我们一起到超市看一看，找一找生字藏在了哪里？

生：齐读压力锅、黑芝麻糊、扑克牌。

师：为了检验大家是不是都认识这些生字了，我们来做一个生字卡片的游戏，请你们快速把生字卡片拿出来摆好，拿到骰子的同学作为我们的小组长，请起立，组长掷到哪个字，就请你举出相应的卡片并组词，每组都有三次掷骰子的机会，完成的小组请快速坐好，看看哪组完成得又快又好。

师：字掌握了，那词怎么样呢？每个天气图片的后面都藏着一个词语，谁愿意上台接受大家的检验，你读一个，大家读一个。

生：点出一个读一个：雷雨、乌云、黑沉沉、压下来、蝉、垂下来、窗户、迎面、扑来。

师：我们开火车读一读，大家读得真标准，为自己鼓鼓掌吧！

师：楼外轻雷，不问昏和晓。瞧，雷雨马上就要来了，请你听雷声读词语，雨过天晴，彩虹桥出来了，请你再读一读成语。

生：垂头丧气、千家万户、扑面而来、泰山压顶、月黑风高、金蝉脱壳、迎头赶上、乌云密布。

师：你们字词掌握得真棒。

（三）创设情境，朗读重点句子

师：生字藏到句子里，你还能不能读好？以下有三幅图，每一幅图后面都藏着一个句子，请选择一幅你喜欢的图片，读一读后面的句子。

生：满天的乌云，黑沉沉地压下来。

师：我听你读出了停顿，声音洪亮，那么"压"是什么意思呢？有谁能做出动作？

生：学生做出往下压的动作（出示乌云压下来的动图）。

师：雷雨要来了，乌云压下来了，给你一种什么感受？

生：沉闷、不安、害怕。

师：谁能带着这种感受再读一遍？

生读

师：他不光读出了重音，还读出了停顿，为了读好这个句子，老师帮你们变了一个形式，谁还能读？

生读

生：一只蜘蛛从网上垂下来，逃走了。

师：你读得好像你就是那只害怕的蜘蛛，老师有个问题想问大家，什么是"垂"？（演示蜘蛛从网上垂下来的动图）我们来看看小蜘蛛是怎样从网上垂下来的，垂就是指东西的一头向下，小蜘蛛得知雷雨要来了，是怎样的心情？

生：小蜘蛛会害怕、很着急。

师：有谁能把自己当作小蜘蛛读一读这句话。

生读。

师：把"垂"换成"掉"或者"落"行不行？

生：不行，如果用掉的话，蜘蛛就摔死了，就不能体现蜘蛛的害怕了。

师：没错孩子们，"垂"字体现了雷雨来之前蜘蛛的小心和慌张，蜘蛛笔直地降落，急切地想逃走的有趣模样，所以不能换。生活中，我们会常常遇到"垂"或"掉"，请你读句子看图想一想，应该填什么词。烈日暴晒，狗尾巴草都垂下了头。苹果树从树上掉下来。结合刚刚我们说的蜘蛛从网上垂下来，想一想，什么时候用垂，什么时候用掉？

师总结：当连在一起的时候用"垂"，当分离的时候用"掉"或"落"，我们再来看一看还有哪些地方可以用到垂字，之前学习的《咏柳》：碧玉妆成一树高，万条垂下绿丝绦，柳条可以用垂，小兔子的耳朵从头上垂下来，也可以用垂。你们记住了吗？蜘蛛是和什么相连的？

生：蜘蛛和丝相连。

师：没错，所以用"垂"，我们再来齐读这句话。

生齐读

生读：一条彩虹挂在天上。

师：你读得真有感情！（出示彩虹动图）"挂"字给你一种什么感受？谁来说一说？

生："挂"字让我感觉到彩虹像一座五颜六色的彩虹桥，非常美丽。

师：雨后的彩虹，这是多么美丽的一幅图画。谁能美美地读一读？

生读

师：我们带着不同的感受齐读三个句子。

师：请同学们将刚刚朗读的句子带到课文中，默读课文，想一想哪几段写的是雷雨前，哪几段写的是雷雨中，哪几段写的是雷雨后？老师请一名同学上台把雷雨前、雷雨中、雷雨后的图片排一排。

师：那你们想到了吗？

学生汇报。出示汇报结果雷雨前（1-3）、雷雨中（4-6）、雷雨后（7-8）。

师：请你们以小组为单位，选择你们喜欢的部分试着读一读，想一想怎样才能把课文读得更好？

小组合作朗读文章。

巩固练习

师：上完一堂课要知道你学到了什么，这叫学而时习之。下面老师用一个小练习考考你这节课掌握得怎么样。

结语：古代诗人笔下也有很多关于雷雨的诗句，黄庭坚笔下的《清明》中曾写道：雷惊天地龙蛇蛰，雨足郊原草木柔。在这篇文章的作者笔下我们感受到了雷雨前的乌云压顶、电闪雷鸣，雷雨中的疾风骤雨及雷雨后的空气清新、景色优美。（指黑板）文中还有许多语句值得我们仔细推敲，我们下节课再来一起挖掘它的妙处吧！下课！

（授课教师：王琳）

《语文园地四》课堂教学实录

——统编版小学语文一年级上册

（一）激发兴趣，复习导入

师：同学们，国庆节放假的时候，老师来到了这里（课件出示欢乐谷图片）。你们愿不愿意和老师一起去那里看看？

生：愿意。

师：我们先到词语城堡去看看。（课件出示词语城堡图）回忆一下，第四单元我们已经学习了四篇课文了，你们还记得是哪四篇课文吗？

生汇报

师：词语城堡中有个小猴子（课件出示图片），他找不到通往城堡的路了，我们一起来帮帮它，好不好？

生：好。

师：让我们一起看游戏的第一关：自己选一课，自己读一读。谁愿意来闯关？（课件出示小猴过河游戏）

生：秋、气、个、树、叶、片、大、飞、会。

师：你真棒！在你的帮助下小猴子顺利闯过了第一关。让我们来看第二关：小老师选一课，请小组读一读。谁愿意当小老师？

生：我愿意当小老师，我选择第四组来闯关！

生：（小组读）两、在、里、看、闪、星、的、见。

师：你们小组真棒，小猴子胜利在望，我们快来一起看第三关：老师选一课，全班同学读一读。

生：（齐读）可、采、莲、鱼、江、南、东、西。

师：在你们帮助下，小猴顺利来到了词语城堡（课件出示图片），看来通过前面课文的学习你们很有收获！（课件出示大拇指图）

（二）展示台

师：除了课本上学过的字，老师这里还有一个字，你们认识吗？（出示"刘"的生字卡片）

生：刘。

师：这就是老师的"姓"。

师：还有一个字，谁认识？（出示"畅"的生字卡片）

生：畅。

师：这就是老师的"名"。

师：（出示两张生字卡片）这就是老师的姓名，我们一起读"刘畅"。

生：（齐读）刘畅。

师：同学们，你们看，我们通过姓名也能认识汉字，真是识字的好方法！

师：为了让同学们通过姓名认识更多的汉字，我们下面进行小组活动，小组内读自己的名字，再让别的同学和你一起，读读自己的名字，争取让别人记住你！

生：小组活动。

师：你认识了谁的名字？

生：（看卡片齐读）我认识了赵昱霖的名字。

生：（看卡片齐读）我认识了张续澄的名字。

生：（看卡片齐读）我认识了金仙禧的名字。

生：（看卡片齐读）我认识了田珈溪的名字。

……

师：老师这里还有一些姓名卡片，这些名字可能不是你们自己小组内的姓名。请同学随意抽取一张，读读抽到的名字。

生：李谨亦。

生：果峻羽。

师：同学们刚才通过姓名又认识了很多汉字，课下我们可以通过看同学们作业本上的名字，继续认识更多的汉字。

（三）识字加油站

师：老师这里有几个同学们已经学过了的生字，你们谁会读？（课件出示三个不带拼音的词"大小""上下""南北"）

生：大小。

生：上下。

生：南北。

师：这三个词中藏着一个秘密，你们发现了吗？

生：我发现了，这三个词是反义词。

师：这三个词中的字的意思是相反或相对的，这就是反义词。利用反义词也可以帮助我们识字，也是识字的好方法。

师：让我们再来读一读像这样的词语。（课件出示三个带拼音的认读词"男女""开关""正反"）

生：男女。

生：开关。

生：正反。

师：注意"男女"中"n"这个声母的发音，跟老师一起读"男女"。

生：（齐读）男女。

师：注意"正"这个字中后鼻音要发到位，跟老师一起读"正反"。

生：（齐读）正反。

师：我们去掉他们的好朋友拼音再来读一读。

生：（齐读）男女、开关、正反。

师：老师这里有一些图片，你们看图猜词好不好？（课件出示图片"胖瘦""黑白""高矮""左右"）

生：（看图猜词语）胖瘦、黑白、高矮、左右。

师：你们还能说说像这样一组相反意义的词语吗？

生：里外。

生：动静。

生：深浅。

生：真假。

师：刚才我们认识了很多字，下面我们再学写两个字。我们先来写"女"字。看老师示范。"女"字第一笔是撇点，这是我们今天新学的一个笔画。（出示课件撇点）

（板书：撇点）

师："女"字第一笔是撇点，撇点是一笔，要写得连贯。现在我们把"女"送进田字格，找准田字格的位置。第一笔是撇点，起笔起于竖中线，第二笔是撇，第三笔是长横，长横压住横中线。穿过撇点和撇。

（板书："女"）

师：伸出你们的小手，和老师一起写一遍。

学生书空写字。

师：同学们要注意写字姿势：胸离书桌一小拳，眼离书本一小臂，手离笔尖一指节。（课件出示写字功图）

（学生用正确的写字姿势描红书写"女"字）

师：我们再来学写"开"字。观察一下"开"字共有几笔？

生：四笔。

师：前两笔是什么？哪一笔更长？

生：前两笔是横，第二横更长。

师：来看老师示范写。"开"字第一笔是短横，第二笔是长横，起笔起于横中线。谁来帮帮老师，第三笔是？

生：竖撇。

师：竖撇，这一笔写在靠近横中线的左侧。第四笔是竖，写在靠近横中线的右侧。（板书："开"）

（学生用正确的写字姿势描红书写"开"字）

师：谁愿意来展示自己写的字？其他同学注意评价撇点是否一笔写成，"开"两横长短是否正确。

学生展示，其他同学对其进行评价。

（四）字词句运用

师：离开词语城堡，同学们跟老师再去句子岛看看吧！句子岛里有一些词语，谁愿意先来挑战？（课件出示季节的词语。）

生：（开火车读、全班读。）"春天""秋天""夏天""冬天"。

师：你有什么发现？

生：这四个词是关于季节的词语。

师：句子岛还有一些词语，谁来挑战？（课件出示表示动植物等事物的八个词语）

生：（开火车读、男女生分别读。）"大地""树叶""青草""莲花""飞鸟""小鱼""青蛙""雪人"。

师：你有什么发现？

生：这些词是关于动物、植物等事物的词语。

师：句子岛上还有两位小朋友，听听他们在说什么？（课件出示书中两位学生的对话，播放录音。）

师：同学们，你们发现没有？录音里的女生用了两个词把喜欢季节的原因表述得很清楚。你们能不能也来说一说自己喜欢的季节？（课件出示图片）

生：我喜欢夏天，因为夏天能去游泳。

生：我喜欢冬天，冬天就可以打雪仗了。

生：我喜欢秋天，因为秋天的景色很美。

（五）日积月累

师：再和老师一起去名言屋看看好不好？（课件出示名言屋图片）听老师读名言："一年之计在于春，一日之计在于晨。"

生：（齐）一年之计在于春，一日之计在于晨。

师：跟老师一起读"一年""一日"，注意"一"字的变调。

（学生自己练习读名言）

（男女生比读，全班齐读）

师：你们谁明白了这句话的意思？

生：这句话是让我们珍惜时间。

师：这句话是告诉我们做任何事情的时候，都应该早做打算。开头就要抓紧时间。

师：你们谁还知道哪些珍惜时间的名言？

生："一寸光阴一寸金，寸金难买寸光阴。"

师：你真是会预习的好孩子！请同学们自己先读一读，然后同桌间再读一读。

（学生自己读，同桌互读。）

师：这句话告诉我们：时间比金子还贵重，金子也买不到。这句话是表示珍惜时间。

师：比一比，背一背，看看谁能最先把两句名言记在自己的小脑袋中？

（学生自主背诵，齐背）

师：老师希望同学们记住这两句名言，做一个珍惜时间的好学生！

（六）课堂总结

师：欢乐谷里好不好玩？你们还想不想再玩？下节课，我们再去欢乐谷里的故事屋看一看。

【教学点评】

统编教材语文一年级上册《语文园地四》共安排了5个板块的内容。"识字加油站"编排了6对反义词，让学生在识字的同时，发现意思相反或相对的词，并且能够通过这种方法来识字。"字词句运用"编排了12个词语，让学生在复习巩固熟字新词的基础上，说说自己喜欢的四季。"展示台"引导学生做自己的姓名卡片，并且能从卡片上认识同学的名字。"日积月累"编排的是珍惜时间的名言。"和大人一起读"编排的是一篇科学童话《小松鼠找花生》。通过和大人一起阅读，了解花生的生长规律，激发对大自然的兴趣。

本课教学有如下特点：

1. 给学生一个"兴趣的课堂"

创设学生乐学情境，把学生带入"引人入胜"的环境，是激发学生学习兴趣的重要方法。乐学情境的创设，要求教师提供最佳的教学环境和活动场所，精心设计课堂教学的结构，把书本知识化为血肉丰满、生动活泼的形象，把学生带入探求新知的乐学情境，激发学生的学习兴趣。语文教学，因其教材特点，在情境教学的创设上，有得天独厚的条件。因此，在本课的教学设计上，采用"欢乐谷闯关"的方式，将"识字加油站""展示台"设计为"词语城堡"闯关、将"字词句运用"设计为"句子岛"闯关、将"日积月累"设计为"名言屋"闯关。以闯关的方式激发学生兴趣、连接本课的教学，带领学生在快乐中达成本课的教学目标。

2. 给学生一个"交流的课堂"

以前的语文课堂，学生只是可怜的倾听者，谈不上和谁去"交流"。我们要还给学生一个"交流"的课堂，实现"文本对话""师生交流"和"生生交流"。 在本课"字词句运用"教学环节，先让学生以开火车读、齐读的方式复习了四个表示季节的词语；再让学生以小组读、男女生配合读的方式复习了八个表示动植物等事物的词语；又利用播放录音的方式引导学生学习如何表达自己喜欢的季节；最后鼓励和引导学生看图、畅所欲言，用完整的话表达自己喜欢的季节。通过循序渐进的方式对学生进行了语言的训练。

3. 给学生一个"开放的课堂"

"教学不仅仅是一种告诉，更多的是学生的一种体验、探究和感悟"。给孩子多大的舞台，他们就能跳出多美的舞蹈。课堂是激情燃烧的动感地带，是他们求知、创造、展示自我、体验成功的平台，是学生健康成长的地方。学生的潜力是无限的，关键在于教师是否给了学生足够大的平台。充分利用教材"展示台"的环节，让学生通过制作自己的姓名卡片、小组活动的方式认识自己和别人的姓名，从而明白借助认识姓名也是一种识字的好方法，激发学生在生活中自主识字的兴趣。

本课教学充分发挥了学生的主体作用，积极为学生创设了兴趣学习的情境，学生在自主的空间里，自由奔放地想象、思维和学习，取得了较好的效果。

（授课教师：刘畅　设计、点评：罗祎）

第三章

阅读教学篇

统编义务教育小学语文教科书在课文的选取、习题的设计、实践活动的安排等方面，努力切入当代小学生的语文生活，适应时代的需求，体现时代性。教材的课文有较多的更新，注重经典性并适合语文教学。努力做好价值观的"整体渗透"，让语文所包含的语言、情感、审美和价值观教育融为一体。

小学低年级学生正处于阅读的初级起步阶段，阅读兴趣和阅读习惯需要培养，阅读方法和阅读策略需要学习。如何运用好统编教材提高学生的阅读能力，是每位语文教师应该思考的。

第一节　关注教材特点，凸显语文要素

统编教材不仅选文精美，编排独具匠心，更是聚焦了"语用"，明晰了语文知识和能力点，增强了语文学习的趣味性、实践性。课文编排的主要特点是突出双主线，围绕"人文主题"和"语文要素"两条主线来组织编写阅读单元。语文要素是学生阅读综合能力内容的分解，是课程标准"阅读目标和内容"在教科书中的落实，更是教师教学时可以直接触碰的目标和重点，为一线教师准确地把握教材编写意图提供了依据。真正体现了温儒敏教授所说的："让课程内容目标体现的线索清晰，各个学段、年级、单元的教学要点清晰，按照课标的学段目标要求细化那些知识的掌握与能力的训练，落实到各个单元中。"这样的编排，有利于教学的有效实施，有利于学生语文能力的发展。

　　课后练习的设计，注重落实语文素养构成的知识点、能力点，按照语文课程标准的学段目标要求来细化那些知识的掌握与能力的训练，分层落实到各个单元。在落实第一学段阅读教学的重要任务"识字写字"的基础上，从学习语言文字运用的角度，着重加强了朗读的系列练习、字词句的积累运用、阅读方法的引导等。学习要点更明确了，知识体系更清晰了，操作性更强了。让学生在语文实践活动中，巩固语文知识，发展语文能力，提升综合素养。

　　教科书按双线组织单元，每个单元都有一个比较宽泛的人文主题，这个主题对接学生的生活，联系学生的实际，引导学生有良好的兴趣和习惯；每个单元落实一个重要语文要素的学习，主要是第一学段阅读教学除识字写字、积累语言外的另两大重点内容：朗读课文、学习阅读。既围绕人文主题，又凸显语文要素。对语文知识、技能训练做了通盘考虑，努力体现语文学习体系与教学"梯度"，突出语文课程的核心目标——学习语言文字运用，强调语文与生活的联系，以语文能力培养为主线，体现层级序列，增强实践性、操作性。

　　第一学段四册教材各单元人文主题和语文要素的安排如下：

一年级上册		
单元	人文主题	语文要素
四	自然	1. 朗读指导，读准字音。2. 照样子说短语和句子。
六	想象	1. 读好停顿，读好问句、陈述句的语气。分角色朗读。 2. 通过认识标点符号，初步建立句子的概念。
七	儿童生活	1. 联系生活经验理解课文内容。 2. 找出课文中明显的信息。
八	观察	1. 借助图画理解课文内容。 2. 借助圈画的方法提取简单的信息。 3. 认识自然段。
一年级下册		
单元	人文主题	语文要素
二	心愿	找出课文中明显的信息。
三	伙伴	联系上下文了解词语的意思。

四	家人	读好长句子。
六	夏天	联系生活实际了解词语的意思。
七	好习惯	读出疑问句和感叹句的语气。 根据课文信息做简单推断。
八	问号	借助图画阅读。 读出祈使句的语气，分角色读好课文。

二年级上册		
单元	人文主题	语文要素
一	自然的秘密	积累并运用表示动作的词语。
三	儿童生活	读课文能说出自己的感受或想法。
四	家乡	联系上下文了解词句的意思。
五	思维方法	初步体会课文讲述的道理。
六	伟人	借助词句，了解课文内容。
七	想象	展开想象，获得初步的情感体验。
八	相处	1. 借助提示，复述课文。 2. 自主识字，自主阅读。

二年级下册		
单元	人文主题	语文要素
一	春天	朗读课文，注意语气和重音。
二	关爱	读句子，想象画面。
四	童心	运用词语把想象的内容写下来。
五	办法	能根据课文内容说简单的看法。
六	自然	提取主要信息，了解课文内容。
七	改变	借助提示讲故事。
八	世界之初	能根据课文内容展开想象。

一、目标层递，把握要素

语文要素是课标第一学段"阅读目标和内容"在教科书中的体现，如词句学习是第一学段阅读教学的重要目标和内容，课标指出"联系上下文和结合生活实际了解文中词句的意思"①，教材用两个单元进行目标的细化和内容

---

① 中华人民共和国教育部. 义务教育语文课程标准（2011版）[S]. 北京：北京师范大学出版社，2012：8.

的具体学习。如"借助读物中的图画阅读"是课标提出的又一目标和内容，一年级下册就在上册学习的基础上在第八单元加以体现；同样，第七单元的语文要素"读出疑问句和祈使句的语气"是课标提出的在阅读中体会句号、问号、感叹号所表达的不同语气的具体落实。

单元内的数篇课文不仅围绕同一个语文要素进行多角度、多层次的训练，而且单元和单元之间、册次与册次之间，形成互相联系的有机整体。温儒敏教授在统编教材培训会上，对阅读教学提出了两个十分具体的要求：一是要加强朗读技巧的指导；二是要重视阅读技能的习得。

"朗读指导"和"学习阅读"这两个学习内容也是随着册次的提升逐步递进和发展的。

	朗读指导	学习阅读
一年级上册	读准字音。 读好句子间的停顿。 分角色朗读课文。	找出课文中明显的信息。 学习借助图画阅读课文。
一年级下册	读好感叹句。 读好长句子。 读出疑问句、 感叹句和祈使句的语气。 分角色朗读课文。	找出课文中明显的信息。 根据课文信息做简单推断。 借助图画阅读课文。 联系上下文和生活实际了解词语的意思。
二年级上册	读课文能说出自己的感受或想法。	联系上下文了解词句的意思。 初步体会课文讲述的道理。 借助词句，了解课文内容。
二年级下册	朗读课文，注意语气和重音。 读句子，想象画面。	提取主要信息，了解课文内容。 能根据课文内容展开想象。

1. 语文要素在教学中不是孤立存在的，教学时，教师一定要加强整体思考，注意前后联系。

朗读课文是第一学段阅读教学的重要内容，一年级上册是学生学习朗读的开始，着力在"读正确、读流利"上，"读正确"就是要读准字音，读通课文，不添字，不漏字，不误读；"读流利"就是要不破句、不顿读、不唱读、语速合适。这些要求当然不是在一年级上学期一个学期中全面达成，需要在后续的几个学期中继续学习提高。一年级下学期要重点练习读好长句子，根据语义能恰当地停顿，能读懂长句子的意思；能读出疑问句、感叹句、祈使句的语气；学习在具体的语境中体会角色的心情读出话语的不同语气。

学习阅读也是一样，在一年级上册中有"找出课文中明显的信息""学习借助图画阅读课文"的内容，一年级下册在继续学习"找出课文中明显的信息"的基础上，发展训练"根据课文信息做简单的推断"的能力，这是阅读能力的进一步发展，训练学生在阅读过程中的逻辑思维能力，实现语言和思维发展的同步。"学习借助图画阅读课文"在一年级上册中主要是借助图画猜读生字、了解意思，到了一年级下册要求提升，发展到利用形声字特点，依靠上下文来猜字、认字，并根据图文一一对应的特点理解课文内容，进行复述课文的练习。

2.语文要素在教科书中呈现了稳步发展、螺旋递进的编写原则，具有极强的前后关联性。

语文要素"找出课文中明显的信息"到"根据课文信息做简单推断"在教科书中的编排是层层递进的。一年级上册前期从圈画课文中明显的信息起步，到后期找到课文中明显的信息说一说，是一次发展。到了一年级下册，前期继续学习找到课文中明显的信息说一说，促进阅读理解，如《要下雨了》：想想燕子、小鱼、蚂蚁下雨前都在干什么；后期要训练"根据课文信息做简单推断"这个能力，集中在第七单元的课文中。在课文《动物王国开大会》中，要着眼在课文反复的几个情节上，四个相似的情节构成故事内容，在教学中要引导学生根据读到的情节内容对后面的内容做出推断，建立信息完整性的意识，继续进行逻辑思维的训练；最后一篇课文《小猴子下山》的要求有进一步的提高，在读懂课文的基础上要整合信息，抓住故事的主要情节进行表达，并在理解课文的基础上对"小猴子最后为什么会空着手回家去"做出推断。

再以复述课文为例，二年级上册要求学生能够借助图片和关键的句子讲一讲故事，二年级下册不仅继续落实二年级上册的训练要求，如在《开满鲜花的小路》中，通过泡泡提示"我能借助插图讲讲这个故事"，在上册利用多幅图复述课文的基础上发展到利用单幅图复述课文，在能力训练上有螺旋式上升，并且在《邓小平爷爷植树》《千人糕》等课文中，继续借助插图对课文内容进行复述。在第七单元中，重点落实"能用自己的话说故事的内容"的语文要素，在课文的练习题中，又提供了多种形式的训练方式，帮助学生利用多种方法复述课文。如《大象的耳朵》利用关键句子复述课文，《蜘蛛开店》利用多个关键词语的示意图复述课文，《小毛虫》利用词句结合的提示图复述课文。到了第八单元的《羿射九日》中，利用表格列出事情的起因、经过、结果，让学生按照事情发展的过程复述课文。学生在系统训练中，既学习到复述课文的多种方法，也得到了能力的提升，为中高年级简要地复述课文、创造性地复述课文奠定基础。

由上可以看出，教学目标一步步发展，难度一层层提高，在教学中，我们一定要建立目标的层递意识，有针对性地实施教学。

二、单元整组，有序推进

一个单元语文要素的编排不一定都会在这个单元的每篇课文中明显提及，但在教学中，我们需要建立单元整组意识，贯穿到整个单元的教学。

比如统编教材一年级下册第二单元，这个单元围绕"心愿"这个主题，编排了《吃水不忘挖井人》《我多想去看看》《一个接一个》《四个太阳》四篇课文。这些课文题材丰富，《吃水不忘挖井人》是革命岁月的故事，《我多想去看看》《一个接一个》《四个太阳》表达了儿童美好的愿望，这三篇课文运用反复的表现方法，语言浅显，节奏明快，易于学生诵读，所描述的内容能唤起儿童情感上的共鸣，激发儿童对外面世界的向往，培养积极向上的生活态度。

这个单元有两个"语文要素"需要在教学时落实到位，一是找出课文中明显的信息，意在培养学生的阅读理解能力。二是读好带感叹号的句子，意在培养学生的朗读能力。

首先，看第一个语文要素"找出课文中明显的信息"，这一任务贯穿在整个单元的学习中。从一年级上册要求"找出课文中明显的信息""学习借助图画阅读"，到一年级下册要求"在找出课文中明显信息的基础上"发展训练"根据信息做出简单推断"的能力，整个过程是根据深浅程度和学生已有的知识体系形成的一条螺旋上升的线索。本单元的阅读能力训练主要聚焦在"找出课文中明显信息"上，这个语文要素是在一年级上册继续发展训练的、体现语文要素在教材中稳步发展、螺旋递进的编写原则，具有极强的前后关联性。学生并不是零起点，教学时要与阅读结合起来，并注意在本单元学习中有层次地推进。

《吃水不忘挖井人》这是一篇记叙文，文章主要写了战争年代毛主席带领战士乡亲们挖了一口井，乡亲们饮水思源，不忘恩情，在井边立了一块石碑的事。文章脉络清楚，第1自然段交代了事情发生的时间和地点。第2自然段交代了挖井的主要人物和挖井缘由。第3自然段写了乡亲们在井边立了一块石碑来纪念毛主席。本课的教学目标除了会认13个生字，会写7个生字外，还要求掌握两个新偏旁——心字底和广字头，认识新笔画"横折弯"。本篇课文的语文训练要素是能够读好长句子，找出文中明显的信息。

本文的阅读能力训练主要聚焦在"找出课文中明显信息"上，但课文又在此基础上给我们增加了一定难度，文中不少句子比较长，因此在找信息之前要先让学生疏通文本，读好长句子。首先要关注文中带有轻声的词语及一些陌生的新词，先挑出来读，再放回到长句子中去读。整个阅读过程，从扣题质疑入手，在充分朗读课文的基础上，引导学生自主阅读，凸显学生阅读能力的发展。

教师可以带着学生复习提取信息的方法，引导学生带着问题去阅读文本，在文本中找到答案。教师要让学生由"学会知识"转变为"会学知识"，提高学生的学习能力，培养学生收集信息、处理信息的能力。引导学生读懂课文内容，学习根据问题找出文中明显信息的地方，并在之后的课文学习中逐步巩固。例如：在学习本篇课文第一自然段时，教师可以让学生带着问题去读课文：乡亲们是哪里人呢？这个故事发生在什么地方呢？学生可以一边读，一边用圆圈圈出问题的答案，这样可以使学生学会用一些符号做标注的方法去把握课文内容，提取有效信息，从而让学生进一步了解当时乡亲们渴望拥有一口水井的热切心愿。

而在讲《我多想去看看》这篇课文时，教师为了让学生巩固上节课学过的这种提取有效信息的方法，在学习本课第一自然段时可以鼓励学生自己读一读课文，并用"～～"画出表示"我"的心情的句子。设计这样的环节就是要求学生在读准课文的基础上，找出信息，并圈画出来，为落实本单元的语文要素做准备。当学生学完第一自然段，对于新疆小朋友的心愿和心情有了了解后，可以让学生仿照第一段的学法去自主学习第二段，接着带着问题去读文本：新疆的小朋友想去北京看雄伟的天安门和壮观的升旗仪式，北京的小朋友想去新疆看什么呢？学生自读第二自然段，把找到的答案用"——"画出来。有了前面的学习方法打基础，在这一段的学习时就能轻而易举地提取出有效信息了，又一次达到了落实本单元语文要素的目的。

《一个接一个》这篇课文要想完成本单元的第一个语文要素，我们可以结合这篇课文前三节结构相似这一特点"正做着喜欢的事情——美好的事情被打断——表达期望——转念后的喜悦"去落实语文要素。教师可以从第一小节的"教"让学生去找一找小朋友发生什么事情、小朋友有哪些情绪的变化，到第二小节的"扶"，引导学生按照学习方法去找有效信息，再到第三小节的"放"，学生基本就能自己读好句子，并尝试用"正＿＿＿，唉＿＿＿，不过＿＿＿"的句式，想象接下来还可能发生什么事。学生不仅仅用这样的学习策略了解了作者的心愿，又把自己想到的表达出来，拓宽了思路，发展了语言，同时想象力也得到了提升。

本单元的最后一篇课文《四个太阳》就是检验学生是否真正学会找出课文汇总明显的信息这一语文要素最好的验证。《四个太阳》这篇课文的前三个自然段的结构比较一致，都是先说小画家画了一个什么样的太阳，送给谁，送去太阳的原因是什么。我们在教学时可以分三步走：第一步是先学第一自然段的文本，了解小画家的心愿，然后教师引导学生发现这一段的结构特点，并提示学生用几种不同的特殊符号标画出来。在学习第二段和第三段时分别采用小组合作学习和自主学习的方式，继续让学生落实能够找出课文汇总明显的信息这一能力，进而了解小画家第二个和第三个心愿。掌握了这个方法，学生自然而然就能把书后的练习用自己的话清楚、完整地说出来，将自己内心的心愿用自己的语言进行表达，凸显单元主题。

这个单元第二个语文要素是"读好带感叹号的句子"，这两个语文要素不是割裂开的，是相辅相成的。学生在一年级上学期对于逗号、句号、问号都比较熟悉了，这学期开始要接触一种新的标点符号——感叹号。带有感叹号的句子也有别于其他标点符号的句子，读的时候有自己独特的感情和语气，这就需要教师在教学时有针对性地指导朗读。

本单元这四篇课文中，集中出现感叹句的课文是：《我多想去看看》和《一个接一个》。

首先，在教授《我多想去看看》这课时，在指导"我多想去看看！"这句话的朗读时，教师可以先通过句子之间对比的方法，让学生初步感知。教师出示："我想去看看。"和"我多想去看看！"这两句话，让学生通过"多"这个字感受新疆小朋友的迫切心情，然后进一步提示学生，标点符号也是文章的第二语言。而"！"更能表达出新疆小朋友想要去北京看看的强烈感情。这次再请学生朗读时，学生的感情油然而生，朗读时一下子就读出了迫切而又渴望的情感。这一课是学生第一次接触带有感叹号句子的朗读。因此，设计此环节也是为了让学生理解感叹号的作用，为了更好地表达出作者强烈的感情，学生可以通过朗读表现出来，落实本单元这第二个语文要素，并为读好下一课《一个接一个》中的感叹号句子做铺垫。

《一个接一个》教学时，遇到带有感叹号的句子，教师可以换一种教学方法。在教学中，教师结合本篇课文的文本特点，儿童诗语言充满童趣，句式多样，节奏明快，轻松活泼，非常贴近一年级小朋友的生活实际，适合学生朗读。教师可以设置朗读情境，让学生在具体的情境中体会生活的快乐。如：指导朗读第一小节大人说的话时，教师用"这样的话，我们常常听爸爸、妈妈对我们说！"来引导孩子联系自己的生活，随后让学生学着妈妈、爸爸的样子，模仿大人叫自己回家睡觉，学生通过回忆大人对自己催促、命令时候的语气，指导学生读好没有语气词的感叹句。另外，这篇课文中发生的许多事情都贴近学生生活，可以让学生联系自己的生活实际，体会作者当下的心情，读出开心的情绪，从而读好感叹句。

总之，要在这一个单元里完成这两个语文要素，我们的教学方法和手段还需更加多种多样一些，这就要求教师在实际教学过程中引导学生去不断探索和实践，逐步学会"利用文本找出课文汇总明显的信息"及通过教师朗读的指导，让学生能够"读好带感叹号的句子"，完成这两个语文要素，并在设计教学环节时凸显"心愿"这一单元主题。

这样通过一个单元几篇课文的学习，语文要素的内容在学习过程中有序推进，稳步落实。

第二节 指导学习朗读，激发阅读兴趣

《义务教育语文课程标准（2011年版）》建议各个学段的阅读教学都要重视朗读和默读，各学段关于朗读的目标中都要求"有感情地朗读"，是要让学生在朗读中通过品味语言，体会作者及作品中的情感态度，学习用恰当的语气语调朗读，表现自己对作者及其作品情感态度的理解。

统编教材特别重视朗读，体现了一定的序列。不只是笼统地提出"朗读课文"，而是针对文本个性，提出朗读的不同要求。首先在一年级上册，在朗读练习方面，它侧重于引导学生读准字音、读通句子、恰当停顿。一年级下册，在一上的基础上引导学生读好长句子，读出感叹句和疑问句的语气，读好对话。而二年级上册在一年级下册这个读好感叹句和疑问句的语气的基础上提出能够读出句子的不同语气。在一下读好对话的基础上提出分角色朗读，分角色朗读的学习步骤，实际上是将"有感情地朗读"这一建议更为具体化、过程化，具有操作性。让"学习默读"先从"试着不出声"开始练起。这是在朗读培养方面的系列发展。在教学过程中，我们要遵循学生的认知特点和语文学习的规律，让他们经历"读正确——读流利——读出一定语气——有一定的感情"这样一个循序渐进的过程，把每一阶段的要求落到实处，踏踏实实地训练好每一步。这样学生的朗读能力才能稳步提高。

一、读准字音，掌握规律

一年级上册《秋天》一课要求"注意'一'的不同读音"。教师范读课文前，首先提醒学生认真听"一"的读音，让学生在语境中初步感知不同的读音。再分类出示带有"一"的词语，通过范读、带读，引导学生发现词语中"一"的读音的变化，但不要求掌握变调规律。其次，指导学生熟读课文，在具体语境中读准不同读音。再次，让学生到前面学过的课文中找出带"一"的词句，同伴之间互相拓展练读。在学习《大小多少》一课时，教师还可以再次指导学生练读"一"的不同读音，通过反复朗读予以巩固。

二、分解难度，读好长句

长句子的朗读是朗读中的难点，也是一个重要的语文要素，对于一年级学生来说，朗读长句子是有难度的。统编教材在落实培养学生朗读能力上，有层次、有梯度地编排了相关的教学内容。如一年级下册第二组课文《吃水不忘挖井人》《我多想去看看》《四个太阳》中有比较长的句子，如"瑞金城外有个村子叫沙洲坝，毛主席在江西领导革命的时候，在那儿住过"。对这些句子的学习为教学第四组课文中的长句子做了铺垫。在第四组课文《夜色》《端午粽》《彩虹》的课后练习中首次明确提出"指导读好长句子"，这是第一次集中提出朗读要求。

那么如何指导学生读好长句子呢？

1. 示范指导，学生模仿

低年级学生模仿能力非常强。教师声情并茂地范读，是有效提高学生朗读能力的重要途径。《夜色》整篇课文的四句话，每个分句都有10个左右的字，最长的一个分句有15个字。教师通过示范朗读，用自己的情感和语言对环境加以渲染，学生就会被带入文中所描述的情景之中。他们既欣赏了夜色的美好，又感受到晚上的花草在悄悄地散发着生命的气息。他们通过教师的语气、语调，以及表情和肢体语言，在多方面受到感染，唤起学生的朗读激情。

2. 读好短语，分解难度

一般情况下长句子的定语和补语比较多。一年级学生搞不清句子的结构和层次，这是他们读不好句子的主要原因。指导学生把短语看成一个整体来读，有助于学生理清句子的主干，分解长句子朗读的难度。

《彩虹》一文中有许多短语。教师在学生初读课文后检查字词的掌握情况时，让学生由读词语到读短语。让学生把短语看作一个整体，并明确"的"字后面的词才是关键词。例如"壶"字，从"水壶"到"浇花用的水壶"再到"你那把浇花用的水壶"，利用滚雪球的方式一层层读好字词、短语和句子，长句子朗读时停顿处理的难点就迎刃而解了。又如，《端午粽》中"粽子是用青青的箬竹叶包的，里面裹着白白的糯米，中间有一颗红红的枣"这个长句子也有许多短语。读好"青青的箬竹叶""白白的糯米""红红的枣"这些短语，不仅降低了读长句子的难度，而且积累了语言。

3. 改变形式，降低难度

在低年级长句子朗读教学过程中，教师可以尝试改变文本的排列形式，把它排列成"诗"的样子。一年级的学生在学前接触最多的是儿歌，儿歌的形式会让他们备感亲切。

> 哥哥，你系在
> 门前树上的秋千呢？
> 如果
> 我把它挂在彩虹桥上，
> 坐着秋千荡来荡去，
> 花裙子飘啊飘的，
> 不就成了
> 一朵彩云吗？

诗歌的形式实际上已经体现了一定的停顿。学生带着诗的意境朗读后，当他们再去读课文中的长句子时，朗读自然就有了意蕴。

三、认识标点，读好停顿

标点符号是书面语言的重要组成部分，具有表示停顿、语气及词语的性质的作用。它可以帮助人们确切地表达思想感情，理解书面语言。认识标点既是一个语文知识，又是一项语文能力训练，属于朗读训练的范畴。

"认识逗号和句号"这一语文要素可以分几步来引导学生落实：

第一步，认识逗号、句号。联系课文认识标点的形，并请学生结合生活发挥想象，加深对形的感悟。在教学《青蛙写诗》一课时，按照课后要求"青蛙写的诗里有逗号和句号，请你圈出来"，指导学生运用"圈"的方式找出诗中的逗号、句号，初步了解逗号、句号的作用与朗读时的停顿。

第二步，读好逗号、句号的停顿。在教学《雨点儿》一课落实课后要求"朗读注意逗号、句号的停顿"时，可以引导学生先数一数这段话有几句话，再找一找这段话描写了雨点儿给哪些地方带来了变化，在句子中画一画，然后分别说说有了怎样的变化，从而促进学生理解这是两句话，通过停顿长一些的句号来区分。

第三步，运用中体会逗号、句号的用法和停顿。在后面课文学习中，可适当选择些段落，进一步感受逗号、句号的使用与读中的停顿，如《项链》的第一段"大海，蓝蓝的，又宽又远。沙滩，黄黄的，又长又软。雪白雪白的浪花，哗哗地笑着，涌向沙滩，悄悄撒下小小的海螺和贝壳"。可以让学生先圈一圈写了哪几种景物，再说说这些景物怎么样，从而明白这段话要分三句话来写的原因。然后通过朗读读出逗号、句号的停顿。

四、读好课文，培养语感

小学语文课堂朗读的形式有很多种：齐读、领读、轮读、轻声读、男女生赛读等。对低年级学生，如果理论性地对其讲解朗读的方法和技巧，效果不佳。教师可以根据低年级学生的心理特点和实际情况，制订相应的朗读目标，采用不同的朗读方式来提高他们学习的兴趣，帮助学生插上想象的翅膀，让无声的文字变为动听的语言，从而使他们自然而然地融入课文的学习并乐学、好学。

例如：一年级上册《小蜗牛》一课的朗读指导。在这篇课文中，教师可通过范读、领读、自由读、分角色朗读、以问促读、比较读等不同的方式，调动学生的积极性，以培养他们的语感。

课文主要由蜗牛妈妈和小蜗牛的对话组成，教师可以指导学生分角色朗读，体会人物性格特征与说话语气，还可以把相似句式放到一起，在多媒体屏幕上展示，让学生进行比较朗读。

蜗牛妈妈说："哦，已经是夏天了！快去摘几颗草莓回来。"

蜗牛妈妈说："哦，已经是秋天了！快去采几个蘑菇回来。"

蜗牛妈妈说："哦，已经是冬天了！你就待在家里过冬吧。"

这是课文中蜗牛妈妈说的三句话，是典型的童话语言，反复出现，反复朗读，有利于学生把握故事情节，开展语言学习。同样地，小蜗牛的语言也是类似的句式和表达方法。教师可以运用比较读、分角色读、表演读，让孩子们在欢快活跃的气氛中朗读学习，进而领悟并把握课文内容。事实证明，多样化的朗读形式，让语文课妙趣横生，让学生轻松学习并在此过程中收获知识，使他们感受到学习语文是一种美的享受。

五、读悟结合，相互促进

朗读是阅读的重要组成部分，通过科学的朗读训练，可以增强学生的阅读能力，促进学生语言和思维的发展，丰富想象，培养语感，激发情感，增强理解力和记忆力。

再如《小蜗牛》一课，引导学生边读边悟，达到以读促悟、以悟带读的目的。朗读方法主要采用看图读文、师生接读、提问引读、小组接力读等形式。在完成认识四季不同特点教学目标时，教师可采用提问的方式引导学生朗读。

师：春天到了，蜗牛妈妈对孩子说了什么？

生：孩子，到小树林里去玩吧，小树发芽了。

师：第二次，蜗牛妈妈对孩子说了什么？

生：哦，已经是夏天了！快去摘几颗草莓回来。

师：第三次，蜗牛妈妈对孩子说了什么？

生：哦，已经是秋天了！快去采几个蘑菇回来。

师：第四次，蜗牛妈妈对孩子说了什么？

生：哦，已经是冬天了！你就待在家里过冬吧。

师：对于妈妈的几次要求，小蜗牛做到了吗，为什么？

在教师一个又一个的问题引导下，学生一次又一次地反复读，终于领悟到四季的不同特点。这就是读和悟的完美结合，相辅相成，相得益彰。

朗读是阅读的起点，是理解课文的最佳途径。它有利于学生思维发展，获得思想熏陶；有助于传递情感，产生情感共鸣，达到心灵与文本的契合。因此，教师应该精心设计朗读方式，让学生养成正确的朗读习惯，在多样化的朗读形式中，去共鸣、体会、品味语言文字的美和字里行间的情。在教师引领下的课文朗读，会让孩子们的语文学习变成美的享受与快乐之旅。

第三节　指导学习阅读，教给阅读方法

《义务教育语文课程标准（2011年版）》总体目标中针对阅读提出：要具有独立的阅读能力，学会运用多种阅读方法。[①]统编教材更加重视多种阅读方法的教学。比如：默读、浏览、跳读、猜读、比较阅读、读整本的书等。那么，如何引导一年级学生学习阅读方法，培养阅读能力呢？

一、带问题读，提取信息

引导学生带着问题阅读课文，即提取信息。这是一项非常重要的阅读能力，教材在这一能力点的设计上体现了循序渐进的过程：前期做好铺垫，后期着重训练，体现层次性。

《青蛙写诗》课后练习题中"青蛙写诗的时候谁来帮忙了？""青蛙写的诗里有逗号和句号，请你圈出来。"初步学习能根据要求和问题，从课文中找到相关的内容圈出来。一年级的学生对事物的认识往往是零散的，不系统的，他们的思维单一，语言表达不完整。因此，在指导学生"提取信息"时，教师可以这样借助圈圈画画等手段，让学生养成带着问题边读边思考的好习惯。这也是"不动笔墨不读书"在低年级教学中的落实。同时，圈圈画画的方式也可以帮助学生梳理思路，促进语言表达的有序性和完整性。比如，说

---

① 中华人民共和国教育部. 义务教育语文课程标准（2011版）[S]. 北京：北京师范大学出版社，2012：7.

一说"青蛙写诗的时候谁来帮忙了？"，如果不先读读圈圈，学生往往是找到一句回答一句，分三句来说。在读圈的基础上，学生就能更容易按课文顺序完整地用一句话来回答了。再比如，《雪地里的小画家》说一说"雪地里来了哪些小画家，它们画了什么？"，要求说清楚两个要点，教学时，可以引导学生边读边用两种符号，分别圈画有关信息，既可以借助不同符号按问题顺序回答，又可以按哪位画家画了什么来回答，促进学生表达的多样性。

到后阶段的课文学习时就连续进行专项训练，如《项链》说一说"大海的项链是什么？"；《雪地里的小画家》说一说"雪地里来了哪些小画家，它们画了什么？"；《乌鸦喝水》说一说"乌鸦是用什么办法喝着水的？"。从圈词到画句，引导学生通过从文本中提取相关信息来促进阅读理解。

这一阅读能力的提升还体现在能寻找相关的关键性信息选择运用。如《一分钟》根据课文内容说一说"要是早一分钟，就能赶上绿灯了。要是能赶上绿灯，就……要是能及时通过路口，就……要是能赶上公共汽车，就不会迟到了"。显然难度加大，一句紧扣一句，句与句之间有着较强的内在联系，需要寻找关键信息进行选择性运用。《动物王国开大会》从文本"通知"中寻找缺少的信息到实际生活的"通知"中提取相关信息，了解通知的关键要素：时间、地点、参加人、事情等。《小猴子下山》结合图画说说"小猴子下山以后看到了什么，做了什么。"这是训练学生先提取相关信息，再运用这些信息看图说说故事的主要情节，为以后能抓住主要情节复述课文、讲故事做铺垫。

由此看来，教材在培养学生学习从文本中提取信息的能力设计上，是从圈画明显信息进行直接简单地运用到寻找关键信息进行选择、灵活运用。寻找信息、运用信息的要求不同，由易到难，很好地体现了程度上的层次性。这就需要我们教师解读文本时能领会教材设计编写的意图，明确训练的要求与层次，让学生在实践过程中层层递进，掌握这一阅读方法。

二、借图画读，发展思维

低年级的阅读没有体现默读、浏览、跳读、猜读、比较阅读、读整本的书等多种阅读方法的教学，课文类型也没分"精读"与"略读"。那低年级的阅读教学如何来体现统编语文教材力图让"教读""自读""课外导读"构成三位一体的教学体系的呢？

对于"学习借助图画阅读课文，猜读生字"，一年级上册安排了一篇连环画式的课文《小蜗牛》，不全文注音，课后练习提出："对照图画，读一读课文。""在图画的帮助下，你能猜出下面加点的字是什么字吗"？引导学生学习"借助读物中的图画阅读"的方法，初步尝试自主阅读，建议学习第一篇连环画式课文学习时，可以分几个步骤来落实。第一步，图文对应，逐一出示，教师范读或听录音。让学生初步感受连环画式的课文特点"图文一一对应"。第二步，看看图，读读课文，感知课文讲了一个什么故事。即落实课后习题一"对照图画，读一读课文"。第三步，看图猜读生字。即落实课后习题二"在图画的帮助下，你能猜出下面加点的是什么字吗"？引导学生看图并结合生活经验猜读生字。第四步，看字形猜读生字。引导学生还可以借助形声字的声旁，如已认识的"牙""每"来猜读，借助形旁"虫""草字头"大致了解字义。初步感知形声字的猜读方法。第五步，拓展看图猜读汉字。可适当出示几个图片加词语，如"蚊子""蝴蝶"等，体验猜字。这样就为一年级下册的要求提升，落实方法的运用与提炼做好了铺垫。

一年级下册教材在最后安排了两篇连环画式的课文《咕咚》和《小壁虎借尾巴》。对照一年级三篇课后练习的设计，我们可以看到一年级下册不是简单地重复一年级上册的训练，而是很好地体现了学习要求的层级序列。《咕咚》课后提出"在课文中找到不认识的字，猜猜它们的读音"。对照生字表，要让学生猜读6个生字，其中"咕、咚、吓、拦"4个字是形声字，"鹿、象"是动物名称。很显然，意图是让学生在一年级上册的基础上运用借助"形声字特点"和"图画"来猜读生字。《小壁虎借尾巴》课后提出"在课文中找到不认识的字，猜猜它们的读音和意思，再说说你是怎么猜出来的。"对照生字表，要让学生猜读6个生字，其中"蚊、咬、赶、房、转"5个字是形声字。这次要求不仅能借助"形声字特点"和"图画"来猜读生字，还要会借助偏旁表义的特点了解字义，并通过交流是怎么猜出来的，提炼出猜读的几种方法。

由此可见，教材的设计编排从初步感知体验，借助"图画""形声字特点"去猜字、认字，到运用，再到提炼方法，学习要求逐步提高，训练层层递进。这就要求我们教师要明确不同阶段的不同要求，分步落实，归纳学法，最终掌握"借助图画阅读课文"的方法。力图让"教读""自读"，加上"课外导读"，构成三位一体的教学体系。

第四节　指导积累语言，培养阅读习惯

积累语言是低年级阅读教学的重要任务之一，教材在课后练习的设计中除了通过朗读、背诵课文，来积累好词佳句外，还采用多种形式促进对语言的积累。

一、积累词语，丰富表达

关于语言的积累，特别是学习积累词语，教学时不能简单地以一个名称来揭示构词方式就完事了，更重要的是要引导学生去感受它表达的作用，体会这样表达好在哪里。并且尝试模仿表达，想象说话。比如，"天——蓝蓝的天、月儿——弯弯的月儿"等，在比较中读，再让学生说说看到的天、月儿是怎样的。让学生感受到加上这样的词，写出了事物的颜色、大小、形态等，表达更具体了。又如"碧绿的叶子——碧绿碧绿的叶子、雪白的棉花——雪白雪白的棉花"，可以让学生读前半部分的，教师读后半部分的，让学生感受这样的表达显得更"绿"更"白"更美，比较中体会程度更深了；再如"安安静静"一类词，不能只是让学生了解这是"AABB"式，而是要通过语境中的对比读"同学们安静地在教室里做作业。——同学们安安静静地在教室里做作业"。让学生感受它的作用。

二、模仿表达，运用语言

第1课《秋天》：练习用"一会儿…… 一会儿……"说话。
第4课《四季》：桃花（），她对小鸟说：我是春天。

（　）（　），她对（　）说：我是春天。

（　）（　），她对（　）说：我是夏天。

（　）（　），她对（　）说：我是秋天。

（　）（　），她对（　）说：我是冬天。

让学生学习课文中的语言表现形式，运用已有的语言储备模仿表达，体现语用。

三、想象说话，训练思维

在学习积累语言的基础上可以借助想象训练学生的思维和表达能力，也能更好地帮助学生理解课文的内容。例如《彩虹》一课，全文想象丰富，学生在阅读时，容易产生共鸣，这样可以培养学生的阅读兴趣，提高他们的审美感受。因此可以在学习课文后这样设计想象说话的练习。

师：多么可爱的小女孩啊！学完这篇文章，你们喜欢她吗？

生：我喜欢这个小女孩。她希望爸爸不那么辛苦，希望妈妈变漂亮，希望哥哥更开心，因为她懂得关爱家人。（师板书：爱）

师：让我们一起美美地读读这篇文章，读出小女孩对家人的关爱。（全班合作读）配乐

师：彩虹很美，小姑娘的心愿比彩虹还要美。她给家人带去了那么多快乐，如果你走上彩虹桥，想为谁做点什么呢？（出示如果＿＿＿那不就＿＿＿句式）让我们也把自己的奇思妙想与家人一起分享吧。

语文学习是一个渐进积累的过程。通过字词句的积累，孩子们可以感受多样表达的作用。教师在选择模仿表达形式和设计想象话题的时候，必须尊重学生的年龄特点和知识经验基础。

第五节　把握不同文体，实施不同策略

阅读教学内容的确定是影响语文教学目标落实的关键性问题，语文教育专家提出了语文教学本体性内容、依据文本体式确定教学内容等具体的语文教学理念。课标中对文体教学要求："阅读浅近的童话、寓言、故事，向往美好的情境，关心自然和生命，对感兴趣的人物和事件有自己的感受和想法，并乐于与人交流。"① 我们的教材中都是精选的各类文体不同的文章。各类文章的体裁各有特点，各有教学规律。掌握不同文体的特点，采用相应的教学方法，有助于让学生更好地体会文章的思想内容和基本写法上的特点，也有助于提高学生阅读同类文章的能力。

课标中对第一学段文体教学的要求："诵读儿歌、儿童诗和浅近的古诗，展开想象，获得初步的情感体验，感受语言的优美。"② 特别是统编教材文体多样，题材广泛。不同文体、不同类别的文章，在组织形式和表达方法等各有不同的特点，我们教学中应根据课文的文体、类别设计不同的教学思路和环节，采用不同的教学方式，获取不同的教学效果。要让文体意识成为一种语文素养在课堂上、在学生中渗透和生成。

小学语文教学应倡导的一个基本的思维方法是：对小学语文教材中不同的文体，应该遵照其文体的不同特点，采取不同的教学策略。

一、童诗文体，引发共鸣

儿童诗首先是诗，它也强调诗的意境、诗的味道、诗的节奏、诗的韵律、诗的凝练。其次它是儿童的，是写给儿童看和读给儿童听的，歌咏儿童立场，书写儿童的心灵，表现儿童的生活，具有童趣和童味。

---

① 中华人民共和国教育部.义务教育语文课程标准（2011版）[S].北京：北京师范大学出版社，2012：8.

② 中华人民共和国教育部.义务教育语文课程标准（2011版）[S].北京：北京师范大学出版社，2012：8.

北师大王泉根教授认为：儿童诗从本位上应有两个尺度——诗的尺度和儿童的尺度。因此，儿童诗的教学，不是以传授知识、明白道理抑或接受科普为单一目标，而应以还原儿童的熟悉生活、激起儿童的内心共鸣、奏起儿童的言意"和声"为追求。[①]

统编教材一年级上册中《明天要远足》是一首绘本儿童诗，现以此课为例谈谈如何以图文结合的方式，让学生体验感悟诗歌的情感，既关注知识层面的学习，又充分利用教材，进行言语表达、观察能力和思维能力的训练，在读写结合中落实儿童诗的教学。

1. 体验入境

教学之初，教师可以激发学生进行有效的想象和联想，唤起生活体验，从而走进诗歌。此环节教学分为两步走：第一步是理解课题，理解什么叫远足。教师请参加过远足的同学谈谈远足的感受，这样，既激起了参加过远足的同学们的美好回忆，又让没有参加过远足的同学也感受到远足是非常开心美好、令人向往和激动的事。第二步引导学生由上至下观察第一幅插图，并说说从图中看到了什么，联系课题猜猜为什么，在此基础上，再让学生联想自己睡不着的经历，猜猜小女孩此时此刻因为想些什么而睡不着。如此，借助插图，让学生体会到要去远足的激动、向往的心情，与文中的"我"产生了共鸣，为有感情地朗读诗歌打好基础。

此时，学生的阅读期待被有效激发，诗歌的第一、第二小节顺势而出。学生朗读第一、二小节，自然而然能从字里行间感受到"我"对远足的期待与期盼，一个"哎"字读得绵长而悠远，是对要远足的急切而无奈的心情最好的阐释；"真的像……吗？"读出微微上扬的语气，表达"我"对远足的渴望和向往。这种体验，让学生悄悄物化为诗歌中的"我"，一个对远足充满向往的"我"，在反复的朗读中不断升华自己对诗歌的认知和情感。

2. 积极语用

统编语文教材非常重视语言文字运用的训练。《明天要远足》这首诗语言凝练、传神、充满艺术的张力。依据低年级教学要求和教材特点，引导学

---

① 王泉根. 王泉根论儿童文学 [M]. 上海：接力出版社，2008：26.

生识字写字和体会小姑娘对远足的向往、期盼心情是教学这首诗的重点，其中要认的11个生字中，"睡、海、亮"三个字是比较难的。在突破重难点的同时，还要关注学生的诵读和语言表达训练。

在教学时，教师可以采取随文识字法。首先，让学生借助拼音和插图，自主把全诗读通读顺。其次，随文学习生字，借助插图引导学生认识"睡"和"目"有关，眼睑垂下来了就是"睡"字，"海"和"水"有关。再次，利用第二幅插图为"海"字口头组词(学生看着插图争先恐后地说：海水、海边、海滩、海岛、海面……)，接着读诗后讨论：老师说的海是什么样的？同学说的云是什么样的？并说说自己看过的大海和云又是怎样的。最后，出示以下半开放的诗句，指导学生观察插图并说一说。

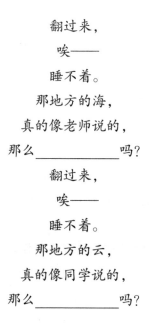

翻过来，

唉——

睡不着。

那地方的海，

真的像老师说的，

那么_____吗？

翻过来，

唉——

睡不着。

那地方的云，

真的像同学说的，

那么_____吗？

学生在课堂中积极表现、积极思考、主动交流，即使没有过多讲解，也能够把比较难记的字记住，同时在插图的帮助下，将抽象的文字化为具体可感的形象，于是学生体会到了大海因太阳映照而多彩，感受到了云朵的洁白柔软。此时，学生与小姑娘的心情相互交融。

学生在口头填写诗句时，结合生活实际，经历了自己的联想、同学的交流，对大海和云朵又有了更加深刻的认识。他们知道大海非常辽阔，水天相接，云朵姿态多变、颜色多种，并通过补充诗句的形式，把自己的认识和感悟简洁地表达出来，由此拓宽了视野，发展了语言。同时，观察能力和思维能力也得到了相应的提升。

因为多了对诗歌意境的美好感受，他们对远足的向往情感不断升华，所以在诗歌第三小节的学习中，对"到底什么时候，才天亮呢？"的感悟也就水到渠成。在朗读第三小节时，学生个个读得专心投入，于是，"有效地感悟和积累语言"功到自然成。

3. 提升审美情趣

《明天要远足》的语言生动活泼，是充满童真童趣的儿童诗。诗人方素珍借助海和云两个意象把自己的情感融合进去，创造了独特的美的意境，引发了学生对远足的向往，对美好童年生活的向往。这些内容都是实施儿童审美熏陶的元素。

在前面的教学中，学生已经感受到诗歌的语言美、节奏美、韵律美、意境美，对这首诗也几乎能熟读成诵了。那么，能不能再让学生借助插图来发现美、创造美呢？让诗歌的内容更加丰富，意境更加优美，让学生的审美熏陶在原有的基础上有所提升呢？再次聚焦课本的第二幅插图，除了多彩的海、洁白柔软的云外，还有高远的天空、飞翔的海鸥、巨大的游轮、沙滩、椰树……这正是落实言语表达训练和儿童审美熏陶的价值所在。为此，教师指导学生再次观察插图，并出示以下诗句，引导学生利用图中的素材，模仿第一和第二小节，学做小诗人，进行诗歌再创作。

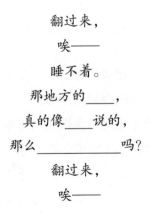

翻过来，

唉——

睡不着。

那地方的＿＿，

真的像＿＿说的，

那么＿＿＿＿吗？

翻过来，

唉——

睡不着。

那地方的＿＿＿，

真的像＿＿＿说的，

那么＿＿＿＿＿吗？

　　一年级的学生虽然知识储备不够丰富，见识不够广，说得磕磕绊绊，但或许有了插图提供素材，有了同学之间的互相补充，经历了观察、构思、交流的过程，读读自己写的诗，听听同学写的诗，他们就会感受到儿童诗的魅力、受到美的熏陶，不知不觉中提升审美的情趣，同时体验到创作的乐趣。

二、童话文体，激发想象

　　童话是儿童文学中一种非常重要的样式，也是文学中的一种有独特价值的文学样式。童话是在现实生活的基础上，以符合儿童想象力的情节，采取夸张、拟人、象征等方法编织而成的一种富于幻想色彩的故事，是一种比较适合儿童阅读的文学体裁。童话教学作为小学语文教学的重要组成部分，对激发儿童阅读兴趣、陶冶儿童情操及培养儿童创造性思维有重要的作用。

　　统编教材前四册教材中一共选用了29篇童话体的课文：

年级	童话体课文	课文总数	所占比例
一年级上册	《雨点儿》《小蜗牛》《青蛙写诗》《雪地里的小画家》	14	28.6%
一年级下册	《小公鸡和小鸭子》《树和喜鹊》《荷叶圆圆》《要下雨了》《动物王国开大会》《小猴子下山》《棉花姑娘》《咕咚》《小壁虎借尾巴》	21	42.9%
二年级上册	《小蝌蚪找妈妈》《我是什么》《寒号鸟》《雾在哪里》《雪孩子》《狐假虎威》《狐狸分奶酪》《纸船和风筝》《风娃娃》	25	36%
二年级下册	《开满鲜花的小路》《我是一只小虫子》《小马过河》《大象的耳朵》《蜘蛛开店》《青蛙卖泥塘》《小毛虫》	25	28%

这些童话既有老教材中保留的，也有许多经典童话被选进教材，都非常适合低年级学生阅读。

根据第一学段童话课文的基本特点及学习目标，提出童话教学的一些教学策略。

1. 情境激趣策略

儿童的心理就是爱玩，爱游戏。而童话的幻想性和强烈的游戏性最能满足他们的心理需求。童话的学习，要融入孩子们喜欢的表演、游戏等形式，让他们在玩中学，在学中玩，让童话的课堂充满乐趣。所以，在教学时，教师可以精心挑选音乐、动画来渲染气氛、烘托场景，营造童话故事的情境，激发学生的阅读期待。例如，在教学《小猴子下山》一课时，就选用了动画片的视频播放给学生看，一只活泼可爱的小猴子形象一下子吸引了孩子们的眼球，于是孩子们就高高兴兴地与小猴子走进了文本，形成了"未成曲调先有情"的良好课堂基调。

2. 指导朗读策略

（1）朗读方式的选择

教学中，我们可以根据教学内容选择适当的朗读方法，相机变换朗读的形式，让学生很有兴趣地参与到朗读中来。

比如《丑小鸭》这课中，有这么一段话：

> 丑小鸭来到世界上，除了鸭妈妈疼爱他，谁都欺负他。哥哥、姐姐咬他，鸡公啄他，连养鸭的小姑娘也讨厌他。丑小鸭感到非常孤独，就钻出篱笆，离开了家。

一位教师在教学这段时，采用的是"回声"朗读法。什么是回声朗读法呢？就是老师读完每句话后，学生跟着把这句话中最后的几个字重复一遍。

这段话中，重复的刚好是这几个重点词：疼爱他，欺负他，咬他，啄他，讨厌他。通过这种形式的读，巧妙地突出了丑小鸭可怜，受人排挤的境地。

"回声"朗读，形式新颖，既像歌唱中的重复，又像在山谷中的回音，趣味十足。

（2）朗读方法的指导

童话教学，教师要有意识地把学生和文中人物合二为一，引起情感的共鸣。

在童话教学中我们要有意识地把学生和文中人物合二为一，在学生朗读时尽量不要用："谁来读一读小白兔的话？""请你读出小松鼠激动的语气。""你认为，小马会怎么对妈妈说这话呢？"因为，在这些带有问题性质的提示语中，学生是作为旁观者出现的，是第三者，他用自己的心去揣度别人的心理，不能从心理上唤起他们的共鸣。

优秀的教师在引导学生思考的时候一般会进行角色互换来指导朗读："害怕的小松鼠，你赶快拦住小马吧。""可怜的丑小鸭，大家总是欺负你，来，妈妈在这里，把你心中的委屈告诉妈妈吧。"

3. 学习语言策略

统编教材第一学段入选的童话故事，语言浅显易懂、生动有趣，保持了口语的特点：情节简单、形象鲜明、结构反复，具有"讲故事"的特征。这些对于低段学生的语言学习有积极作用。

（1）角色表演

童话因其故事生动有趣，语言丰富多彩而吸引学生，把角色表演植入课堂，能够极大地调动学生学习童话的兴趣，同时内化和积累语言，感受形象，理解意蕴。低年级的学生天真可爱、乐于表现，让他们戴上童话故事中角色的头饰，做出动作、模仿口吻、表现神情，他们常常会乐在其中。哪些童话是适合表演的呢？比如，对那些以对话推动情节的故事，就可以让学生扮演不同的角色，模拟故事中人物的对话。那些结构反复的童话也适合表演。教师在指导学生分角色表演朗读的时候，可以由扶到放。如在教学《小蝌蚪找妈妈》这个童话时，小蝌蚪先找到了鲤鱼妈妈，又找到了乌龟妈妈，最后在两位妈妈的指点下，终于找到了自己的青蛙妈妈，类似故事情节反复呈现。在教学时，教师重点指导学生演好和鲤鱼妈妈的对话，在表演中理解"迎上去"，感受小蝌蚪的礼貌。后两个情节则可以放手让学生组成四人小组进行合作演读，充分发挥他们的想象力，把故事演活。角色表演为学生提供了自我展示的舞台，学生的表现欲和创作欲被激活。童话的语言、形象深深扎根在学生心中，于是童话中蕴含的学生发展的核心素养得以无痕渗透。

（2）听讲复述

在童话教学过程中，复述讲故事仍是最重要的策略之一。从童话的起源上讲，最早流传于民间的童话就是成人为儿童编的、讲给儿童听的故事。童话本来就是一种口耳相传的文学作品，具有容易复述的特征。因此，听故事和讲故事是进入童话和走出童话较好的教学策略。我们可以在教学童话前，通过教师声情并茂讲故事的方法吸引学生进入情境，激发阅读兴趣。童话故事结构上的表达特点，也使它适合低龄儿童进行口头复述。大多数童话是按照事情发展顺序来叙述的，很多情节又是结构反复呈现，便于学生记住故事的情节，进行创造性复述。如《蜘蛛开店》这个童话课后的"示意图"，清楚地表达了蜘蛛开店三次更换招牌的故事。在教学时，就可以让学生借助这个情节图来复述故事。又如《小蝌蚪找妈妈》是一篇充满儿童情趣的科学童话，巧妙地将小蝌蚪发育成青蛙的科学知识蕴含在故事之中。"小蝌蚪怎样长成青蛙的"是教学重点。首先，教师可以组织学生读全文，找到小蝌蚪生长变化的句子，然后认真地读一读，并结合课后题，借助插图，用"先……接着……然后……最后"表示先后顺序的词，说清楚小蝌蚪是如何发育成青蛙的。然后，再加入鲤鱼妈妈和乌龟妈妈等角色，借助故事中的反复情节，引导学生把故事讲生动、讲有趣，让学生在自主、合作的过程中学习和运用书面语言，提高讲故事能力。

4. 引发想象策略

要培养学生的想象能力，首先要让他们感受到童话中的想象美。感受美也是一种能力，对不同阶段的学生应该有不同的教学方法。

（1）以图画引发想象

对于低年级的学生尤其是一年级的学生来说，语言文字所描述出来的美丽画面需要用一些具体直观的图画、剪贴画、影视片来呈现出来。

统编教材中配有大量的插图，教学中可以充分利用这些插图调动学生的想象。《纸船和风筝》"小熊拿起纸船乐坏了"一处，教师是这样引导学生想象的。

师：收到松鼠送来的礼物，小熊心情怎样？

生：小熊乐坏了。

师：小熊怎样乐坏了？请你睁大眼睛，仔细观察课文的插图。

师：你看到小熊乐坏了的表现了吗？请你用这样的句式，在同桌之间说一说。

出示——小熊拿起纸船一看，乐得_____。

借助形象直观的图片培养想象的策略，与低年级学生以形象思维为主导的特点相吻合。插图提供的形象，防止了胡思乱想，是学生合理想象的基础。

（2）用留白引发想象

激发想象还可以利用课文的文本留白，比如在教学完《咕咚》，设计了这样一个想象说话环节：大象看到大伙儿都跑起来了，他是怎么做的，又会怎么喊呢？请你仿照课文的样子说一说。有的学生说："大象看见了，也跟着跑起来。他一边跑，一边大叫，'不好了，咕咚来了，大家赶紧逃命吧！'"有的学生说的时候，还加上了动作，演得绘声绘色。在学完《小壁虎借尾巴》后，可以创设这样一个想象说话的情境："后来又有一只小壁虎不小心断了尾巴，它会向谁去借尾巴呢？"（出示句式，出示孔雀、蜥蜴、松鼠、袋鼠等动物图）引导学生想象说话。

小壁虎爬呀爬，爬到_____。他看见_____。
小壁虎说："_____，您把尾巴借给我行吗？"
_____说："不行啊，我要用尾巴_____呢。"

"想象力比知识更重要。"想象能唤醒学生的认知，激活他们的思维，感受童话神奇而美好的意境。当然，童话故事中的想象并不是随心所欲、不着边际的，要根据文本特点，依据语言表达的规律，展开合理的想象。这里还需指出的是，在童话教学中引导学生想象说话，到了一年级下学期还可以逐步由说过渡到写，在读中学说，说中练写，全面提升语文素养。

5. 理解意蕴策略

理解意蕴就是感受童话故事中蕴含着的美好情感，让学生在阅读中受到情感的熏陶和正确价值观的引领。理解意蕴的主要教学思路是：从分析故事情节中揭示童话故事意蕴，如《小蝌蚪找妈妈》；从分析人物语言中揭示意蕴，如《小壁虎借尾巴》；从分析关键词语中揭示意蕴，如《我是什么》等。在教学中，可针对文本的特点，选择学生感兴趣的切入点，提出这样的话题：小猴子最后啥也没得到。你想怎么劝劝它呢？如果你就是故事中的小公鸡，此时你最想对小鸭子说什么呢？也可以根据文本创设意境，如在教学《咕咚》一课，当兔子领着大家来到湖边，看到木瓜从高高的树上掉进湖里，发出"咕咚"一声时，小动物们都会说些什么呢？引导学生转换角色，说出心声，在延续的故事情境中悟到"不能盲目跟风"的道理。在理解意蕴时，我们要允许学生发表不同的声音，表达自己独特的阅读感受和理解，从而受到真善美的熏陶。

6. 拓展阅读策略

统编教材还有一个亮点就是注重学生课外阅读的指导，扩大学生的阅读量。虽然统编教材选用的童话数量比老教材有了很大的提升，但对于这个年龄段的儿童来说还是远远不够的。因此，拓展阅读策略成了童话教学一个必不可缺的策略。教师在教学完一个童话后，可以补充相关资料，推荐阅读相同主题或者同一作家的作品，延续童话，丰富童话，提升童话教学的品质。如，在学完《我是什么》这个童话后，可以推荐学生阅读有关水的其他故事，比如，《语文园地一》"我爱阅读"中《企鹅寄冰》的故事。在学好二年级上册第一单元后，《快乐读书吧》安排了读童话故事的内容，指导学生阅读《没头脑和不高兴》这个童话。这是统编教材第一次出现读整本书的设计，编者用"泡泡提示"的方式提醒学生阅读整本书时要关注书的封面、书名和作者等信息，也要养成爱护图书的好习惯。培植学生阅读童话的兴趣，需要教师通过不同路径，把一个个故事、一本本好书带到孩子的面前。我们要让学生在课外接触国内外优秀的童话作家，在这片肥沃的土壤里滋养身心。此外，在第一学段的童话教学中，比较阅读策略在对比型结构的童话教学中，如《雨点儿》《风娃娃》等教学中，被运用得也比较多。此外，仿写练笔等策略也可以被恰当运用。

三、古诗文体，品味诵读

新课程标准对低段古诗学习的阶段目标是这样表述的：诵读儿歌、童谣和浅近的古诗，展开想象，获得初步的情感体验，感受语言的优美。此表述的核心是在低段古诗教学中，应注重学生的朗读感悟，意境体验，感受诗话的美。

怎样教好低段的古诗呢？教材的总主编温儒敏教授对低年级古诗教学的指导意见，指出："教学古诗的最好的办法就是反复诵读，读得滚瓜烂熟，要注重引导学生感受诗词音韵之美，不必在所谓主题思想、意义价值、艺术手法等方面讲太多太深。"①

课文中的古诗教学，我们通常要完成三个教学目标，一是识字写字，二是正确地朗读和背诵，三是读诗句想画面并且能够用自己的话来说一说诗句描述的画面，这是关于课文中的古诗教学要求。而日积月累的古诗只有一个目标，只有一个要求，那就是借助拼音正确地朗读和背诵就可以了，对古诗意思不做统一的要求。教师不要主动地去讲解古诗的意思，如果学生在读背古诗的时候，有学生提出疑问，那么老师就可以借助插图或者通过反复地朗读诵读来进行适当的指导。总之，日积月累当中的古诗，它就是以读读背背的形式为主，就是完成这样一个目标就可以了。

在小学低年级古诗教学中，如何才能让刚刚接触到文字的学生感受到古诗中所蕴藏着的美，让他们真切地体会到语言文字的魅力，这无疑是对低年级语文教师的一项严峻"挑战"。

"新课标"在第一学段就阅读提出了诵读古诗要"展开想象，获得初步的情感体验，感受语言的优美"②的学习目标。那么，如何才能达成这一目标呢？陶渊明有云，"好读书，不求甚解，每有会意，便废寝忘食"，为什么不可以在古诗词教学中加以借鉴和学习呢？目前低段古诗词教学的一个常见误区就是重视解释法。单一地运用解释法教学古诗词过于死板。教师在"明诗意"这一环节中用现代白话来翻译诗词的句意，译句生硬、直白又乏味。因

---

① 温儒敏. 如何用好"统编"小学语文教材 [J]. 小学语文，2017（8）：25–31.

② 中华人民共和国教育部. 义务教育语文课程标准（2011版）[S]. 北京：北京师范大学出版社，2012，8.

此，对古诗文的过度解读，只会破坏它整体的意境。况且古诗中有些词语很难用通俗的语言来解释清楚，有时只会越解释越复杂；其二，诗歌最吸引人的，就是诗人在诗里留下了不少模糊的地方，给读者以想象的空间。所以在课堂教学中，我们唯一要做的是架起一座涌向诗境的桥梁，解决疑难生字词，粗通大意，模糊解读，关键是激发阅读兴趣。

意会而不言传，这就是古诗独有的意境美，意境是指作品描写某种事物所达到的艺术境界，是诗人思想感情和作品生活图景和谐统一的结果。诗歌的主题通常是借助意境来表达的。学习古诗，要欣赏诗的意境才能得到精华。而意境具有形象性，在诗歌的意境中，形象是基础，它亲切可感。所以我们要创设各种各样的情境，让学生全身心地投入其中，才能有所感悟，有所意会。意会就是让学生在阅读中通过直觉理解古诗的意思，并不一定要把诗意解释出来，这种理解含有一定的模糊性，但这种模糊性并非是摸不着头脑，而是理解过程的一个阶段，这种"雾里看花"的方式可能要比那一览无余地说白更能达到理想的理解境地。

1. 想象意会法

叶圣陶先生说："读诗不仅要睁开眼睛看文字，更要在想象中睁开眼睛看由文字触发而构成的画面。"钱正权老师说："引领学生进入诗词意境的基本路子，不是一味地寻求诗词的信息意义，而是让学生一边读一边想象诗词中的画面，也就是说在诗词的语言文字中想象作者所要描绘的生活图景。读者要读出诗情须进入意境，须发挥想象。"我们要用想象去感受诗人生动、形象、凝练的语言所表现出来的一幅幅具体、生动的画面。因此，教师应有意识地引导学生展开想象的翅膀，感受诗情画意。我们在教学时，可利用现有的插图，仿制的幻灯片或根据诗的内容绘制的诗意图，再现形象，使学生触景生情，感受诗的意境。如《一去二三里》："一去二三里，烟村四五家。亭台七八座，八九十枝花。"这首诗语言巧妙，由数字排列组成，体现我国文学语言的精妙，富有故事情节，极具儿童情趣，在教学这首诗时，可以尝试运用图片的作用，帮助学生理解古诗的意境。诗句描写的情景，通过图画再现出来，就会变得具体可见，能帮助学生感受形象，进入情境。

先出示教学挂图，指导学生按一定的顺序（由近及远）观察、了解画的是什么地方，有哪些景物？在此基础上让学生凭借形象的画面展开想象，说说看到这么美的景物，你想说些什么？将学生带入情境，这样整首诗的内容变得形象化了。古人云：诗中有画，画中有诗。美丽的插图再配上教师声情并茂的范读，刺激了学生多种感官，使学生在赏心悦目的氛围中产生了浓厚的兴趣。

2. 吟诵意会法

诗人寥寥数语要表达的情怀渗透在字里行间，模糊解读和整体意会能让我们保留对古诗词的一种朦胧感。对于低段孩子来说大概意思已经明白了，让学生能用自己的语言来描述，只要大体意思不错，怎么说都可以，那就没必要非得再说破了吧。

只有富于感情地反复吟诵，才能在潜移默化中体会出诗的真味。在教学《一去二三里》这首诗时，先请学生借助拼音读一读古诗，再读课后生字三遍。然后请他们在诗中找出生字划圈，读三遍，再全诗读两遍。这个设计，首先让学生能整体感知全诗，再通过读准字音认读生字，接着将生字放回具体语境中，既可以帮助学生读准全诗，同时又加深学生对生字的认读和理解。然后指名读，在这个环节中，让学生之间进行评价，评价的内容为：一、读得是否准确，二、你觉得哪句诗句读得最好？哪句诗句还读得不够的，你来试试看。目的在于培养孩子认真倾听的习惯。对整首诗的意思并没做多大的解释，因为看图说话时孩子已大体对诗句的意思有所了解了。

在古诗教学中提倡"意会阅读"——"不求甚解"，其实是将更多的阅读主动权还给学生，让他们自由地欣赏，享受古诗文的优美韵律，充分发挥自己的想象，结合自己的理解去感受古诗的意境美。古人讲究"不求甚解"，是为了保全文章的整体美、韵律美。所以古诗词的学习完全不必把学生绑在"字、词、句、篇"的肢解上，也不必要求学生苦苦追寻"准确、深刻"的理解。在低段古诗教学中，如果也能多几次"不求甚解"，多留给学生反复吟诵的时间，也许就会收到意想不到的阅读效果。

第六节　走进课堂教学，感受阅读魅力

《雷雨》第二课时教学实录
——统编版小学语文二年级下册

（一）导入新课

师：同学们，你们见过雷雨吗？

生：见过。

师：谁来说说。

生：雷雨就是下雨时总是打雷，还打闪。

生：雷雨就是雨下得特别大。

师：雷雨是常见于夏天的一种天气现象，今天我们就来学习《雷雨》这篇课文，看老师写课题。（师板书课题，生观察）

师：请你观察雷字的雨字头和雨字有什么不同？

生：雨字的横折钩在雨字头中变成了横钩。

师：很好，还有吗？

生：雨字的竖变成了点。

师：（在田字格里示范书写"雷"）真有一双会发现的眼睛！来，齐读课题。

生：雷雨。

〔点评〕导入新课的时候，简洁直接揭示课题，并且结合学生的生活体验说说雷雨。课题中的生字书写充满语文味道，对比了雨字和雨字头的不同，指导了独体字做偏旁后笔画的变化。

（二）初读课文、识写字词

师：（标画打开书74页的符号）请你自己认真读课文，标出自然段序号，不认识的生字多读几遍，开始！

生：（自由读课文，标序号识记生字）

师：课文读得怎么样？来，谁愿意展示一下。

生:（踊跃举手）

师:请你读1-3自然段,你来读4-6自然段,你来读7-8自然段,我们其他人仔细听他们能不能把字音读准确,一会儿当小老师给他评评!

生:（三位同学分别朗读）

师:谁来评?

生:××读得很好,把字音都读对了。

师:××读得也很好,就是请你注意"黑沉沉地压下来"中"地"读de,你再试试。

生:满天的乌云黑沉沉地压下来。

师:刚才这位同学把翘舌音的字读得多准呀,请你当小老师,带着同学读一读这六个翘舌音的字吧。

生:（按照屏幕出示带读）

师:读得真准,再送你们一些词,谁带我们读?

生:（按照屏幕出示带读）

师:"垂"是这课生字中难记、难写的字,今天,老师交给大家一个新的记字方法,看:

这是一堆土,土上长棵树,不久树上开了花,花朵垂下来。

生:（根据动画演示轻声口述画面）

师:古人就根据这个物的外形创造出了这个垂字,经过逐代演变就成了今天学的这个"垂"字。

生:（学生发出惊叹的声音）

师:瞧,了解了这些也是一种记字的好方法。

先来看看这个字怎么写?

先写大树是个千,一个长横在中间,两个小竖左右放,四横距离一样宽。

看老师把这个字送进田字格。

（师范写时提示要点）

小撇、短横、长竖,竖写在竖中线上,中间这一横最长,从横中线下发起笔,最后回到横中线上,两个小竖稍微往里倾斜,下边一横要把两竖托住,最后一横要写得最短,四横距离要一样宽。

生:（学生观察老师范写）

师：你们也像老师一样把这个字送进田字格，开始——

生：（书写）

师：（巡视）注意，我们的头千万不要垂下来呀。

生：（纠正写字姿势）

师：有些同学边写边自己念叨着"先写大树是个千"，学得真快！

生：（写好坐正）

师：（把一位同学书写的生字利用实物投影展示）谁来评评？

生：他写的垂字笔画很正确，就是如果那一竖再直一点就更好了。

生：四横距离要一样宽，他的字中距离不一样宽。

师：（红笔批改）是这样吗？谢谢你们，把生字改一改，我们一定会写得更好。

生：（修改）

〔点评〕垂字是本课要求写的字，笔顺是学生掌握的难点，马老师借助字理帮助学生记住了这个字的笔顺，运用动画演示的方式突破难点。采用儿歌教学法指导学生写字，指明重点笔画的书写方法。并且借助评价学生的写字姿势来让学生理解垂的字义。

（三）读中想象，品学语言

师：好，现在我们把字词送回课文，这次呀，老师请你们默读1-3自然段，一边读一边想象，要下雨了，你有什么感觉？

生：（默读）

师：（板书：要下雨了）

师：谁来说说。

生：我感觉到害怕。

师：哪句话？读一读。

生：满天的乌云黑沉沉地压下来。

师：你们从她读的哪个词听出来害怕了？

生：从"黑沉沉"这个词，写出了乌云很黑，很可怕。

师：乌云黑沉沉的，不仅黑，还很——

生：多。

师：哪个词也写出了多？

生：满天。

师：你来读一读——

生：漫天的乌云黑沉沉地压下来。

师：听出害怕了，还有哪个词？

生：还有压下来，因为——

师：压下来了，还喘得上来气吗？

生：喘不上气来。

师：这是一种什么感觉？

生：闷热。

师：怎么读？

生：漫天的乌云黑沉沉地压下来。

师：还有哪句也让你感觉到闷热？

生：树上的叶子一动不动，蝉一声也不叫。

师：老师这儿也有一句话，你来读读。

生：树上的叶子不动，蝉不叫。

师：哪句更让你感到闷热呀？

生：第一句。

师：为什么？

生：因为叶子一动不动比不动更能让人感觉到叶子一点儿也不动，一点儿风也没有。

师：真会读书，还有吗？

生：蝉不叫是可能一会儿叫，只叫一声，但一声也不叫是根本就不叫。

师：蝉为什么不叫呀？

生：嫌热呀！

师：你的想象真有趣！你能读读这句，读出你的感受吗？

生：树上的叶子一动不动，蝉一声也不叫。

生：树上的叶子一动不动，蝉一声也不叫。

师：其他句子还会给你什么感觉呢？

生：感到风特别大。

师：读读句子。

生：忽然一阵大风，吹得树枝乱摆。

师：注意，这一阵大风是忽然吹来的，怎么读？

生：忽然一阵大风，吹得树枝乱摆。

师：让风再大些！

生：忽然一阵大风，吹得树枝乱摆。

师：这风大到什么程度？

生：这风让树枝乱摆。

师：风真大，还有吗？

生：一只蜘蛛从网上垂下来，逃走了。

师：风真大呀，从这个"垂"字你能知道什么？

生：我感觉到蜘蛛很害怕，因为风太大了。

师：读一读。

生：一只蜘蛛从网上垂下来，逃走了。

生：我感觉到当时蜘蛛特别着急。

师：如果不垂下来会怎样？

生：没命了。

师：是呀，送给大家一个词，这就叫"惊险"呀，你能读出惊险吗？

生：一只蜘蛛从网上垂下来，逃走了。

师：蜘蛛用丝垂下来，这是它的特技呀，在万分惊险的时候用最快最好的方法，可见这是一只怎样的蜘蛛呀？

生：这是一只聪明的蜘蛛。

师：能读出来吗？

生：一只蜘蛛从网上垂下来，逃走了。

师：看（动画演示），这就是垂下来。

生：（观看蜘蛛垂下的动画）

师：就是这个垂字，我们可以读出害怕、着急、惊险、机智，可见作者用词多准呀，看来他一定在平时认真地观察过，才能把词用得这样准，我们也要学习这一点呀！其他句子还会给你什么感觉呢？

生：我从"闪电越来越亮，雷声越来越响"这句也感觉到害怕。

师：哎哟，这得多少闪电、多少雷呀？数得清吗？

生：数不清。

师：这第一道闪和最后一道闪一样亮吗？

生：不一样亮。

师：而是一道比——

生：而是一道比一道亮。

师：雷呢？

生：一声比一声响。

师：这就是越来越亮，越来越响。读出你的感受——

生：闪电越来越亮，雷声越来越响。

师：你们看，雷雨就要来了，从闷热到突然刮大风，再到电闪雷鸣，变化真大呀！咱们能读出来吗？

生：能！

师：你来读第一自然段，（指一男生）你来读第二自然段，（指一女生）我们一起读第三自然段，读出闷热、阵风、电闪雷鸣这雨前交响曲。师生配合读——

师：听——这雨下起来了。

（出示：哗，雨下起来了）

生：（自由读）

师：这雨大吗？

生：不大。

生：不太大。

师：（出示：哗，哗，雨下起来了）现在呢？

生：大点了。

生：还不大。

师：还不大？（出示：哗，哗，哗，雨下起来了）现在呢？

生：（齐说）大了！

师：谁来读？

生：哗，哗，哗，雨下起来了。

师：（红色出示三个逗号）注意，这有三个逗号，读时要注意停顿（师范读）

这雨就?

生：这雨就更大了。

师：一起读。

生：哗，哗，哗，雨下起来了。

师：这雨真是越下越大．（板书：越下越大）

师：（出示句子）谁来读读？

生：往窗外望去，树啊、房子啊，都看不清了。

师：再读这句话。（出示改后的句子）

生：往窗外望去，树、房子，都看不清了。

师：哪句让你感到雨更大了？

生：第一句。

师：为什么多了一个啊，雨就更大了？

生：（没有体会到）

师：自己把这两句比较着读一读。

生：（自己比较读）

生：树啊、房子啊，是一点儿也看不清了。

生：这个啊，就是好多树、好多房子都看不清了。

师：读得多用心呀，你能读出来吗？

生：往窗外望去，树啊、房子啊，都看不清了。

师：是呀，雨越下越大，想一想，我们往窗外望去，还有什么都看不清了？

生：往窗外望去，草啊、花啊，都看不清了。

生：往窗外望去，汽车啊、人啊，都看不清了。

生：往窗外望去，楼房啊、大树啊，都看不清了。

师：雨真大呀，渐渐地，渐渐地——

生：雷声小了，雨声也小了。

师：能把渐渐地换一个词吗？

生：慢慢地。

师：把词送进去读。

生：慢慢地，慢慢地，雷声小了，雨声也小了。

师：（做手势）渐渐地，渐渐地——

生：雷声小了，雨声也小了。

师：（做手势）渐渐地，渐渐地——

生：雷声小了，雨声也小了……（学生声音越来越轻）

师：这雨就——停了。（板书：雨停了）（出示雨后图画）

生：哇！（学生发出惊叹的声音）

师：你惊讶什么？有什么想说的吗？

生：太漂亮了。

生：太美丽了。

师：要是用一个字概括你们的感受呢？

生：美！（异口同声）

师：课文里的文字更美呢！请两位同学分别朗读7-8两个自然段，其他同学边听边想象雨后的美景。

生：（两生读）

师：看了这么美的图画，听了你们的朗读，我觉得真舒服呀！哎，文中哪句话也写出人很舒服呀？

生：天亮起来了。打开窗户，清新的空气迎面扑来。

师：来，让我们做做动作。（师生共同用动作感受：打开窗户，清新的空气迎面扑来。）

师：哪个字让你感到人一下子就舒服了？

生：扑。

师：谁来读一读？

生：打开窗户，清新的空气迎面扑来。

师：还有谁舒服了？

生：蝉舒服了。

师：读读句子。

生：雨停了。蝉叫了。

师：雷雨前呢？

生：蝉一声也不叫。

师：雨后呢？

生：蝉叫了。

师：它会叫什么呢？

生：太舒服了。

生：多美呀。

生：还有蜘蛛也舒服了。

师：雷雨前呢？

生：从网上垂下来，逃走啦。

师：他现在坐在网上，清风一吹，就好像在——

生：像在荡秋千。

生：像坐在摇篮里。

师：他会想什么呢？

生：这回我可不害怕了。

生：我太美了。

师：还有谁也这么舒服呀？

生：青蛙，青蛙也叫起来了。

师：这里为什么用一个"也"字呀？

生：因为前面写蝉叫了，所以青蛙要用也。

师：你会联系上下文来读书，真好，我请女生读写蝉的句子，男生读写青蛙的这半句，听一听谁最美最舒服。

师：青蛙为什么这么美这么舒服呀？抬头看看天上——

生：有彩虹。

生：太阳出来了。一条彩虹挂在天空。彩虹很漂亮。

师：这里还有一个字，也很美。

生：挂。

师：看这个"挂"字，右半部分的"圭"指一种玉器，用手把玉器挂起来，可真美呀！现在太阳公公就把彩虹挂在了天空，多美呀！再看看青蛙的旁边

生：池塘里水满了。

生：这回能好好游泳了。

师：也能洗个澡了！

生：（笑）

师：雨前雨后变化太大了！谁来读雨前？雨后？

男生：满天的乌云，黑沉沉地压下来。

女生：太阳出来了。一条彩虹挂在天空。

男生：蝉一声也不叫。

女生：蝉叫了。

男生：一只蜘蛛从网上垂下来，逃走了。

女生：蜘蛛又坐在网上。

师：雨后的景象多美呀！（出示第八自然段，配图）让我们把美美的文字记在心里，大家平时用什么方法把好文章背下来呢？

生：可以多读几遍。

生：可以按照图背。

生：可以一句一句地背。

生：弄清楚顺序，再按照顺序背。

师：好，就请你用喜欢的方法，记住这段话吧！看谁最快。

生：（自由背诵）

师：谁来试试？（出示填空）

生：（背诵）

师生：（配乐齐背第八自然段）

（四）延伸拓展

师：同学们，我们随着文章边读边想象，经历了一场白天的雷雨，老师这里也有一篇文章要送给你们，它写了一场夜里的雷雨，课下咱们可以读一读，看看有什么不一样，好吗？

下课！

【课后点评】

简单的教学环节，扎实的语用训练，是这堂课的特色，在低段阅读教学中，怎样营造语用课堂？如何培养语用能力？本课给我们诸多启示：

（一）课文的解读是独特的

《雷雨》是原来人教版中的一篇课文，结构清楚，层次分明，按照"雷雨前、雷雨中、雷雨后"的顺序记叙。课文语言凝练，用词准确，细致逼真。

第一至第三自然段写雷雨即将来临的景象。老师抓住了满天的乌云，一动不动的树叶、一声不叫的蝉写出了雷雨前的闷热。

第一自然段，一个"压"让人感受到"乌云"的低沉与厚重。

第二自然段，"大风、树枝乱摆、蜘蛛逃亡"让人感受到紧张，蜘蛛从网上垂下来逃走了，是一种大难临头的惊险。

第三自然段，运用"越来越"的句式，体会越来越——，不是一道闪电，而是很多道闪电，一道比一道亮；雷声滚滚，一声比一声响。

第四到第六自然段写雷雨中的特点。三个"哗"往往是大家备课时忽略的地方，老师抓住文本的重复之处，通过朗读对比，体会雨真的下起来了。第五自然段，大家一般都会抓"越下越——"，我们在设计时抓住第二句"往窗外望去，树啊、房子啊，都看不清了"中的"啊"，这也是我们设计的独特之处。一个"啊"字写出了雨下得大，"树啊——""房子啊——"突出了雷雨袭来的气势。

第七、八自然段写雨后的清新。我们在设计的时候突出的是舒服的感觉，通过对比体会雨后兴奋喜悦的心情。"挂"字结合字理帮助学生形象地理解彩虹生动而立体的美。

目标与内容的聚焦和整合，提高了课堂效率，孩子们在轻松愉悦的识字学文过程中，得意、得言、得法、得能。

（二）凭借文本"语例"拓展语用空间

老师根据文本语言文字特点和学情需要，采取多种途径和方法去落实语言文字的运用：或先联系图画和生活实际观察理解，再在具体的语境中去运用；或先阅读理解，再联系生活实际去运用；或先发现生字的结构规律，再去练习和运用。马老师从语例"垂下来""越来越——"出发，恰当运用语境化、生活化、现场化等语用实践策略，引领学生走进扎实有效的语用训练活动，实现了"语例"最大限度的增值。

（三）指导朗读，方法多样

有感情地朗读课文，通过朗读把欣赏雨前、雨中、雨后美景的感受表达出来，是语言训练的教学目标之一。所以，在这篇课文里，老师指导学生从语气、表情、动作方面，把自己的感受读出来。同时，抓住文中重点句、关键词让学生反复读，在读中感悟，在感悟中再读。比如我问为什么一只蜘蛛从网上垂下来，用"逃走"这个词而不用走了？学生通过读前面的文字知道大雨准备要来了，所以都懂得回答：蜘蛛不赶紧"逃"的话就要被雨淋。在指导朗读方面，还通过标点，三个逗号读好停顿，读出雨大的意境。还利用比较句子的方法让学生了解、体会作者描摹景物时用词、造句的生动、形象。

（执教教师：马燕　设计、点评：罗祎）

（此课获天津市小学语文第七届双优课评比一等奖）

《晓出净慈寺送林子方》教学实录及点评
——统编教材二年级下册

（一）赏景入诗

师：同学们，你们瞧！碧绿的莲叶，洁白的、粉红的荷花，在阳光的映照下，格外艳丽。

师：夏天，荷花随处可见，但西湖的荷花却与众不同。因为，它寄托了古代诗人的诗情画意，承载了古代诗人的许多故事。宋代诗人杨万里的这首《晓出净慈寺送林子方》写的就是西湖的景儿，西湖的事儿。今天我们就来学习第十五课古诗两首中的《晓出净慈寺送林子方》。

师：看老师板书课题《晓出净慈寺送林子方》。

师：净慈寺：西湖边上的一座著名寺院。林子方：诗人杨万里的好友。（边写边说——）晓：早晨；送：送别。从题目中我们就可以看出——早晨诗人杨万里从净慈寺出发送别好友林子方，所以我们读的时候要注意停顿。

生：（齐读诗题《晓出净慈寺送林子方》）

（二）读诗上口

师：清晨，杨万里和林子方走出净慈寺，漫步在西湖岸边，碧绿的莲叶

一眼望不到边，诗人不禁吟诵出："毕竟西湖六月中，风光不与四时同。接天莲叶无穷碧，映日荷花别样红。"（师配乐朗读诗文）

师：同学们愿不愿意像老师一样读读古诗，请大家像老师一样正确地读一读这首诗，要读准字音。开始练习吧。

生：（自由练习朗读）

师：这么美的诗怪不得大家情不自禁地齐读起来了。

师：谁愿意单独展示一下。

（生展示个人朗读）

师：他还有自己的处理，老师把大拇指送给你。

师：谁愿意再来？我们班的女生可是不甘示弱。请你来。

（生展示个人朗读）

师：接下来我们全班同学一起把古诗美美地读出来。

（三）解诗入味

师：诗里面藏着好几个生字呢？老师考考你，仔细看。课件出示"毕竟"。

师："毕竟西湖六月中"，"毕竟"这个词语，突出了六月西湖风光的与众不同，我们来读诗句吧。"毕竟"这个词语，更融入了诗人杨万里对西湖夏季的喜爱与赞美，让我们大家再读诗句。

师：还有一个字（课件变红"映"）要考考大家？（指名读）（出示拼音）大家都知道一起来读。（生齐读：yìng）这是一个什么音节？

生答：整体认读音节。

师：（出示古字"映"）你们看这是古时候的"映"字，表示太阳照射在大地万物上。映啊，就是太阳照射的意思。我们了解了汉字的起源，能帮助我们更好地理解汉字的意思呢。我们送回古诗当中再来读读吧。

生：（齐）映日荷花别花红。

师：是呀，映日荷花别样红。（小结）我们大家学习了这几个生字，可以帮我们更有韵律地读古诗。

师：谁愿意首先挑战。（指名生读）

生：汇报。生：齐读。

师：我们先读前两句，谁来读？（指名）

生读。

师：你们知道这首诗写的是哪个季节吗？

生：（夏天）

师：你怎么知道的？

生：六月。

师：这里的六月指的是农历六月，大概在七八月份，正是我们小伙伴放暑假的时候，当然是夏天。

师：我还有一个问题要请教大家。"四时"是什么意思，你们理解吗？

生：（四时就是四季）

师：四时是指六月以外的其他时间。

师：让我们再来读读吧。

师：六月的西湖，景色格外美丽，读——（齐读）

师：西湖的夏天有着和其他季节不同的景色，读——（齐读）

师：不一样的景色这到底是什么呢？让我们先读古诗。（出示后两句，指两名生读，随读纠正孩子的读音"映"。）

师：不一样的景色就是说莲叶与荷花。

师：这两个字也是我们今天要练习书写的两个汉字，你发现了什么？

生1：这两个字都带有草字头。

生2：他们都是上下结构的生字。

师：他们都是形声字，都是上下结构，上面都是——（草字头）"莲叶"的"莲"下边还是"连"，"连"的笔画多，下边写得要紧凑一些。"荷花"的"荷"，下边还是"何"，同样我们要书写紧凑。

师：范写生字"莲"，草头宽大在上方，连字紧凑在下方。"荷"草头宽大在上方，何字紧凑在下方。

师：同学们像老师一样，打开书73页，描一个，写一个。

教师提示：大家要头正、身直、臂开、足安。

生书写练习"莲和荷"，教师巡视学生书写情况。

（师生共同评价学生书写情况。做到了就给一个小奖励）

师：你们来看一看，六月西湖的美景，你们能说说，这是怎样的莲叶？这是怎样的荷花呢？

生：碧绿的莲叶，粉红的荷花。

生：碧绿的莲叶，鲜艳的荷花。

师：我们看看古诗是怎么说的？我们一起读读吧。

生：接天莲叶无穷碧，映日荷花别样红。

师：你眼前出现了怎样的景象。

生：我觉得我看到了天和荷叶连着，荷花在阳光的照耀下显得格外红。

师：你的想象力真丰富。把你看到的美景美美地读出来吧。

生：接天莲叶无穷碧，映日荷花别样红。

生：我看到了莲叶一样望不到边的感觉。荷花红得像火一样。

师：你为我渲染了西湖的美景。你也来读一读你的感受吧。

师："接天莲叶无穷碧"这里有一个表示颜色的词，是哪个？（板书：碧）碧是指青绿色像玉一样的石头。美不美？那无穷碧呢？就更美了。谁来读读，把这种颜色的美读出来。

生：接天莲叶无穷碧

师：除了这颜色还有一个颜色，你们找到了吗？

生：映日荷花别样红。

为什么说它是"别样红"。这可不是一般的红，是怎样的红？

生：映日荷花别样红。

师：此时此刻，太阳照射着荷花，每一朵荷花都比原来更加红艳可爱。所以诗人不禁说：映日荷花别样红。

师：你看，不一样的碧，不一样的红，多美呀！再来读——接天莲叶无穷碧，映日荷花别样红。

师：这个"碧"字诗人对他情有独钟。许多诗人在诗中都运用了这个"碧"，我们来看贺知章笔下柳树的色彩是"碧"，读——（碧玉妆成一树高，万条垂下绿丝绦）

师：李白笔下楚江水的色彩是"碧"，读——（天门中断楚江开，碧水东流至此回）

师：杨万里笔下莲叶的色彩也是"碧"，读——（接天莲叶无穷碧，映日荷花别样红）

师：一个"碧"字，让满湖的莲叶熠熠生辉！多美呀，让我们试着背诵一下吧。

生自由练习背诵。师指名背诵全诗。生全体展示背诵。

（四）积累古诗

师：同学们，俗话说"上有天堂，下有苏杭"，西湖是杭州著名的风景名胜。学习了今天的古诗，如果有一天，你来到了杭州，你一定想去游览（西湖）。站在西湖岸边，看着满湖的莲叶荷花，你一定会情不自禁地背诵（生配乐背诵全文）。

师：古诗不仅可以吟诵，还可以唱呢，让我们一起欣赏吧。仔细听，我们轻声唱起来，放声歌唱美景吧（一遍听，二遍轻唱，三遍放声唱）。

师：今天回家把这首诗背诵给爸爸妈妈听。希望我们大家课后走进《中国诗词大会》，相信陶然其中，你会积累更加丰富的诗词，会成为"诗词小达人"。

师：这节课就上到这里，下课。

【教学点评】

《晓出净慈寺送林子方》描写了西湖盛夏的美丽风光，表现了诗人对西湖的热爱之情。

（一）抓住诗眼，挖掘诗的内涵

教学中抓住重点词句，围绕重点词句分析诗歌的思想感情。本首诗歌的诗眼就在"毕竟西湖六月中，风光不与四时同"中的"毕竟"，既把诗歌要写的特定节令下的特定景色做了限定，集中在写"不同"，又突出诗人对眼前景色的由衷赞美，乃至惊叹之情。抓住这两字诱导，提挈全篇，重点在引导学生理解"风光不与四时同"，让学生知道夏季中有三个月，六月居末，荷花最旺之时，景色尤美。

（二）引导学生发挥想象，体会诗的意境

古诗中的思想感情一般表现得比较含蓄。教学时，启发学生逐句逐段地

进入诗中所描写的意象中去感受，去体味诗人的思想感情。根据学生的生活实际，引发学生体验、感受、联想和想象，从而拉近古代和现代的距离，赋予古诗文以新的生命力，如鱼之江海中，自有无穷乐趣，而后发现情致理趣所在。在初读之后，让学生头脑中留下一个大概的印象，然后看图画学习"接天莲叶无穷碧，映日荷花别样红"。了解诗人写西湖六月中"毕竟不同"的"风光"，捕捉了西湖特有景物"莲叶"和"荷花"，写出了它们一望无际和亭亭直立的形态，赋予了它们"无穷碧"和"别样红"的色彩，红绿相映，荷日生辉，写足了西潮的美景。拓展阅读，培养诗趣，积淀学生的文化底蕴。

课改提出的新理念，"不能教教材，而要教材教"，即要创造性地理解、使用教材，积极开展课程资源，灵活运用多种教学策略。我们更不能就诗教诗，要勇于把语文课堂的触角伸向更广阔的天地，也就是学生的生活和大自然。要和学生一道开发和生成开放、富有活力的语文课程。古诗词距离学生遥远，有很多诗词都有当时特定的历史背景，这就要学生具有搜集和处理信息的能力。在学习诗前让学生阅读、拓展关于"碧"字相关的诗句。在这一次次的积累中，学生的语文功底、领悟理解力才能渐渐地厚重起来。

（授课教师：安虹 设计、点评：罗祎）

第四章
口语交际篇

《义务教育语文课程标准（2011版）》第一次在课程内容的设置上把"口语交际"作为一个重要的内容，地位和"阅读"一样。但是十几年过去了，我们小学语文的课堂上，这个内容还是比较薄弱的。

口语交际的核心在"交际"二字，注重的是人与人之间的交往和沟通。它是双方思想、情感、生活学习体验的交流，是人们心灵的交融。只有交际的双方处于互动的状态，才是真正意义上的口语交际。

低年级的口语交际更要规范语音，学说普通话；表达清楚、明白；学会倾听，了解别人说话的大意；学习复述大意和精彩情节；养成良好的交际习惯，为以后的学习打下良好的基础。

统编教材非常重视口语交际的教学，充分尊重口语交际的自身规律，在教材中独立编排，自成体系。更加重视"交际"的功能，更加重视交际能力和交际习惯的培养。

第一节　关注教材特点，明确交际目标

统编教材对课程标准提出的学段目标进行分解细化，为每一次口语交际活动设定了清晰的口语交际目标。教材中口语交际活动，围绕"倾听""应对""表达"三个维度来设计，不仅提示了交际的内容，还明确了交际的能力要素，并以"小贴士"的形式列出一项至两项一般性的、可以迁移运用于日常交际活动的重要交际原则，使学习能力点一目了然，目标体系一清二楚。

一、理清关系，突出连续

统编教材低段语文四册书中分别安排了十六次口语交际，提出了不同的能力要求。其能力要求的连续性、发展性特点非常鲜明。

册别	内容	倾听能力点	表达能力点	应对能力点
一年级上册	我说你做	注意听别人说话	大声说，让别人听得见	
	我们做朋友		说话的时候，看着对方的眼睛	
	用多大的声音		有时要大声说有时要小声说	
	小兔运南瓜		大胆说自己的想法	
一年级下册	听故事，讲故事	听故事，可以借助图画记住故事内容	讲故事，声音要大些，让别人听清楚	
	请你帮个忙			用上礼貌用语
	打电话		给别人打电话时，要先说自己是谁	没听清时，可以请对方重复
	一起做游戏		一边说，一边做动作	
二年级上册	有趣的动物		吐字要清楚	不明白的地方要有礼貌地提问
	做手工	注意听，记住主要信息	按照顺序说	
	商量		把自己想法说清楚	要用商量的语气
	看图讲故事	认真听，知道别人讲的是哪幅图的内容	按顺序讲清楚图意	
二年级下册	注意说话的语气			语气不要太生硬，避免用命令语气
	长大以后做什么		清楚地表达想法，简单说明理由	对感兴趣的内容多问一问
	图书借阅公约		主动发表意见	一个人说完，另一个人再说
	推荐一部动画片	认真听，了解别人讲的内容	注意说话的速度，让别人听清楚	

通过表格的梳理，我们可以清楚地看到统编教材是按照"倾听""表达""应对"三个能力维度来确定能力发展点，帮助学生在循序渐进中提升能力。

"表达"是最讲究的：有侧重音量大小的，如"大声说""讲故事声音要大些"等；有侧重场合的，如"有时要大声，有时要小声"；有侧重说话礼貌的，如"看着对方的眼睛说""用上礼貌用语说""等别人说完了再说"等；有侧重说话的情感态度的，如"大胆说""主动发表意见"；还有侧重说话的条理性的，如"按顺序说""说清楚想法""按顺序讲清楚图意"等。从起步时候大胆说、敢说，逐步到配合动作清楚明白地说。一步一步地来帮助学生提高口头表达能力。

"倾听"在这四册教材的口语交际中被提到五次，涉及"听"的态度，要"注意听""认真听"；"听"的方法，可"边听边借助图画记内容""记住主要信息""知道别人讲的是哪幅图的内容""了解别人讲的内容"。从注意听别人说话到没听清楚的时候可以请对方重复，训练学生逐步从能听发展到会听。

"应对"在这四册教材的口语交际中被提到六次，没有听清楚的时候可以请对方重复；不明白的地方，要有礼貌地提问；对感兴趣的内容可以多问一问；要注意语气，要有礼貌等。从交际习惯还有交际规则方面看，还有从对象意识、场合意识到礼貌意识，让学生在每一次口语交际中都能够得到有针对性的训练。使学生的交际能力在层层递进中螺旋上升。

三种能力要素连续性、发展性特点非常鲜明。学生的口语交际能力，不是在一节课中形成的。前面学过的提出来的，后面的学习中都要持续性地再提要求。因此，口语交际教学一定不能局限于一个单元、一个课时的教学，至少应该放眼全册教材，关注学生口语交际能力的巩固与发展。

纵观教材体系上下联系，对照发现统编教材有许多"隐性"特征。

1. 习惯培养，贯穿始终

统编教材非常重视对交际习惯的培养。如，认真倾听的习惯。一年级上册第一次口语交际《我说你做》中就明确提出要"注意听别人说话"，后面连着三课都没有再提出倾听的要求，是对"倾听"没有要求了吗？并不是的，而是刚刚入学的孩子，喜欢自己说话，不会认真倾听别人的讲话，因此在一年级上册，就重点练习"注意听别人说话"。直接、简明的目标直指习惯培养，努力帮助学生养成良好的交际习惯。一年级下册提出"没听清时，可以请对方重复"，二年级上册提出"注意听，记住主要信息""认真听，知道别人讲述的是哪幅图的内容"。到了二年级下册提出的就是"认真听，了解别人讲的内容"。

又如，大方交际的习惯。鼓励学生勇于交际，在第二次口语交际《我们做朋友》中，承接第一次《我说你做》"大声说，让别人听得见；注意听别人说话"的能力要求基础上，强调"说话的时候，看着对方的眼睛"。这是第一学段目标中"能认真听别人讲话与别人交谈""态度自然大方"等要求的具体化，它在前边"大声说""注意听"的基础上对学生交际习惯的要求更进了一步。"说话的时候，看着对方的眼睛"也是关于说和听的互动要求，这项要求并不是独立存在的，应该建立在第一次口语交际的要求之上。一年级下册第一课口语交际《听故事，讲故事》中再次明确"讲故事的时候，声音要大一些，让别人听清楚"的要求，以此巩固听说习惯。

再如，尊重他人的习惯。一年级上册引导学生"说话的时候，眼睛要看着对方"，一年级下册培养学生使用礼貌用语"请、请问、您、您好、谢谢、不客气"，二年级下册在一年级的基础上，引导学生有礼貌地提问、用商量的语气与人沟通交流。教材中一次次明确提出相关目标，可见对"习惯"的重视和强调。

2. 能力提升，循序渐进

统编教材还非常重视对学生交际能力的培养，通过目标分解，细化落实，帮助学生在循序渐进中提升能力。

在一年级上册"敢说"的基础上，一年级下册开始提出"说清楚，听清楚"的要求。在"说清楚"方面，提示的方法有：声音要大，一边说一边做动作；在"听清楚"方面，提示的方法有：借助图画记住内容，没听清时可以请对方重复。

二年级上册在一年级下册"说清楚，听清楚"的基础上，进一步提出"说清楚，听明白"的要求，"听明白"意味着不仅要听清楚，还要能听懂，交际要求有了进一步提升。在"说清楚"方面，提示的方法有：吐字要清楚，按照顺序说，把自己的想法说清楚；在"听明白"方面，提示的方法有：不明白的地方要有礼貌地提问，记住主要信息，边听边了解讲话的内容等。

从口语交际编排的体系可以看出，口语交际目标要素的设定承接性很强，训练学生掌握说的方法和技巧的同时，增加了交流中的应对训练。基本遵循着由易到难，螺旋上升的梯度发展序列，逐步促进学生口语表达能力的发展。

3. 内外兼修，整体提高

口语交际是人类特有的一种社会活动，除了语言这一因素外，还涉及交际手段、交际对象、交际环境、交际规则等因素。统编教材突破性地对这些因素加以关注，并以目标的形式提出要求。

比如，教材一再出现"让别人听得见""让别人听清楚""让别人更明白"等表述，帮助学生关注交际对象。又如，教材中不仅一次提出要"大声说话"还在第三次"用多大声音"提出"有时大声说话，有时小声说话"，引导学生建立交际的场合意识。再如，在《小兔运南瓜》中，要求学生大胆说出自己的想法，帮助学生树立自信，培养角色意识。《打电话》引导学生面对不同的对象要有礼貌地应对;《商量》引导学生学习怎么跟不同的人商量不同的事，培养对象意识。这些目标使口语交际走出了一味追求口头语言能力提升的误区，将情感培养、内在修养交融在一起，让口语交际更加切合实际的需求。

二、聚焦关键，一课一得

口语交际的编排，以鲜明的图画、引导性的"泡泡"对话框和指向教学目标的方形"小贴士"构成，并将这三者紧密结合。在直观的情境中，既有细微的内容指引，又有清晰的目标导向，真可谓三者融合，一课一得。

在教学中，把握教材的这一特点，根据语文教学整体性的原则，提高口语交际教学的整体意识。把情境图当作一个系统，整体把握"情境""泡泡"和"小贴士"之间的关系，从教学目标、教学内容、教学手段，乃至教学重难点和评价等方面进行通盘考虑，用整体推进口语交际教学的思路，去设计符合教学发展规律的方案，避免逐一分析烦琐的对话。

以一年级上册《用多大声音》的教学为例。教材呈现了三幅图，创设了三个具有代表性的情境，"泡泡"提示了交际的内容，"小贴士"交代了交际的目的。在开展教学的时候，不宜引导学生逐个分析每部分内容，而应该首先从整体上去关注图画中的地点不同，让学生明白分别在图书馆、办公室、教室，由于场合不同说话的音量也不一样，并根据"小贴士"提示，结合生活实际说说什么时候该大声说话，什么时候小声说话。其次，根据教材情境图创设表演情境，组织学生使用"泡泡"里的话，练习在不同场合和面对不同对象时用合适的音量讲话，并进一步在实践中应用。

再以一年级上册《小兔运南瓜》的教学为例。首先，教师可以指导学生把多幅图按顺序连起来看，并说说看懂了什么，从整体上感知这几幅图讲的是小兔把南瓜运回家的事。然后，聚焦在第二幅图的问号上：小兔是怎样把南瓜运回家的？围绕这个问题让学生分组讨论，教师可以创设这样的情境："同学们，运南瓜金点子比赛开始了，大声说出你们的金点子吧！"让学生大声说出自己的办法。学生说出自己的想法后，老师再让学生充分说明理由，鼓励他们当众表达、自由表达。

通过对教学手段、内容和目标的整体把握，结合口语交际的要求，我们就可以根据不同的学情，确定教学的重难点，从课内到课外，从学习到生活，灵活创设不同的教学情境，渗透多项口语交际的训练要求，拓宽学生相应的交际渠道，提升学生相关的交际能力，从而提升学生的综合素养。

第二节　关注交际情境，提高交际能力

"口语交际"是在特定的环境里产生的言语活动。离开了"特定的环境"，"口语交际"就无法进行。口语交际不是听与说的简单相加，而是基于一定的话题展开交流，从而达到特定的交际目的。我们要努力把口语交际的训练置于一个情境中，确立学生的主体地位，安排给学生交际的任务，用任务驱动学生积极参与交际，在交际中体验语言的魅力，获得身心愉悦和审美感受。

　　教材安排的交际话题都是从学生的实际出发，从学生的需要出发，选取最共性的、具有迁移运用价值的课程内容，解决学生生活中存在的问题，满足学生日常生活的需要。话题的选择和情境的设置来源于学生的生活，强调学生在实际交际中需要注意的问题，有较强的针对性，对学生的日常生活有较强的指导意义。有针对学生生活的必需，如学生在学校生活和社会生活中可能遇到的人际交往问题；还有就是针对学生口语交际中普遍存在的问题，如与他人交流时无目光交流，特定场合音量过大或过小等。

　　教材创设真实的生活交际情境，提供恰当的、有实际意义的交际任务，使学生尽可能多地体验多种场合的交际行为，从中学会得体地与人交往。交际情境越真实自然，学生交际的语言越真实。

一、创设情境，激发兴趣

　　注重创设真实可感的交际情境，让学生进行口头的语言实践。能结合学生的实际经验创设一定的情境，让学生眼中有物，激发学生的兴趣，激发起学生说话的欲望，令"口语交际"教学活动取得良好的教学效果。

　　创设交际情境的方法很多，应着重从以下几方面入手。

1. 利用课本插图创设交际情境

　　本学段口语交际栏目中，许多话题配上了插图，这些插图有单幅的，也有多幅的，都从不同方面、不同角度为口语交际创设了与实际生活相近、相似的"交际情境"。有的展现了口语交际的具体场景，有的表现了较完整的口语交际过程，有的反映了口语交际过程中一瞬间的情景。口语交际课上，这些插图可以唤醒学生的生活积累，可以让学生把已有的生活经验与要学习的内容紧密联系起来，激发他们参加口语交际的愿望。口语交际课的插图，是进行口语训练的凭借，是要训练的主题，不是看图说话，不要过多地说图的内容。在创设"交际情境"时，要努力发掘插图的内涵，很好地利用这些插图，为学生搭建口语交际的平台。一般采用以下方法来发挥插图的作用。

　　（1）活动体验情境。按照情境图的提示，组织实践活动，创设真实的生活情境，学生在真实的情境中，在做游戏和动手操作中获得语言表达的具体内容。如"请你帮个忙"一课，教材中配了三幅图，每幅图都创设了一种请别人帮忙的情境，分别是问路、借东西和请别人拿东西。图画中请别人帮忙的人面带微笑，用文明礼貌的语言寻求别人的帮助。教材提供的画面情境，教学时要注意结合学生的实际进行。

如"用多大声音"一课，教材中就呈现了三个非常真实的生活情境图：在图书馆里与人交谈；到老师办公室向老师报告事情；在教室里给大家讲故事。这三个情境，均来自学生真实的校园生活，非常具有代表性，教师可以充分利用教材插图，引导学生领悟交际要求，让学生切身体验用多大的声音说话是适宜的。

师：（出示课文的第一幅插图）请同学们认真看图片，图上画的是谁在哪里干什么？谁能用这样的句式来说一说。

生：同学们在教室里讲故事。

师：你们猜猜讲故事的同学用了多大的声音？并且要从图片上找到你这样判断的原因。

生：要大声说，因为教室很大。

生：要大声说，因为听的同学很多，要是说的声音小，同学们就听不清了。

师：你们说得有理有据，在众人面前讲话的时候就要大声说，让每个人都能听到。

师：谁能到前面来给大家讲个有趣的小故事。

生：讲故事。

师：（小结）在人多的场合里，只有大声说，才能让每一个人都听到。（贴词卡：有时候要大声说）

教师从教材出发，采用观察、演示、表演等方法，把教材的图画用活了。学生置身于教材的图画情境，产生真切体验，老师通过总结板贴等方式将场景和说话的要求直观地留在黑板上，加深学生的印象，本课的交际目标也就在不知不觉中达成了。

（2）表演再现情境。我们还可以凭借"情境图"，采用分角色表演的办法，展现与"话题"有关的事件情境，为学生主动参与口语交际创造一个真实的交际氛围。在表演过程中，扮演者能设身处地，进入角色，在不知不觉中锻炼学生的口语交际能力。

再如一年级上册《用多大声音》，就可以借助教材中的"情境图"把教室设置成不同的场景办公室、图书馆等让学生来表演，在表演中，学生会加入自己的思考，表达自己的想法。参与表演和观看表演的学生都可以结合自己的体验开展互动交际，达成共识，在公共场合和少数人说话的时候，声音要轻轻的。

2. 运用生动的语言描述创设交际情境

语言可以描述事件，渲染气氛，再现情境。在口语交际教学中，教师可以根据交际的内容，运用生动的语言创设引人入胜的情境，使学生充满神奇的想象力，激发学生口语交际的欲望。

统编教材中创设社会中真实存在的交际情境，提供恰当的、有实际意义的交际任务，使学生尽可能多地体验各种场合的交际行为，因此，我们在实施时要注意情境的运用。

"请你帮个忙"，话题简单，但蕴含着丰富的情境，上课伊始，老师拿着一幅图画走进教室，说："同学们，今天老师给大家带来一幅美丽的图片。"这个时候老师就把图片用手按在了黑板上，回过头来对其中的一个同学说："小明同学，老师请你帮个忙！你能把讲台桌上的磁扣递给我吗？"学生非常高兴地说："好的。"随后就把磁扣递给了老师，老师说："谢谢你！"学生说："不客气。"这时，老师接着说："其实，在我们的生活中，我们经常会遇到一些麻烦和困难。如果能够得到别人的帮助，那么这些困难和麻烦就能迎刃而解了。那么如何才能更好地得到别人的帮助呢？今天我们就一起来聊一聊这个话题。"此时老师板书口语交际的主题"请你帮个忙"。

教师在引入口语交际的主题的时候，并不是直接告诉学生，说同学们，这节课我们要上口语交际课，内容就是"请你帮个忙"，而是通过这种创设情境和同学互动表演的方式引入课题。真实地再现在教室中发生的这种情境，这样就使得学生在学习一开始就有一种真实感。对交际的主题有了一个直观的感受，这样就很自然地将学生带入主题的交际活动中来。

又如：在第五单元"打电话"这一主题交际活动中，在自主选择交际话题，进行小组交际这种训练之前，老师可以先为学生呈现这样一种表达的情境。老师的女儿今天过生日，老师想打电话预定一个生日蛋糕。那该怎么说呢？引导学生根据自己的生活体验给老师提建议，看老师演一演。这样一段打电话的情境，是出于学生能力水平的考虑。对于一年级的学生来说，能够依据主题进行独立的交流互动，开展交际活动，仍然还是存在一定困难的。我们依据这样的情况，安排示范表演的环节，为学生的表达搭梯子。由容易的交际表达开始，那么这个环节的设置，就很好地降低了交际的难度，从而使学生更容易关注到交际的要求，利于交际目标的落实，同时也为后面独立的小组交际活动起到了很好的示范作用。此外，除了为学生创设打电话的情境以外，我们还可以让学生准备电话的模型，作为表演的道具。小小的玩具电话，既可以激发学生参与口语交际的兴趣，也会帮助学生更好地进入角色，产生一种真实的体验。在交际中，我们还要注意，有意识地沿用前面口语交际当中的要求。比如说：使用礼貌用语、用心地倾听、用多大声音说话等。

3. 利用多媒体创设交际情境

有些口语交际话题，信息量很大，用以上办法创设交际情境，不一定能营造出"话题"所需要的情境。现代化的多媒体课件，是弥补此不足的重要技术之一。

比如教学"推荐一部动画片"，教师就可以在上课伊始，利用多媒体播放动画片的片段，激发学生的交际欲望。让学生和这些动画片人物打招呼，激发学生学习的兴趣，看到学生们兴趣盎然的样子，教师问道："你们知道这些动画片的名字吗？你们最喜欢哪部动画片？"这样就把学生带入到交际情境中，引起学生的兴趣。接着创设和学生同样的经历："动画片伴随着我们每一个人的童年，老师小时候也爱看动画片，现在又陪着我的儿子一起看动画片。看，这就是我小时候看过的动画片，猜一猜，在这些动画片里，老师最喜欢看的是哪一部？"学生的兴趣被带动起来，学生此时已经被老师的语言吸引，融入交际情境中。

运用多媒体创设情景，再现话题中的故事情节，具有生动、形象、逼真的特点，可以拉近课堂和生活的距离。丰富逼真的图像，生动形象的动画，优美动听的音乐所创设的生活化的交际情境，可以使学生有身临其境的感觉，并激发起浓厚的交际兴趣和交流表达欲望。有声有色的情景，使学生如见其人，如闻其声，如临其境，从而产生情感的涌动，引起学生的说话欲望。

创设口语交际情境的方法是多种多样的，但最基本的要求是贴近生活，只有从生活中来的情境，才符合儿童的年龄特点、生活实际和思想实际。教师必须根据自己学生身边周围的事物出发，善于捕捉、发现生活中类似的情境，尽可能创设贴近儿童生活的情境，进行口语交际训练。只有这样，才能有利于激发学生的说话欲望。

口语交际的核心是"交际"，特点是"互动"，是一个听话方与说话方双向互动的过程。教学的关键是调动学生互动，让学生敢于表达。

《义务教育语文课程标准（2011版）》指出，"口语交际是听与说双方互动的过程"[①]，并强调"多向互动"是口语交际的主要特点，这体现了口语交际是人与人之间的交流与沟通，不是听和说的简单相加。以往的听说训练多是一人说，众人听，语言信息呈现单向传达状态，思想交流、思维碰撞较少。而口语交际则强调信息的往来交互，参与交际的人不仅要认真倾听，还要迅速、准确理解别人的意思，敏捷地思考，快速地组织语言，针对说话者所说的内容，适时谈出自己的意见和想法，或肯定，或反驳，或修正，或补充等。在这样的交际活动中，说者和听者的角色在不断地相互转换，直至一次口语交际活动结束或围绕一个话题进行的谈话告一段落。很明显，口语交际是一种多向互动的交际活动，学生只有在动态的多向互动中，才能提高交际能力。因此，口语交际教学要依据训练的内容，围绕交际的话题，精心设计互动的过程和创设互动的情境，让学生在师生、生生的多向、多形式的互动中进行口语交际，使口语交际课堂因互动而精彩。

1. 在小组活动中实现多向互动

口语交际是人与人之间往来交换思想、看法、意见，交流经验、成果、情感，或者买卖东西，寻求帮助，交涉事情等待人处事的活动，必须要有交际对象，构成交际关系，形成双向或多向互动的交际方式才能进行。为了更好地实现多向互动可以将学生分成若干个小组，让他们在小组里自由选择，自由组合，尽兴表演。当然教师也应该参与进去。

[①]　中华人民共和国教育部. 义务教育语文课程标准（2011版）[S]. 北京：北京师范大学出版社，2012：24.

统编教材一年级上册第四单元口语交际:《我们做朋友》

师:你们想像老师这样,和同桌聊聊天、交朋友吗?

生:想!

师:那我们现在说一说吧。

(同桌之间互相交流)

师:如果和你的同桌已经是好朋友了,你还可以和旁边的同学交流一下!

(生生互相交流)

师:好啦,同学们,你们刚才交流得特别热闹,刚才有两组同学得到了老师的好友卡,我想请你们上来,把你们怎样聊天展示给我们看看。你们两个先来吧!看着对方的眼睛。

(分别请三组同学上前展示)

师:多可爱的孩子们,现在,你们都是好朋友了,好朋友之间,有说不完的话,老师给你们一点自由聊天的时间,什么都可以说,看看哪个组说得最好。先听老师说一说,我想告诉我的伙伴,你好!我喜欢养小动物,我的家里养了好几条小金鱼,我平时喂喂小鱼,看着它在水里游泳,我很开心。像这样,和伙伴想说什么就说什么,好吗?

生:(齐)好。

师:好啦,大家自由谈论吧!

(师巡视并参与其中)

学生经过几周的学习都希望在班里交上自己喜欢的朋友,也希望自己成为别人的朋友,因此我们就要让学生通过小组展开互动,进行生生交流,每个人都参与到互动过程中来,在互动交际的过程中学习表达,学会交流。

2. 在对话交流中实现多向互动

在口语交际的课堂教学中,学生在参与口语交际时,常常会碰到一些"拦路虎",使口语交际训练不能顺利进行。作为课堂组织者、指导者和参与者的老师,遇到这种情况不要越俎代庖。只要换一种思维,变一个角度,因势利导,就可以将停滞状态的课堂变成双向互动的"场"。做法很简单,就是让遇到问题的学生主动向别人请求帮助。请求可以点名道姓,也可以请老师给予帮助，"受邀请者"应积极给予请求者以及时的帮助或做出某种响应。这样的"一请一助""一来一往""你来我往"，课堂就实现了双向互动。当然，这样的双向互动也可以是小组式的讨论、交流和补充。

应该注意的是：双向互动必须确立学生的主体地位，教师必须放下架子，与学生平等相处、平等对话，对学生要多宽容、多鼓励。否则，就不会有真正的双向互动。教师必须加强"互动"调控，小学生由于生活阅历少，缺乏学习经验，需要教师适当帮助和指导，促进"互动"地不断深入。

另外，在进行一些互动性不够明显的话题教学时，我们常常会发现一些口头表达能力强的孩子滔滔不绝，好像是在进行个人专场表演，这个时候教师就要注意引导，使交际学生双方都有话可说而不是"个人演讲"。

如二年级下册的《推荐一部动画片》，推荐往往重视推荐的内容，会形成单一的内容介绍，教师要引导学生展开对话交流，感兴趣的地方多交流，不明白的地方问一问，这样既达到推荐的目的，也达到交际的目的，一名或几名学生围绕一部动画片展开交际，各抒己见。多向互动的交际模式既增加了学生练习的机会，又鼓励了学生在生活中运用，口语交际的互动性得到了有效落实。本节课中，学生在汇报推荐内容的时候，会有不同的同学来和推荐的同学交流，有想问问题的同学，也有感兴趣想进一步交流的同学，这让"推荐"变得多向，让更多的学生参与到交际中来。

第三节　构建模式教学，促进素养提升

学生口语交际的能力形成不是一蹴而就的，而是一个循序渐进，螺旋上升的过程。教师在口语交际的教学中可以按照这样的教学模式进行：创设情境，引入话题→展开交际，多元互动→拓展交际，丰富形式→总结交流，拓展延伸。下面以二年级下册口语交际《推荐一部动画片》为例，谈谈口语交际课的教学模式。

一、创设情境，引入话题

创设情境既是口语交际训练的首要环节，也是口语交际训练的重要途径。一定的情境是学生增强生活体验，激发思维与表达的环境条件动力源，教学中要根据交际话题，创设恰当的口语交际情境，形成良好的氛围，让学生在轻松愉快的氛围中进行口语交际，无拘无束地自由表达。

1. 出示动画人物，猜出动画片人物名称。

2. 谁来说说：我最喜欢的动画片是＿＿＿＿＿。（课件出示句子）

3. 你们喜欢的动画片有那么多，你们愿意推荐一下吗？把自己喜欢的事物介绍给他人，让他人也能接受，这就叫"推荐"。今天，我们就来学习《推荐一部动画片》。（出示课题）

老师在第一个板块设计中激发学生交际的兴趣，选择学生喜欢的动画片人物图片猜一猜，唤醒对动画片的回忆，创设交际情境，调动学生的交流兴趣。帮助学生初步理解"推荐"的含义，引入本次口语交际的话题。

二、展开交际，多元互动

口语交际不仅要有交际对象，构成交际关系，更要形成多元互动交际方式，创设良好的交际契机。让学生在创设良好的语言沟通环境中进行合作与交流，学生间相互启发，相互交际，在交际中互相学习，在听说中互相补充，评价，促进。构成师生、生生、群体互动，在互动中切实锻炼和发展学生的口语交际能力。

1. 动画片伴随着我们每一个人的童年，老师小时候也爱看动画片，现在又陪着我的儿子一起看动画片，有些动画片现在看来可都是经典呢。你们想知道老师小时候都看了哪些动画片吗？

2. 你们猜一猜，在这些动画片里，老师最喜欢看的动画片是哪一部？（指出是《宝莲灯》）今天我要推荐给大家的动画片就是《宝莲灯》。

3. 关于这部动画片，你最想了解什么呢？

（板书：片名　人物　内容）

4. 现在我就来推荐这部动画片，你们可要仔细听哦！大家注意一定

要（板书要求：认真听，了解内容）

5. 师介绍：现在我向大家推荐《宝莲灯》。《宝莲灯》中的主人公是沉香。沉香的妈妈被二郎神用法术压在华山下。当沉香得知以后，在天宫中机智地夺回了母亲的宝莲灯，踏上了寻母之路。旅途中，沉香历经重重磨难，经历了种种艰辛之后，慢慢长大，成为一名勇敢的少年。他在孙悟空的帮助下炼造了一把神斧并与二郎神决一死战。激战中二郎神不断使出毒计要置沉香于死地，在二郎神即将抢夺宝莲灯的关键时刻，宝莲灯突然发出金光，与沉香合二为一，最终沉香打败二郎神，劈开华山救出了妈妈，母子团聚。这部动画片可精彩啦！你们可要看一看啊！

你们听得真认真，通过我的推荐，你们都了解了哪些内容？你还有什么感兴趣的地方，也可以问一问我呀！

6. 下面我们就从看过的动画片中挑选一部介绍给同学。参照学习单，说说你最喜欢的动画片。

学习单的内容：

今天我向大家推荐的动画片是_____，动画片里的主要人物_____是我最喜欢的，他（她）是一个_____的人。最精彩的片段（故事）要数_____。这部动画片可_____了，大家_____。

7. 老师请三位同学来说一说，其他同学听一听，比一比谁更喜欢谁的推荐？

8. 看来你们更喜欢丙同学的推荐，我们在说话的时候要注意说话的语速。（板贴：注意说话的速）

既不能快，也不能慢，这样才能说清楚，才能让人听明白。（板书：说清楚听明白）

9. 谁想再给我们展示推荐呢？

（同桌两人之间展示。）

教师在这个板块教学中帮助学生明确推荐的方法，让学生认真倾听老师的推荐，了解是从哪几个方面推荐的。通过教师示范，掌握本次口语交际的交际要素：认真听，了解内容；注意说话的速度。教师在强调交际要点的基础上，引导学生找自己的小伙伴进行动画片推荐。学生间互相倾听，没有听明白的地方问一问，展开多元互动。

三、拓展交际，丰富形式

可与生活实践相结合拓展交际的空间，采用多种交际形式，发展学生的口语交际能力。比如，观察式，教师可利用课间时间，让学生谈谈自己所看到的、听到的新鲜事；表达式，结合课文内容，组织学生讲故事，从中练习说话；转述式，让学生把老师说的话转述给家长，培养学生的转述能力等。

1. 学校电视台准备午休的时候为大家播放动画片，近期正在举办推荐"你最喜欢的动画片"活动，经过激烈角逐，学校选出了四部动画片作为候选，不知道大家最喜欢哪一部？（学生推荐动画片名称）

2. 分组讨论。（喜欢同一个动画片的同学自愿分成小组）

学生自由组合，推荐一部动画片。每小组选一名同学当小组长负责主持，鼓励成员集思广益，用新颖的方式推荐，然后推荐代表向大家推荐。

3. 小组内合作完成推荐内容。（教师巡视并指导）

课堂上拓展交际形式，教师再次创设为学校电视台推荐动画片的真实生活情境，激发学生交际欲望，学生小组自由结合，鼓励学生创造出更多的推荐形式，有分工，有合作，可以唱唱主题曲，说说经典台词，做做经典动作等，鼓励小组展示，自主推荐，相互评价，让交际真实地发生，让每个人都有说话的机会。

四、总结交流，拓展延伸

口语交际活动要做到及时总结交流，通过师对生、生对生的评价，使学生的口语交际能力得到提高。

1. 回顾：今天我们学习了如何推荐一部动画片，你们都有什么收获啊？（知道在推荐的时候要说：动画片名、人物、内容；说话的语速要适中，别人说的时候要认真听，说要说清楚这样才能听明白。）

我们按照这个方法，不仅可以推荐一部动画片，我们还可以推荐一本书、一部电影、一首歌，一首诗……让我们互相推荐，互相交流，让中华民族优秀的文化得到传承。

2. 希望大家把自己喜爱的动画片做一个推荐，并录制一个小视频，我们发送到班级微信群中交流分享。

课堂结束回顾总结，再次明确交际的要求，总结本课的收获，并且将学到的交际方法拓展延伸，联系生活，加以运用。

第四节 走进课堂教学，感受交际魅力

口语交际《打电话》课堂教学实录
——统编教材一年级下册

师：看来咱们班同学应对能力很强、很聪明。听咱们高老师说咱们班的同学不仅非常聪明，而且特别乐于助人。是吗？

生：是。

师：老师现在就有个难题，想让你们帮助我呢？行吗？

生：行。

师：今天是我女儿兰兰的生日，可是我这几天实在是太忙，我忘了给她买生日蛋糕了，如果等到下班再买恐怕就来不及了，你们说这可怎么办呢？帮老师想想办法？

生：打电话给蛋糕师，先把蛋糕订好。

师：打电话预订蛋糕是不是，打电话是一种非常方便快捷的方法，同学们在生活中会经常使用电话，但是你们知道吗，打电话中学问可大了！这节课我们就来说说怎么打电话。（板书：打电话）

师：说到打电话订蛋糕我想起来了，在蛋糕店我确实有个熟人。我以前有个学生叫李晨，她就在蛋糕店工作，找她帮忙怎么样？

生：好

师：那你们说说在打电话的时候我怎么才能说清楚？

生1：打电话要说出地址，说清老师家的地址，要不然不知道送到哪里。

生2：说出你要什么样的蛋糕。

师：我的女儿和你们差不多大，你们说他要什么样的蛋糕，哪种蛋糕她最喜欢？

生3：圆形蛋糕。

生4：我想女孩子应该喜欢心形的蛋糕。

师：看他还考虑到了性别的关系。那好我们就要个桃心形的，你说？

生5：还要说清楚什么口味的。

师：什么口味的？你说？

生6：奶油口味的。

师：行，就要奶油口味的。还有其他方面提示老师要注意的吗？

生7：我觉得还应该说清楚为什么要订蛋糕。

师：很重要——原因。嗯，老师的女儿要过生日。还有吗？

师：原因、地点、蛋糕的样子，还有没有？你说？

生8：时间！必须说好蛋糕必须几点钟做完。

师：对，几点钟送我家去，送早了我还没下班呢？咱们说几点？

生9：五点。

师：五点钟我到家了。还有吗？你说？

生10：要几寸的？

师：这个我们给忽略了。那我们要几寸的？

生：十寸的。

师：那我可用手机打电话了。我打电话的时候你们应该怎么做呀？怎么做？

生：要安静。

师：要认真听。听一听老师在和李晨打电话的过程中，你知道了打电话要注意什么，听清了吗？

生：听清了。

（现场老师直接给李晨打电话预定蛋糕）

师：喂！你好，我是罗老师，请问你是李晨吗？

李晨：是，罗老师您好。我是李晨。

师：李晨，老师想麻烦你一件事情好吗？

李晨：别客气，有事情您尽管说。

师：今天是我女儿兰兰的生日，我想麻烦你帮我买个蛋糕好吗？

李晨：没问题，您要哪款蛋糕呢？

师：我要一个十寸的、桃心形的、奶油口味的蛋糕，另外还得麻烦你五点钟送到金色家园15号楼3门302，行吗？

李晨：没问题。您放心吧！

师：谢谢你，李晨。

李晨：不用谢，罗老师再见！

师：再见！

师：电话打完了，谁来说说打电话要注意什么？

生1：有礼貌。

师：罗老师和李晨都非常有礼貌。还有呢？

生2：还要把事情说清楚。

师：把事情说清楚，刚才罗老师把事情说清楚了吗？

生：说清楚了。

师：而且还要听懂别人说什么？对不对。还有吗？

师：想想，李晨和罗老师第一句话都说的什么？

生：都说的"您好"。

师：都问候对方说您好，还有吗？

生：说具体内容。

生：还要介绍自己。

师：告诉人家我是谁，这点能忽略吗？

生：不能。

师：要不然人家都不知道我是谁？不知道你是谁怎么能给你订蛋糕呢？

师：最后我和李晨都说什么了，你说？

生：再见。

师：我们两个人都互相说了再见。

师：在注意这些打电话的要求之后，还要注意按照顺序来说，才能做到言之有序，才能让人听清楚听明白。

师：谁能连起来说一说打电话要注意什么呢？

（板书：先　　问候对方

　　　　再　　自我介绍

　　　　　　　然后　　　听懂说清

　　　　　　　最后　　　互说再见）

　　生：先　　　　问候对方

　　　　再　　　　自我介绍

　　　　然后　　　听懂说清

　　　　最后　　　互说再见

　　师：瞧，你们说得多有条理啊！谁再说？

　　生：（重复一次）

　　师：打电话的要求你记住了吗？

　　生：记住了。

　　师：在大家的帮助下，罗老师的难题终于解决了，我想兰兰放学后看到大家为她挑选的生日蛋糕，肯定会很高兴的。没准她会邀请你们一起去参加生日聚会呢！想去吗？

　　师：如果你是兰兰，你就是罗老师的女儿兰兰，你会打电话邀请谁去参加生日聚会呢？（片2）把句子说完整，谁能来。

　　生1：我想打电话邀请姥姥姥爷参加生日聚会。

　　师：你的亲人。

　　生2：我想打电话邀请我的好朋友次次加生日聚会。

　　师：好朋友。

　　生3：我想打电话邀请老师参加生日聚会。

　　师：你最爱的老师。

　　生4：我想打电话邀请爸爸妈妈参加生日聚会。

　　师：好极了，同学们就请你们在小组中练习，一个同学扮演老师的女儿兰兰，一个同学扮演被邀请的人，你们练习打电话，一定要记住打电话之前要想清楚，说明白。打电话还要按照打电话的要求来说，你们记住了吗？

　　（同学们分组练习打电话）

　　师：谁愿意来到前面当罗老师的女儿打邀请电话呀？谁愿意来。好，你们组，你来扮演我女儿，那你扮演谁呢？大家在听的时候要干什么？

　　生：仔细听。

师：对，要学会听，你认真听和看一看他们在打电话和接电话的时候是不是按照要求去做的。（生上前具体演示）

拨通电话——生1：喂，请问是老姨吗？我是兰兰。今天是我的生日，您能来参加我的生日吗？

生2：可以。

生1：就去我姥姥家，松河公园吧，时间是晚上六点半，你能不能带我的小妹妹一起来？

生2：可以。

生1：再见。

生2：再见。

师：谁来评价一下他们表现得怎么样？看看谁最会评价。

评价生1：我想评价＊＊。

评价生1："兰兰"说了什么，他就回答了什么，可是他说得太少了。

师：大家听了吗？他评价说，他说了什么，他就能回答什么。这叫什么呀？——这叫说清事情会应对，应对的比较好。还有吗？你来评。

评价生2：我想评价"兰兰"，她的优点是先问候对方，再自我介绍了，她的缺点就是说得不流利。

师：你真会评价别人。先说优点，再提建议。

评价生3：我想评价"兰兰"，她好的地方是自我介绍说对了。

师：自我介绍不说行吗？

生：不行。

师：自我介绍这个环节不能少，不能丢掉。接着说。

生3：他们最后也说了再见了。

师：这样特别有礼貌，是吧？两个人这点做得都特别好。你们注意听了吗？他们还遗漏了一个地方。

生：问候对方说"您"好。

师："兰兰"刚才是不是忘了这点，下次注意。

生3：他还有个不好的地方，他老姨和他说话的时候他应对得不连贯。每次他都要想一想。

师：对，应对能力还要再强一点，还有告诉老姨去姥姥家，还用说地址吗？邀请朋友同学要说具体地址，邀请老姨就不说了对吧？同学们请看黑板，我们打电话的要求变成了一首小儿歌，发现了吗？谁来给大家读读。都想读呀！

（随机补齐后一半）

> 问候对方说你好，
>
> 自我介绍不能少，
>
> 听懂说清会应对，
>
> 互说再见有礼貌。

生：（齐读儿歌）

师：这个小儿歌，你们喜欢吗？有了它的帮助，大家就更会打电话了，我们集体再读一读好吗？注意集体读时不要拖长音，我们拍手再来一次。

生：（齐读儿歌）（拍手说儿歌）

师：这里的"听懂说清会应对"最重要，下面我们就继续练习打邀请电话，这次我们可要认真听，看看他们能不能按照黑板上的要求去做。评价的时候我们就按照这个要求去评价。好吗？

师：你们组来，你来做我女儿——"兰兰"，来握握手！

师："兰兰"你好？

生：妈妈好。

师：你邀请谁参加你的生日会？

生1：我想打电话邀请文具"小铅笔"参加生日会。

师：文具小铅笔？为什么呀？

生1：因为他为我写字费了多少的功夫呀！

师：你就是邀请一个虚拟的朋友参加的你的生日，这还是第一次听说，好，那你就开始吧！

拨通电话——

生2（小铅笔）：喂，你好，请问你找谁？

生1：我是 **。请问您是小铅笔吗？

生2：我是小铅笔，你有什么事吗？

生1：今天是我的生日，今天晚上你能到我家来和我一起庆祝生日晚会吗？

生2：可以，可是你为什么要邀请我呢？

生1：因为你为我写字费了这么多功夫，我要借生日这天来感谢你！

生2：可是我想问，你们家在哪儿呢？（引起老师们的阵阵笑声）

生1：我们家住在盘东里14号楼3门401。

生2：几点钟？

生1：七点左右。

生2：我一定会来的，我要给你一个大惊喜！

生1：小铅笔，那我就不耽误你的时间了，再见。

师：我们快来评价一下他们吧，你想评价谁？

评价生1：我想评价"兰兰"。

师：我女儿是吗？按照刚才我们说的，你觉得她哪条做得好。

评价生1："听懂说清会应对"不错。

评价生2：我觉得"兰兰"——互说再见有礼貌，这条做得好。

评价生3："兰兰"——自我介绍不能少，做得好。不足的地方是，他是扮演兰兰，他说成——他是＊＊＊了。

师：如果开始的时候能记住自己是"兰兰"就更棒了。看来大家是掌握了打电话的方法，越来越有进步了，可是同学们，兰兰在打邀请电话的时候可能还会遇到意想不到的事情。（片3）

师：比如说：（师逐一出示，生逐一说出）

　　　　1. 打错电话。

　　　　2. 要找的人在，接听的却是别人。

　　　　3. 要找的人不在，需别人转告。

师：遇到这些情况怎么办？请你们每组选择一种情况在小组内练习，同学们选择哪个话题都行，一会儿我们来分组汇报。

（同学们分组进行练习）

师：哪组愿意到前面来？你们组，你们组选择第几种情况？

生：第二种。

拨通电话——演示要找的人在，接听的却是别人。

生3（阿英妈妈）：喂，请问你找谁？

生1（兰兰）：我是兰兰，我找阿英妹妹。请问她在家吗？

生3（阿英妈妈）：她在，她正在写作业呢！

生1（兰兰）：麻烦您，叫一下她可以吗？

生3（阿英妈妈）：可以。

生1（兰兰）：喂，阿英妹妹，今天是我的生日，我想邀请你到我家，参加我的生日聚会，可以吗？

生2（阿英）：可以，可是我不知道你们家的住址是哪里？

生1（兰兰）：是福旺花园一号楼四门102。

生2（阿英）：时间是几点？

生1（兰兰）：今天晚上五点四十分。

生2（阿英）：你是几月几日过生日？（问话引来大家的笑声）

师：今天！还问人家几月几号过生日——12月15日。

生2（阿英）：行，我一定来。还要给你买什么生日礼物吗？

生1（兰兰）：再见。

生2（阿英）：再见。

师：谁来说说他们的表现。

生1：我想评价妈妈，她就是没有说"你好"问候对方。

生2：我评价阿英妹妹，她自我介绍的这条很好，说清事情会应对这条做得不足。

师：对，就是刚才问人家几月几号过生日，本来是今天。这点不足。谢谢你！好了，人家评价你们两个人，你们也应该对他说什么？

二生同时：谢谢你！

师：第三种情况谁选择了。好，你们组来，你们组谁来扮演我的女儿？

师：兰兰您好！（孩子很激动险些摔倒）做老师的女儿你很激动是吧。你们组选择的是"要找的人不在，需要别人转告"，我们看看他们能不能做到。

拨通电话——演示要找的人不在，需别人转告

生1（兰兰）：您好。

生2（刘翔的队友）：您好。

生1（兰兰）：请问您是刘翔吗？

生2（刘翔的队友）：我不是，我是他的队友。请问您找他有什么事？

生1（兰兰）：今天下午五六点钟是我的生日。（这种说法引起了老师们的笑声）

师：你做了老师的女儿有点激动，应该说——今天是你的生日。重来。

生1（兰兰）：今天是我的生日，我请他来参加我的生日聚会，您能转告他吗？

生2（刘翔的队友）：行，你家的住址呢？

生1：河东区华昌道金盾里7号楼3们501。

生2（刘翔的队友）：我记住了，刘翔来了我一定会转告他的。

生1（兰兰）：哦，我太荣幸了。谢谢你。

生2（刘翔的队友）：还有别的事吗？

生1（兰兰）没了，再见！

生2（刘翔的队友）：再见！

师：谁来评价刚才的两位同学。

生1：我想评价"兰兰"，他很会应对。

师：他应对得好，当刘翔队友说"行"，他说"我真荣幸"。他应对得好，是不是？

生2：刚才的两个同学特别有礼貌，相互说了再见。

师：你也很会评价别人。

生3：我想评价"兰兰"，他最后非常有礼貌。应对这一条，他有点不足，没有说好。

师：我想"兰兰"主要是有点紧张，第二次就好多了。以后多练习就应该更好了。

师：第一种情况哪组来？现在好像就你们组没来了，那你们组来。你们就在位子上展示吧！谁来做我女儿兰兰？

拨通电话——演示打错电话

生（兰兰）：喂，您好，请问是阳阳家吗？

生2：阳阳早搬走了。

生（兰兰）：哦，那麻烦您了。

师：打错电话应该怎么办呢？

生：打错电话应该说"对不起，耽误您时间了"。

师：那兰兰快来重复一遍吧。

生（兰兰）：对不起，我打错电话耽误您时间了。

师：打错电话我们要向对方致歉。大家看打电话是不是学问很大呀！

生：是。

师：看起来，同学们真的是掌握了打电话的方法，我相信同学们真诚的帮助，一定会给我女儿的生日留下最美好的回忆，我想这节课也会给你留下美好的回忆吧！那你这节课都有哪些收获呀？别着急，咱们就以打电话的方式来汇报，打电话之前要想清楚说什么，注意打电话的要求和打电话的顺序。请每个同学去找离你最近的老师帮你练习打电话，谁练得好，谁就来用老师的手机打电话。别忘了要问清老师贵姓，还要记住老师的电话号码。

（学生下位寻找老师练习打电话）

师：老师帮我们练习了打电话，我们应该跟老师说些什么？

生：谢谢老师们。

师：你们练得怎么样了，谁愿意到前面来？打电话之前我们同学一起提醒她要做到——（读儿歌）

> 问候对方说您好，
>
> 自我介绍不能少，
>
> 听懂说清会应对，
>
> 互说再见有礼貌。

生：喂您好，您是王老师吗？

台下老师：我是王老师。你有事吗？

生：今天我们上了一节口语交际课，学会了打电话。

台下老师：请问你是谁呀？

生：我是 **。今天我学了一首小儿歌。

台下老师：你能给我说说吗？

生：好。（看黑板说儿歌）

台下老师：你说得真清楚，但是好像是读的。要是背下来就更好了。

生：好，老师再见。

师：再见。

师：今天大家得到了很多老师的电话，但是由于时间的关系，我们不能一一打给老师了，所以今天我们的作业可以利用电话向这些老师汇报你今天上课的收获。也可以向老师表示感谢。还可以选择你感兴趣的话题和这些老师们交流，得到老师们的帮助。好吗？

生：好。

师：咱们这节课同学们的收获真是不小，通过今天的学习，我们已经成了好朋友，看！这是罗老师的电话，以后有什么事，欢迎你们给我打电话，让电话使我们的距离更近，使我们的生活更美好，好吗？

师：这节课我们就上到这里。下课。谢谢同学们。

生：谢谢老师。

板书设计：

打电话

先　　问候对方说你好
再　　自我介绍要明了
然后　听懂说清会应对
最后　互说再见有礼貌

（设计执教：罗祎）

口语交际《我们做朋友》课堂教学实录

——统编小学语文一年级上册

（一）动画导入，激发兴趣

师：仟老师给大家带来了一个好朋友，他叫天天，看！他来了。我们和他打个招呼吧！

视频动画：同学们好，我的名字叫天天，我们来一起做游戏吧，游戏的名字叫作"我说你做"，你们还记得吗？

生：（齐）记得。

视频动画：好，我来发指令，你们做动作，请准备。

师：准备好了吗？

生：（齐）准备好了。

视频动画：请大家举起自己的双手。

师：动作非常准确！好，手放下，我们继续。

视频动画：请你和同桌握握手。（生和同桌互相握手）

师：你们真友好，好，坐直。

视频动画：请你摸摸自己的小鼻子。（生摸自己的鼻子）

师：动作非常快，下一个你可要竖起耳朵认真听，否则你就会出现小错误了。

视频动画：请你用右手摸摸自己的小耳朵。（生用右手摸自己的耳朵）

师：好啦，任老师发现大多数同学都做对了！但是个别人出现了小错误，你们想想，为什么有人会出错呢？你说说——（师指名回答）

生：因为有人用左手摸耳朵啦。

师：嗯！你说得真正确，谁还想说？

生：因为用左手摸耳朵啦！

师：你和他说的一样，我们要注意听，同学说过的内容我们就不重复了。谁还想说，为什么有人做错了？

生：因为他没认真听。

师：你说得真对！他没有认真听，所以动作做错了。所以，当别人说话的时候，我们要……（师举教学卡片"认真听"）

生：（齐）认真听。

师：我们再读一遍……

生：（齐）认真听。

师：跟老师读"认真听"！

生：（齐，加快语速读）认真听。

（教师板书"认真听"）

师：你们刚才听得都特别仔细，那你们想想，天天刚才发口令说得怎么样啊？

生：（齐）好。

师：好在哪儿啊？他怎么发口令？

生：说的声音大。

师：你刚才一定仔细听，就听出来了，天天的声音非常大。（师举卡片"大声说"）

生：（齐）大声说。

师：再来一遍！

生：（齐）大声说！

师：说话的人要大声说，要让所有的人都听清你说的是什么。

（教师板书"大声说"）这是我们上一次口语交际课学的内容，（课件出示上节课内容）大声说，让别人听得见，认真听别人说话。你们记住了吗？

生：（齐）记住了。

师：这节口语交际课，请你认真听。

视频动画：同学们，我非常喜欢和你们一起学习，我们做朋友吧！

师：谁听明白了？你说。（师指名说）

生：他想和我们做朋友。

师：嗯！天天要和我们做朋友，看老师这儿。（师举卡片"朋友"）

生：（齐）朋友。

师：再读一遍！像我这样读——朋友（友读三声）。

生：（齐）朋友。

（教师板书"朋友"）

师：天天要和我们做朋友，我们一起来看这个"朋"字（出示课件），他的左边是一个什么字啊？

生："月"字。

师：右边呢？

生：月。

师：两个月组成了一个———朋（师生共同说）。

师：（出示课件）古时候，月代表我们的身体，一个人的身体和另一个人的身体紧紧地拥抱在一起，他们就是朋友。好了，我们再读一遍

（师指板书）。

生：（齐）朋友。

（二）师生互动，练习表达

师：你们有好朋友吗？

生：（齐）有！

师：谁有好朋友？举起手！（生纷纷举手）你的好朋友是谁呀？

生：我的好朋友是白杨。

师：她说话特别完整，如果声音能再大一些会更好！你的好朋友是谁呀？（三个学生分别回答）大家都有好朋友了，这节课我们来认识更多的好朋友。伸出你的手，和老师一起写课题。

（教师板书课题：我们做朋友，师带生逐笔读笔顺、书写生字）让我们读一遍。

生：（齐）我们做朋友。

师：更整齐一些。

生：（更整齐地读）我们做朋友。

师：能再友好一些吗？

生：（齐）我们做朋友。

师：更热情一些好吗？

生：（齐）我们做朋友！

师：这节课，天天又对我们提出了什么新的要求呢？认真听。

视频动画：说话的时候要看着对方的眼睛。

（点评：提出交际要求——看眼睛）

师：听清楚了吗？（边举手）

生：（齐）听清楚了！

师：你来说。

生：说话的时候要……对方的……看着眼睛。

师：她看着谁的眼睛？我们再来听一听。

视频动画：说话的时候要看着对方的眼睛。

师：这次谁听清了？（边举手）你说。

生：说话的时候要看着对方的眼睛。

师：你说。

生：说话的时候要看着对方的眼睛。

师：我看看，谁能看着任老师的眼睛来说话？你来。

生：说话的时候要看着对方的眼睛。

师：嗯！真好。我看看你们会看着眼睛吗？现在请你们看着任老师的眼睛，（教师摆摆手）嗨！任老师在这儿呢。（教师移动位置）任老师又到这儿了。你们真可爱！你们的小眼睛一直看着任老师，我非常开心，我的心里现在暖洋洋的。你们猜一猜，为什么天天要告诉我们，说话的时候，要看着对方的眼睛呢？请你起立说。

生：要不然就不知道跟谁说话了。

师：好，看着眼睛再告诉我们在和谁说话。谁还想说？你来！

生：看着对方的眼睛能对对方更有礼貌。

师：你说得对极了！我们把掌声送给他！（生鼓掌）那你能看着任老师的眼睛再说一遍吗？

生：（看着教师眼睛说）说话的时候看着对方的眼睛能对对方更有礼貌。

师：嗯，你真是一个有礼貌的好孩子。说话的时候要看着对方的（师举卡片"看眼睛"）。

生：看眼睛。

师：跟老师一起读——看眼睛（生齐读），再读一遍！（生齐读）

师：（教师板书"看眼睛"）任老师班的同学可会交朋友了，我给他们录了一个小视频，你们想看看吗？

生：想！

师：那让我们认真看、仔细听，看看他们是怎么交朋友的。（师播放视频）听清楚了吗？

生：听清楚了。

师：老师来考考你们，看看谁的小耳朵听得最认真。男生喜欢干什么？（生纷纷举手）你说。

生：男生喜欢踢毽子。

师：你的语言特别完整，你说说，男生喜欢干什么？

生：踢毽子。

师：你能说一句完整的话吗？

生：他喜欢踢毽子。

师：你的进步可真快，我们把掌声送给她。认真听任老师说话，你就会解密。你说说，男生喜欢干什么？

生：他喜欢踢毽子。

师：女生喜欢干什么？谁听见了？你说。

生：女生也喜欢踢毽子。

师：大一点声音，让他们都听清楚你说的话。

生：女生也喜欢踢毽子。

师：你可真了不起，你用上了一个"也"字。这样就说明，男生和女生的爱好是相同的。女生喜欢干什么？

生：女生也喜欢踢毽子。

师：你的声音真洪亮！任老师奖励给你一个大拇指，你说说。

生：女生也喜欢踢毽子。

师：你说。

生：女生也喜欢踢毽子。

师：那咱班同学有喜欢踢毽子的吗？（同学们纷纷举手）好，你起立，你起立（教师随机指两名同学），喜欢踢毽子的同学，你们可以试试交朋友吗？

生：我喜欢踢毽子。

生：我也喜欢踢毽子，那咱们一起踢吧。

师：看看多好啊，一对好朋友诞生了，任老师奖励给他们一人一张好友卡。咱班谁还喜欢踢毽子？你们两个想成为好朋友吗？请你们起立拿着话筒，说话的时候要看着对方的眼睛，还要大声说，让所有的人一起分享。

生：你好，你喜欢踢毽子吗？你要是喜欢我们一起玩吧！

生：好！

师：看看这位女生多会发出邀请啊，她这么热情，谁能忍心拒绝她的友情啊？你们真可爱，任老师再给你们两个一人一张好友牌。除了踢毽子，你们还喜欢做别的吗？你喜欢做什么？

生：我喜欢唱歌。

师：你的吐字非常清晰，你呢？

生：我喜欢画画。

生：我喜欢跳绳。

生：我喜欢跑步。

生：我喜欢画画。

师：老师发现，有两个女生都喜欢画画，是谁啊，起立让老师看看，你们两个爱好相同，可以试着交朋友吗？

生：可以。

师：来，话筒给你，我在你这里，来，你试试。

生：你喜欢画画吗？

生：喜欢。

师：停一下，我们要先把自己介绍给对方。然后先向对方发出做朋友的邀请，这样才显得我们特别真诚，对不对？先来介绍一下你自己。可以吗？

生：你好，我叫张涵，我喜欢画画，你喜欢画画吗？

生：喜欢。

师：他可能有点紧张，但是任老师感受到他特别热情，因为他勇敢地向对方发出了做朋友的邀请，所以他收获到了新的友情。（奖励好友卡）谢谢你。你们还喜欢干什么？你说说。

生：我喜欢跳绳。

师：你呢？

生：我也喜欢跳绳。

师：你们两个都喜欢跳绳，那可以试试交朋友吗？你们两个的声音能不能比刚才的同学更洪亮？让我们每个人都听见？

生：你喜欢跳绳吗？

生：喜欢啊。

生：那咱俩一起跳绳吧！

生：好啊。（众人笑）

师：他还没问你喜欢什么呢？对不对啊？如果你能把你喜欢的，再介绍给她，她才知道，你们的爱好相同。是不是啊？咱班同学非常热情（发好友卡），还想说是吗？别着急，后面还有机会。

师：大家都会介绍自己，还会和好朋友聊天呢！这样我们就能收获到更多的友情。现在，和任老师一起来找朋友吧！我们起立（出示课件"找朋友"，在老师的带领下做课中操）。

（三）课中操

找啊找啊找朋友，找到一个好朋友，敬个礼啊握握手，你是我的好朋友。

（四）设计游戏，巩固练习

师：好啦，休息结束了，快坐好！老师看看哪排最安静？下面，任老师要带你们做一个游戏，游戏的名字叫"转魔方交朋友"，看我这里，魔方一共有三个问题（出示课件）。第一个问题是：我叫什么？看到这个问题你怎样说？（指名回答）

生：我叫张子琪。

师：你怎样说？

生：我叫韩月瑶。

师：你的声音真洪亮。魔方的第二个面是我喜欢什么？看到它，你怎样说？

生：我喜欢跑步。

师：大点声音，再说一遍。

生：我喜欢跑步。

师：这才像小男子汉了，你喜欢什么？

生：我喜欢跑步。

师：嗯！魔方的第三个面是我爱吃什么？你怎么说？

生：我爱吃大苹果。

师：游戏的规则是：当魔方转起来，转到你的面前，你看到什么问题，你就回答什么问题。你们学会了吗？

生：学会了。

师：魔方转起来了，你看见什么了？（教师到学生中转动魔方）

生：我喜欢跳绳。

生：我爱吃西瓜。

生：我叫刘心怡。

生：我喜欢跳绳。

生：我喜欢跑步。

生：我喜欢跳绳。

师：他喜欢跑步，她喜欢跳绳，老师这回发现，他们的爱好不相同了。爱好不相同的同学能交朋友吗？

生：（齐）能。

师：可以吗？来，起立！没关系，先介绍自己，然后再向对方发出做朋友的邀请。

生：你好，我叫张子琪，我喜欢跑步，你呢？

生：我喜欢跳绳。

生：那咱们一起跳绳吧！

师：任老师觉得，你还可以向她发出不同的邀请。你们两个都喜欢运动，对吗？你说让我们一起去操场做运动吧！这样是不是也很好？那你说一遍。

生：那我们一起去操场做运动吧！

生：好。

师：请坐，真好，给他们鼓鼓掌吧！任老师看看还有谁坐得直，可以参加到活动中来？魔方转到这边来了。

生：我爱吃西瓜。

师：你真有礼貌。

生：我喜欢打羽毛球。

生：我喜欢跳绳。

师：你们都喜欢体育运动是吗？

生：对！

师：那除了体育之外的呢？平时还喜欢做什么呀？任老师还喜欢看动画片呢！

虽然我现在是大人了，但是我有一颗和你们一样童真的心。想一想，你的课余生活那么丰富，你还喜欢干什么呀？

生：我喜欢唱歌。

师：他给我们做了一个好表率。

生：我喜欢跳舞。

师：喜欢唱歌，喜欢跳舞，大家的爱好越来越丰富了。你呢？

生：我也喜欢体育活动。

师：任老师喜欢画画，我想和喜欢跳舞的孩子交朋友。你们说，我们能成为好朋友吗？

生：（齐）能！

师：那你们想一想，任老师怎样向她发出邀请啊？动脑筋想，你和我试试交朋友好吗？来，起立，看着任老师！你好，我是任老师。

生：你好，我是朱子诺。

师：你喜欢什么呀？

生：我喜欢跳舞。

师：谁还记得任老师喜欢什么？我看刚才谁认真倾听了？你来吧，告诉我。

生：画画。

生：喜欢看动画片。

师：我喜欢看动画片，你呢？

生：我喜欢跳舞。

师：动画片里也有很多好听的音乐，那我们边看动画片，你边跳舞给我看，好吗？

生：好啊！

师：我们是不是好朋友啊？

生：对！

师：我想给你一个热情的拥抱（师生拥抱），很多时候，我们的动作也可以表示友好的邀请，是不是？

生：对！

（五）生生交流，互相合作

师：你们想像老师这样，和同桌聊聊天、交朋友吗？

生：想！

师：那我们现在说一说吧。

（同桌之间互相交流）

师：如果和你的同桌已经是好朋友了，你还可以和周围的同学交流一下！

师：好啦，同学们，你们刚才交流得特别热闹，刚才有两组同学得到了任老师的好友卡，我想请你们上来，把你们怎样聊天展示给我们看看。你们两个先来吧！看着对方的眼睛。

（分别请三组同学上前展示）

师：多可爱的孩子们，好啦，我们坐正了，现在，你们都是好朋友了，好朋友之间，有说不完的话，老师给你们一点自由聊天的时间，什么都可以说，看看哪个组说得最好，先听任老师说一说，我想告诉我的伙伴，你好！我喜欢养小动物，我的家里养了好几条小金鱼，任老师平时喂喂小鱼，看着它在水里游泳，我很开心。像这样，和伙伴想说什么就说什么，好吗？

生：（齐）好。

师：好啦，大家自由谈论吧！

（师巡视并参与其中）

师：好啦，坐好，任老师现在是小记者，我随机采访采访小朋友们，看看刚才你们都谈论了什么呀？

生：我们谈论养小动物了。

师：你养的是什么小动物？

生：我养的是小狗。

师：那你呢？

生：我养的是小猫。

师：因为小动物两个人变成了好朋友。你们刚才聊什么了？

生：我们刚才聊了学习的事情。

师：真是合格的小学生，特别爱学习，你还想说，那你说！

生：我们刚才聊了小动物的事，我养的是小狗，她也养的是小狗。

师：还有人聊了不同的事情吗？老师看看谁说得最丰富？你说。

生：我和我前面的同学说，晚上咱们一起来一个跳绳比赛吧！看谁跳得多！

师：在比赛中，增进友情，真棒！还有人说什么了？你来说说。

生：我养的是金毛的小狗，他养的是黑色的小狗。

（六）配乐读儿歌，教师总结

师：任老师知道了，我们班的同学，都是特别有爱心的同学，所以你们特别容易成为好朋友。这节课，我们大家在一起——（教师指板书）

生：大声说，认真听，看眼睛。

师：我们学到了这么多的东西，还交了非常多的好朋友，任老师真替你们高兴，我们最后，再来读一个小儿歌。

（师生合作，配乐读儿歌，学生起立拍手读儿歌）

师：这节课，大家在一起收获到了好多友情，我们交到了非常多的朋友，让我们一起，大声地呼唤出来——我们都是好朋友！你们这节课表现得特别棒，我们就上到这儿，同学们，起立！

师：同学们再见！

生：老师再见！

一年级口语交际课的问题与对策

——《我们做朋友》教学点评

任维老师执教的一年级第四单元口语交际《我们做朋友》，课堂上生生之间、师生之间的自然互动，主题明确，层次清楚的倾听与表达训练，以及任老师清新灵动的教学风格给听课老师留下了深刻的印象。

问题一：自说自话，各自为政

"统编"教材较之"人教版"在口语交际的编排上有着明显的不同。"统编"教材不仅提示了交际的内容，还明确了交际的能力要点。

对策：巩固能力点，突出连续性

统编一年级上册编排的四次口语交际，其能力要求的连续性、发展性特点非常鲜明。学生的口语交际能力，不是在一节课中形成的。因此，口语交际教学一定不能局限于一个单元、一个课时的教学，至少应该放眼全册教材，关注学生口语交际能力的巩固与发展。

《我们做朋友》是本册教材的第二次口语交际，承接第一次《我说你做》"大声说，让别人听得见；注意听别人说话"的能力要求，强调"说话的时候，看着对方的眼睛"。

"说话的时候，看着对方的眼睛"也是关于说和听的互动要求，这项要求并不是独立存在的。应该建立在第一次口语交际的要求之上。因此，这节课首先由"我说你做"的游戏导入。由天天小朋友发出指令：

（1）请大家举起自己的双手。

（2）请你和同桌握握手。

（3）请你摸摸自己的小鼻子。

（4）请你用右手摸摸自己的小耳朵。

强调"大声说""认真听"的交际要求。在此基础上，根据本课学习，提出"看眼睛"新要求。整堂课，不仅重点训练"看眼睛"，而且在评价中反复强调"大声说""认真听"，并非顾此失彼，而是在循序渐进中发展学生的口语交际能力。

如果每一节口语交际课都能考虑能力之间的联系，注重能力发展的连续性，学生才有可能形成完整口语交际的能力体系，而不是自说自话，各自为政。

问题二：无所事事，课堂涣散

一年级的口语交际课很不好上，孩子们刚刚入学，良好的学习习惯还没有形成，注意力特别容易分散，尤其是在没有学习任务的状态下。

识字课、朗读课，学生活动很多，读字、读词、读文！读是一年级课堂的主要学习活动。读相对于说的难度要小很多，学生注意力比较容易集中。

口语交际课没有生字的认读，也没有课文的朗读。如果单单突出"说"，课堂往往很难组织。一年级小学生说的能力不强，不成句，不连贯，声音小，而且只能一个个地说，很少有"齐说"！那么一位同学发言，其他同学自然处于无任务状态。如果，发言的同学说得不好，无任务同学很难做到认真听。很多学生就会进入散漫状态，课堂变得混乱。

对策一：强化听的训练，增加听说互动

《语文课程标准》第一学段口语交际要求如下：

1. 学说普通话，逐步养成讲普通话的习惯。

2. 能认真听别人讲话，努力了解讲话的主要内容。

3. 听故事、看音像作品，能复述大意和自己感兴趣的情节。

4. 能较完整地讲述小故事，能简要讲述自己感兴趣的见闻。

5. 与别人交谈，态度自然大方，有礼貌。

6. 有表达的自信心。积极参加讨论，敢于发表自己的意见。

其中2、3条单独提出"听"的要求。第4条"交谈"是听说互动。

第一学段"听"是重点，"听"是基础。以往的口语交际，我们可能更注重"说"，而忽视"听"。

"我说，你听"，一个人说，大家都在听，还要把听到的内容说出来，这样每个同学都处在了听的任务的进行中，说的任务的准备中。这样学生就都处在了有任务的状态。

这节课注重了听的训练，设计了多个听说的互动环节。

比如本节课的学习要求，就是在两个听说互动的环节中明确的。

第一次，引出交际话题——朋友。

老师播放天天的话——同学们，我非常喜欢和你们一起学习，我们做朋友吧。

引导学生认真听——你们听清楚天天说什么了吗？

第二次，提出交际要求——看眼睛。

老师再播放天天的话——说话的时候，要看着对方的眼睛。

学生要在听之后，复述天天的话。

看着谁的眼睛呢？第一次很多学生没有听清，没关系，再听一遍，这一次听得更认真了——看着对方的眼睛。

另外，播放学生交朋友的视频之后，教师先问视频中的男生喜欢干什么，再问女生喜欢干什么，又问他们要一起去做什么。

分三次提出问题，让学生说说听到的内容。

不仅如此，学生在回答问题之后，教师时不时问问其他同学，有没有听清刚才同学说了什么？重复刚才同学的话。

提问的主体由"你的"指向"他的"。他的好朋友是谁，你听清了吗？他喜欢做什么？谁和他的爱好相同？

这种变化的目的在于引导学生最大限度地关注倾听。先听后说，只有听清楚，才能说明白。

先听后说，只有听清楚，才能说明白。

由听到说，降低了难度，会说才敢说。

听说互动，以听为前提，以说为表现。

化整为零，化难为易——

增加学生活动，增强课堂的凝聚力！

对策二：聚焦关键点，重点反复，强化注意

即使有大量的听说互动，但是如果仅仅是"你说我听，我说你听"的点对点式的学习活动，时间一长也会进入"散"的状态。依据学生心理特点，要在分散的听说活动中，设计集中学习点，强化学生的有意注意。

集中注意，反复强调的环节，设置在口语交际的几个关键点：

这几个点都制作了相应的黑板贴增强直观效果。

前一次口语交际课的能力要求——大声说，认真听

1. 本次交际的话题——朋友

2. 本次交际的要求——看眼睛

3. 形式类似于用卡片认读词语，齐读，反复读，强化要点，集中注意。这种形式，还能帮助组织教学，学生及时调整状态，集中精神投入学习。

问题三：说不好，不敢说，不愿说

按照要求把话说完整，说通顺，还要跟同学交流、应对，对于一年级小学生确实很难。很多孩子因为说不好，而不敢说，不愿说，这种状态直接影响课堂效果。

对策一：示范引导，由学到仿

针对这一情况，教师应该充分考虑实际学情，降低难度，设置梯度，循序渐进。这节课在引入话题、明确要求之后，教师并没有急于让学生说，而是播放视频，指导学生先听，再学，后仿。并设计了三个层次的交际环节。

第一层次——直接运用。

咱班同学有喜欢踢毽子的吗？喜欢踢毽子的同学，试着交朋友！

这个情境与视频完全相同。学生可以直接把刚才视频中两位同学说的

话，直接运用到自己的交际情境。

第二层次——略作改动。

交谈中，老师发现了两位喜欢画画的女生——你们两个爱好相同，可以试着交朋友吗？

爱好相同，但是踢毽子变成画画，内容稍有变化。交际的语言，在视频的基础上略作变化，学生也能运用自如。

第三层次——应对变化。

有的喜欢唱歌，有的喜欢画画——爱好不同，怎么通过交谈成为朋友呢？

这个难点，教师分散到两个环节。一次是在转魔方说句子的环节，一次是在自由交谈之后。

三个层次的训练，由易到难，教师在这个过程中适时引导点拨，促进学生在循序渐进的听说训练中提高口语交际能力。

策略二：变换形式，激发兴趣

低年级的口语交际课，要注意运用多种形式，以不同的方式不断刺激学生的感官，唤起有意注意，调动学习兴趣，让学生因为爱说而会说。

这节课借助多媒体适时变换学习形式。

课件出示——

1. 播放音频，课本人物天天提出学习要求。

2. 视频播放同学交朋友的对话过程，给学生示范引导。

3. 课中操"找朋友"，拍手互动，调动情感。

4. 游戏——转魔方，交朋友，以学生喜欢的方式进行听说训练。

5. 诵读儿歌——课堂小结

我来说，你来听，

还要注意看眼睛。

我唱歌，你跳舞。

我看书，你画画。

我跳绳，你跑步……

一起玩耍一起笑，

我们都是好朋友！

把这节课的学习要点，编成儿歌，师生诵读，以生动活泼的形式促进知识的内化。多种形式的听说练习，促使学生在感兴趣的情境中交际互动，让想说的情感带动语言的发展。

（授课教师：任维　设计、点评：范丽娜）

口语交际《请你帮个忙》课堂教学实录

——统编小学语文一年级下册

（一）创设情境，激趣导入

师：今天老师为大家请来一位新朋友——他是我们学校的口语交际小达人"东东"，让我们一起来认识一下他。

动画音频：东东自我介绍："大家好，我是口语交际小达人东东，来自河东区福东小学一年级，很高兴认识大家。"

师：让我们来和东东打个招呼吧。

生：东东，你好！

师：今天东东为大家带来三个大奖，分别是课上会认真倾听的金耳朵奖，回答问题时声音洪亮、表达完整的金话筒奖，会恰当使用礼貌用语的有礼貌奖。这节课上，能够集齐这三个奖的同学就可以成为本节课的口语交际小达人。这节课，我们就一起来和东东学习口语交际《请你帮个忙》。

（教师随机贴上卡片：请你帮个忙）

师：（指板书）大家齐读课题。

生：（齐）请你帮个忙。

师：大家声音真洪亮，老师觉得小朋友们棒棒的！

（二）展示案例，学习请求帮助的交际方法

（1）学习请求帮助的交际方法——有礼貌

师：生活中我们会遇到很多需要别人帮助的情况，那么我们该怎么向别人寻求帮助呢，让我们来看看生活中的小片段吧。（播放视频）

师：视频中的小主角我们都认识，女生是——

生：（齐）胡紫墨。

师：男生是——

生：（齐）杨政达。

师：那么视频中杨政达遇到了什么困难呢？请你说。

生：视频中杨政达有一道题不会做。

师：你真会倾听。老师要把最会倾听的金耳朵奖送给你。

师：那么他们在交际过程中出现了什么问题呢？

生：他在请人帮忙时用手碰女生，这样显得有些没礼貌。

师：那么，在请人帮忙时，有礼貌很重要！（教师随机板书：有礼貌）

师：今天老师要邀请大家一起走进文明花园，想想有哪些礼貌用语之花呢？

生：您。（学生走到台前，将礼貌用语卡片贴在黑板上）

生依次说出并贴上：（请问、谢谢、再见、您好、不客气、对不起、没关系、请）

师：让我们齐读礼貌用语。

生：（齐）您、请问、谢谢、再见、您好、不客气、对不起、没关系、请。

（2）学习请求帮助的交际方法——说清楚、有诚意

师：有礼貌很重要，让我们看看杨政达学过之后有什么变化？（播放视频）

师：这次杨政达好像变得有礼貌了呢！他学会了使用礼貌用语，这个词是——

生：（齐）请。

师：可是还有一些小问题，谁来找一找？

生：他没有说清楚他的困难是什么。

师：你表达得真清楚。老师把金话筒奖送给你。看来，在请人帮忙时，我们还要把自己的困难向对方——（教师随机板书：说清楚）

生：（齐）说清楚。

师：不拖长声，我们再来说一遍。

生：（齐）说清楚。

师：还有什么问题吗？

生：男生的眼睛没有看着女生。

生：杨政达请胡紫墨帮忙，胡紫墨可以问问他遇到了什么困难。

师：你们说得都对，这样的表现都显得没有诚意。那么，在请人帮忙或者是给别人帮忙时，我们都要诚恳一点、热情一点，这样才有诚意。（教师随机板书：有诚意）

生：（齐）有诚意。

师：（指板书）这是东东教给我们三个交际的好方法，让我们一齐读一读。

生：（齐）有礼貌、说清楚、有诚意。

（3）提供句式，综合运用请求帮助的交际方法

师：除了这三个好方法，东东还给我们带来了交际小窍门，快和黄老师一起去学习。当你遇到不会的问题时，你会用这样的句子说一说吗？

生：我能让你帮我看看这道题，可以吗？

师：让变成请，就更有礼貌了。声音大一些！

生：我想请你帮我看看这道题，可以吗？

师：声音真洪亮。金话筒奖送给你。谁还能用别的句子说一说。

生：你能帮我看看这道题，好吗？

师：声音又甜又洪亮，老师也把金话筒奖送给你。

师：咱们班的小朋友真聪明，一学就会，快用这样的句子和你的小伙伴交流交流。

（生合作交流。声音逐渐减小，学生合作结束）

师：谁想走到台前给大家展示？孙雨辰、周宇涵，请你们来。

（生展示）

师：谁能用黑板上的交际方法来评价一下？

生：他们用了礼貌用语，很有礼貌。

生：把自己的问题说清楚了。

生：他们眼睛互相看着对方，很有诚意。

师：三个交际方法都做到了，快来表扬表扬他们。

生：（齐）棒、棒，你真棒！

师：相信杨政达和胡紫墨也一定学会如何请别人帮忙了，我们来看看他们的表现，愿意吗？

（生展示）

师：他们的表现也很棒，胡紫墨还教给对方列竖式的好办法呢，多热心有诚意呀！我们也把掌声送给他们吧。

生：（齐）棒、棒，你真棒！

（三）情境表演，学习表达感谢的交际方法

（1）当别人能够帮助你时

师：咱们班的小朋友，不仅学得快，而且纪律也好。所以，我想邀请大家和我来一场师生擂台赛，敢不敢和我 PK？

生：（齐）敢！

师：请听清楚我的问题，你去书店的路上，不认识路了，你要向我请求帮助。谁来？（邀请一位学生）

师：其他小朋友认真听，一会儿用黑板上的方法来评价我们。

（师生合作展示）

师：谁来评价？

生：很有礼貌。

师：听到了哪些礼貌用语？

生：请、您、谢谢、再见。

师：真会倾听，一下子都记住了，老师要把金耳朵奖送给你。谁还来评价？

生：许栩把她遇到的困难说清楚了。

师：没错！老师还觉得你声音洪亮，把金话筒奖送给你。还有吗？

生：刚才你们眼睛都互相看着对方，显得很有诚意。

师：真会观察！说得也完整，老师也把会发言的金话筒奖送给你。

师：老师还听到许栩在向我表示感谢时说得很有诚意，你们听到了吗？我们请许栩再来说一遍。

生：谢谢您的帮助，我又可以去书店买书了！

师：你真会表达，这样很有诚意。东东也给我们带来了表达感谢的交际小窍门。请听清楚老师的问题，当你遇到不会的问题向别人请求帮助后，你会用这样的句子向对方表示感谢吗？

生：我遇到一道题不会做，请你帮帮我，好吗？

师：可以。你列个竖式就能做了。

生：谢谢你，我又可以继续做题了。

（2）当别人说明理由不能帮助你时

师：说得真好。老师看到你们学得那么快，所以想继续挑战赛。谁还想来向我问路？（邀请一位学生）

（师生合作）

师：这一次和上一次有什么不同？

生：黄老师不认识路了。

师：那胡紫墨的表现怎么样？

生：胡紫墨说谢谢，她再去问问别人，很有礼貌。

师：没错，刚才她表现得很有礼貌。还有吗？

生：是您告诉她不认识路，让她问问别人。她说没关系，她再问问别人。

师：你的意思是表扬黄老师吗？表扬我不能帮助她说清楚了自己原因，表达了歉意，是吗？

生：是。

师：那看来我们不能帮助别人时，说清楚自己的原因也很重要。

师：看了大家的表现，东东也有话想对大家说。（播放视频）

师：认为自己已经成为小达人的同学快坐端正。（生坐端正）

（四）合作展示，巩固交际方法

（1）观察插图，理解图意

师：该是小朋友们大显身手的时候了！我们来观察课本中的插图，看看图片中的小朋友说了什么话，遇到了什么困难。

生：叔叔，您好。请问书店怎么走。这位小朋友遇到的困难是她不认识路了。

师：你回答得真完整。老师要把金话筒奖送给你。

生：谢谢老师。

师：不客气。

师：接着看第二幅图。

生：李山，我忘带水彩笔了，可以用一下你的吗？

师：她遇到的困难是什么？

生：她遇到的困难是忘记带水彩笔了。

师：老师也把金话筒奖送给你，希望你下次能够声音洪亮些，谁能声音洪亮地说说第三幅图？

生：大姐姐，我想请你帮个忙……他遇到的困难是把球踢到外面了。

师：你的声音很洪亮。

师：现在我们就要用这三幅图检验你们的本领了。一会儿同桌间合作选择一幅图进行练习，合作时注意互换角色，并且我们要做到三个交际方法——

生：有礼貌、说清楚、有诚意。

（2）合作展示，交流互议

师：快和你的小伙伴开始练习吧。

师：谁想走到台前来表演？（邀请两位同学）

（学生展示）

师：我们来评价一下。

生：他们用了很多礼貌用语，很有礼貌。

生：他们眼睛互相看着对方，显得有诚意。

生：他们把困难说清楚了。

师：你们评价得很准确，他们表现得也很棒！让我们把掌声送给他们。

师：第二幅图谁来表演？（邀请两位同学走到台前）

（学生展示）

师：大家发出了"咦"的声音，为什么呢？

生：借水彩笔是在教室里，不用说再见了。

师：是呀，你听得真认真！还有很多好的地方，谁来夸一夸他们？

生：他们说得很清楚，要借水彩笔。

生：特别有礼貌。

师：老师还注意到他们递水彩笔的时候用的是双手，肢体语言也能表现得很有礼貌。

生：双手递笔也显得很有诚意。

师：让我们把掌声送给他们。

师：第三幅图谁来表演？（邀请两位同学走到台前）

（学生展示）

师：这次我们不请同学来评价了，自己来评价自己。还记得刚才学的三个交际方法吗？

生：（齐）有礼貌、说清楚、有诚意。

师：（搂着一个学生，问）你来夸夸自己吧！

生：我很有礼貌。

师：你用了什么词？

生：谢谢。

师：（搂着另一个学生，问）你也来夸夸自己吧！

生：有诚意。眼睛看着对方了。

师：让我们把掌声送给他们。

生：（齐）棒、棒，你真棒！

师：刚才大家的表现特别好，所以黄老师要奖励大家，一起做游戏。快乐大转盘游戏开始啦，让我们倒数五个数。

生：（齐）五四三二一，停！

师：（邀请两位同学走到台前）其他的同学坐端正做认真的小评委。

（学生展示）

师：老师想问问大家，三个交际方法他们都做到了吗？

生：（齐）做到了！

师：让我们把掌声送给他们。

师：转盘游戏继续！

生：（齐）五四三二一，停！

师：请你们来，（邀请两位同学走到台前）认真倾听的同学才有机会参加下一次的游戏呀。

（学生展示）

师：谁来用黑板上的方法来评价下？

生：他们做到了有礼貌、说清楚、有诚意。因为他们说了谢谢、不客气、再见；把自己的困难也说清楚了，而且他们眼睛互相看着对方，显得很有诚意。

师：你说得真完整！让我们先把掌声送给她吧。

师：老师也要把最会表达的金话筒奖送给你！游戏继续。

生：（齐）五四三二一，停！

师：谁来表演？（邀请两位同学走到台前）

（学生展示）

师：请你们也来自己评价下自己。先来复习下交际方法。

生：有礼貌、说清楚、有诚意。

师：你们觉得自己做到了吗？

生：做到了。

师：怎么来评价，怎么夸夸自己？

生：棒、棒，我真棒！

师：你们觉得自己棒在哪里呢？

生：我说了很多礼貌用语，所以很有礼貌。

生：我把自己的问题说清楚了。

（五）拓展提高，提升交际能力

（1）游戏拓展，巩固交际能力

师：老师也觉得你们很棒！老师邀请大家再玩一个游戏。幸运九宫格游戏，每个数字后面都藏着同学的名字，他将会是你的表演搭档，想不想玩？

生：（齐）想。

师：想玩游戏得先回答对我的问题。请看问题。

生：（齐）当我不会系鞋带时，我会说——

师：谁来回答。（邀请一位学生）

生：当我不会系鞋带时，妈妈，我不会系鞋带，您能教我吗？

师：真会说！请你走到前面来选择数字，挑选你的搭档吧。其他同学用最好的坐姿静静等待。

（生点击数字选择搭档，进行表演）

师：他们表演得很有情境，并且做到了三种交际方法。快把掌声送给他们。

师：幸运九宫格游戏继续。谁能回答对我的问题？

生：当我想喝水拧不开瓶盖时，我会说，请你帮我拧一下瓶盖，好吗？

师：请你来挑选搭档吧。其他人做认真的小评委，一会儿我们用黑板上的方法来评价。

（生点击数字选择搭档，进行表演）

师：谁来评价下？

生：他们很有礼貌。

师：老师把会倾听的金耳朵奖送给你。还有吗？

生：显得很有诚意。

师：怎么显得有诚意？

生：他们面对面交流。

师：把话说完整多好呀！

生：面对面交流显得很有诚意。

师：这次说得真好！老师也把大奖送给你。还有吗？

生：他们把问题说清楚了，问题是拧不开瓶盖了。

师：你真会倾听，这个奖也送给你。游戏继续！我们一起来齐读问题。

生：（齐）当我穿衣服系不上纽扣时，我会说——

师：请你来回答。

生：请你帮我系一下纽扣，好吗？

师：请你来挑选搭档吧。

（生点击数字选择搭档，进行表演）

师：谁来用黑板上的方法评价一下？

生：他们很有礼貌。

师：用了很多礼貌用语。还有吗？

生：他们眼睛互相看着对方，显得很有诚意。

师：你的声音真洪亮。还有吗？

生：卢可馨说清楚了自己的问题。

师：他们的表现真不错！让我们把掌声送给他们吧。

（2）情境拓展，复习交际用语

师：生活中我们还会遇到很多请人帮助的时候，你还会这样说吗？

生：当我不会系鞋带时，我会说，妈妈，您能帮我系一下鞋带吗？

师：说得不错，不过，如果能请妈妈教你系鞋带的方法就更好了。谁还来说？

生：当我不会系纽扣的时候，我会说，爸爸，您能帮我系一下纽扣吗？

师：声音洪亮，表达清晰。老师把金话筒奖送给你。还有吗？

生：当我不会锁门的时候，叔叔，您可以帮我锁一下门吗？

师：这位叔叔一定要是我们可以信任的人，不能让陌生人帮我们锁门。谁还说？

生：当我拧不开瓶盖时，我会说，爷爷，我拧不开瓶盖了，您能帮我拧下瓶盖吗？

师：谁还来说？

生：当我穿不上衣服时，我会说，请您帮我穿下衣服好吗？

（3）教师小结，总结交际方法

师：我们小朋友都特别会说，因为我们都学会了交际的好方法。我们再来复习一遍。

生：（齐）有礼貌、说清楚、有诚意。

师：老师把好方法编进了小儿歌里，让我们伴随着音乐一起来读一读。

生：（齐）有困难，请人帮，见面微笑挂脸上；清楚明白把事讲，言语自然又大方；礼貌用语不能忘，我帮人，莫记上，人帮我，永不忘。

师：今天，我们学习了这么多方法，以后我们再遇到小麻烦、小问题时，我们要用学习的方法向别人请求帮助。当然，老师也欢迎你们请我来帮助。希望大家学有所获，下课！

【教学点评】

《语文课程标准（2011年版）》指出：学生应具有日常口语交际的基本能力，在各种交际活动中，学会倾听、表达与交流。① 根据这个总目标，黄老

---

① 中华人民共和国教育部. 义务教育语文课程标准（2011版）[S]. 北京：北京师范大学出版社，2012.7.

师精心设计了本节课的口语交际活动课。

1. 创设情境，激发热情

黄老师根据口语交际训练的要求，结合学生的生活实际，创设情境，给孩子构建了一个交际平台，进行模拟表演。学生处于主体地位，放手让学生敢说、多说、会说。学生自始至终非常感兴趣，气氛比较活跃。

2. 合作表演，增强能力

口语交际应该与学生已有的知识经验结合起来，通过小组的合作表演，使得他们在说中悟，在演中悟，在合作中丰富了语言，提高了口语交际能力，感受到了口语交际的乐趣。

3. 寓教于乐，综合提高

通过设计不同梯度的游戏，让学生循序渐进地学会交际方法，提高交际能力，帮助学生逐步从感性体验上升到方法理解，提升了学生的逻辑思维能力。

但是，由于一年级的孩子年龄小，自控力差，有些学生在倾听的过程中也不够专心，因此在今后的教学中，要进一步加强对学生自主学习和倾听能力的培养。

（授课教师：黄维婉　设计、点评：罗祎）

第五章
写话教学篇

  《义务教育语文课程标准（2011版）》明确指出：关于"写作"的目标，第一学段定位于"写话"，第二学段开始"习作"①。这是为了降低学生写作起始阶段的难度，重在培养学生的写作兴趣和自信心。

  显然，《义务教育语文课程标准（2011版）》中关于"写话"的表述，是站在儿童视角对低年级书面表达的定位。第一学段的"写话"写什么？就是引导学生"写自己想说的话，写想象中的事物"，就是用孩子的手写孩子自己的话，孩子想说什么就应该写什么，孩子想象中的事物是什么样，就写成什么样。孩子说话，是以口语形式呈现的，当他"写话"时，当然也可以有口语化的表达，尤其是刚学写话的学生。如果能在"写话"中"乐于运用阅读和生活中学到的词语"，能"根据表达的需要，学习使用逗号、句号、问号、感叹号"，这就达到了《义务教育语文课程标准（2011版）》中"写话"的要求。这对绝大多数低年级的孩子来说，只要经历从"说"到"写"、从"读"到"写"的训练过程，就能够达成。

  然而，在实际的"写话"教学中，许多老师习惯从自己的视角，思维固化，按照自己的超高标准来评价、定性学生的"写话"，认为学生的"写话"水平太低、毛病太多。温儒敏教授就曾说过，作文教学"能写通顺、清晰的文字，这是最主要的"，"不要过分追求'文笔'"，因为"文笔"不是写作教学的第一要义。至于"文章太短，字数太少"的问题，其实《义务教育语文课程标准（2011版）》对整个小学阶段学生的习作，都没有严格意义上的字数要求，其目的就是鼓励学生有话则长，无话则短，自由表达。

---

  ① 中华人民共和国教育部.义务教育语文课程标准（2011版）[S].北京：北京师范大学出版社，2012：5.

"蹲下来看学生"是于永正老师说过的一句话。"蹲下来",才能理解学生,才能想学生之所想,急学生之所急。我们的写话课,也要"蹲下来",只有这样,才能理解学生写话的困难,体谅学生写话的难处。学生不会,你就"指点";学生写不好,你会"静待",相信总有"花开"的那一天。"蹲下来",才会容忍学生写话中的各种问题和错误。"蹲下来",不仅是一种姿态,而且是一种爱心,是一种智慧。

第一节　关注教材特点,打好写话基础

统编教材"写话"的练习从一年级开始起步。下面是第一学段课后练习与语文园地里的写话练习安排。

册别	编写途径	内容	设计意图
一上	语文园地七	看图写词语,再说一两句话。	学习观察图画写词语,并结合图片内容说话。
	语文园地八	给家人朋友写一句祝福的话。	学习写一句祝福语。
一下	课后练习	《我多想去看看》以"我多想……"开头,写下自己的愿望。	借鉴课文的语言形式,依据一定的情境,进行仿写练习。
	课后练习	《荷叶圆圆》读一读,写一写。	
	语文园地六	读一读加上标点,再抄写最后一句。	初步感知标点符号的用法,通过抄写建立句子概念。
	语文园地八	你有过下面这些心情吗?说一说,写一写。	认识表情词语,学会运用词语写话。
二上	课后练习	《黄山奇石》读句子,用加点的词语说说图片里的石头,再选一张图片写下来。	借鉴课文的语言形式,依据一定的情境,进行仿写练习。
	课后练习	《葡萄沟》读读有关的句子,照样了写·写。	

二上	课后练习	《纸船和风筝》小熊也想写一张卡片，挂在风筝上送给松鼠，请你替它写一写吧。	体会人物的思想情感。
	写话主题：语文园地三	写自己喜欢的玩具	引导学生写自己想说的话；落实基本写话要求。
	写话主题：语文园地四	学写留言条	了解留言条的基本要素和格式；学习表达内在需求。
	写话主题：语文园地七	看图发挥想象编故事	培养想象能力，引导个性化、有创意地表达。
二下	课后练习	《彩色的梦》试着仿照第2小节或第3小节，把想画的内容用几句话写下来。	借鉴课文的语言形式，依据一定的情境，进行写话练习。
	课后练习	《枫树上的喜鹊》看到下面的情景，你会想到什么？试着写下来。	引导学生根据句子情境，展开想象，写自己想说的话。
	写话主题：语文园地二	照样子，写一写你的一个好朋友。	用表格的形式写话。
	写话主题：语文园地四	看图，想一想：小虫子、蚂蚁和蝴蝶用鸡蛋壳做了哪些事情？它们有什么有趣的经历？把它们这一天的经历写下来吧。写的时候，可以用上下面的词语。	学会看连续的四幅图画，并且根据图画内容展开想象。
	写话主题：语文园地六	大自然真是奇妙啊，你的心中是不是也藏着很多问号，把它们写下来。	写心中对大自然的疑惑，可以分条表达。
	写话主题：语文园地七	如果可以养小动物，你想养什么？写写你的理由，试着多写几条。	把理由写充分，分条表达。

　　一年级上册语文园地中"字词句运用"安排了两次"写"的练习。一次是"看图写词语"，再说一两句话；一次是"给家人或朋友写一句祝福的话"，把观察、说话、写词、写句融为一体。由写词语到写句子，已经开启了"写话"的训练。

　　一年级下册"写"的训练稳步推进，教材安排了四次"写"的练习，除了结合"字词句运用"设计两次"写"外，又随文在"课后练习"中设计了两次"写话"的练习，引导学生依据课文，或表达自己的愿望，或进行句式的仿写训练。由"读"到"写"，迁移运用，拓宽了学生"写话"的渠道。

　　二年级上册在一年级说写练习的基础上拾级而上，设计了六次"写话"练习。特别是在语文园地中设置了自成体系的"写话"项目，提升了"写话"在本套教材中的地位，标志着全套教材书面表达训练的正式开始。同时，纪实类、应用类、想象类三个类别的话题设计，提示了学生"写话"及将来习作"写什么"的内容范围，对老师的"写话"教学也更具指导和借鉴意义。这充分体现了本套教材凸显语用、注重表达的编写理念。

　　二年级下册的写话在内容上分两类，一类是写想象的，一类是写现实当中的人或者事。第一个写话，用表格来呈现，提供给大家一个写话的思路，还提供了写话的内容做例子。这个表格的作用是什么？其实就是一个思维导图。从一年级到现在，我们教材当中提供了很多思维导图，表格式的、散状结构的有很多。这个表格让孩子们仿照"这是谁？长什么样？我们经常在一起做的事情是什么"来写。长什么样，举了两个例子：他掉了一颗门牙。老师在指导的时候可以让孩子去想象一下，掉了门牙是什么样子的？他不敢笑，老捂着嘴，因为他怕别人看见。他的脸圆圆的，笑起来有两个小酒窝。他长什么样，你可以写他的一个特点，也可以把这两个特点合在一起。我们经常可以做这么多事情，你能不能把这两件事情合在一起说呀？我们天天一起上学，一起回家。我们还经常一起打乒乓球。给一个思路，把这个例子充分地用起来。

　　第二个写话提供表示时间顺序的词语。二年级上册有看图写话，这学期的写话给了四个表示时间顺序的词语，就是训练学生有顺序地写话。先看图，先说再写，说的时候就要让学生注意，这四个词语要用在什么位置上，让学生去体会时间顺序。所以，这个训练的重点在有顺序上。

　　第三个写话，教材提供了仿照的例子。可以问什么？还可以怎么问？给了内容上的例子，也给了问的形式上的例子，然后把这些问句，一个一个排列起来，就好像一首诗一样。你有哪些问题呢？像它这样写下来，这样来排列。

　　最后一个写话是把前面的例子综合运用在一起了。可以养小动物，你想养什么？写写你的理由。这个写话，老师们怎么给学生提供方法？其实教材已经告诉了我们写什么和怎么写。先写动物的名称，再写理由。怎么写呢？可以分条表述。我想养小狗，我的理由是一……二……三……标序号，分条表述。你也可以像上一个写话一样，不用标序号，直接写几行，一句话写一行。其实这就在训练二年级孩子，一个是写几句话，另一个是分条写。到了中高年级分段写的时候，其实就是把一句话写成几句话，就变成了一段话，给学生做好铺垫。

统编教材起步阶段的"写话"练习设计，努力遵循儿童的认知规律，具有以下突出特点：在编排的梯度上，稳步推进，螺旋上升。由"字词句运用"中的"写话"练习，到随文的"课后练习"设计，再到专门的"写话"栏目设置；由看图依据情境"写词"，到结合课文仿写句子，再到设置专门的话题，引导学生真实表达、自由表达。在话题的选择上，契合儿童心理，十分注意与学生的经验世界和想象世界的联系。例如，写玩具、写留言条、看图编故事，这些都是学生愿意写、容易写的话题。在练习的设计上，形式多样，给学生具体的写话语境和明确的提示，以降低写话难度。如《黄山奇石》读句子，用加点的词语说说图片里的石头，再选一张图片写下来；《语文园地三》第一次正式进行"写话"练习，用"图示＋指导语"的方式，写自己喜欢的玩具。在"写话"的要求上，只有一些基本的行文和格式规范，没有写几句话、写多少字的"量"的规定，也没有诸如写具体、写连贯等"质"的硬性要求，学生能写几句就几句，多少不限，意在让学生无拘无束自由表达。

领悟了教材"写话"练习的编排思路，教师就要努力落实铺垫性工作。例如，识记积累课后词语；注重说的训练，由说到写；做好相应训练，如补充词语说句子、照样子说句子、运用词语说句子、抄写句子等。同时，针对"写话"内容，把握设计特点，扎实上好每次"写话"练习，打好"写话"起步训练的基础。

第二节　联系阅读实践，拓展写话训练

阅读是说话的基础，而说话是写话的基础。所谓"读书破万卷，下笔如有神"就是这个道理。低年级的课文语句优美，特点突出，为学生学习、积累语言提供了很多很好的范例。引导学生学会在文章中捕捉、寻找、发现、感悟这样的写法和用法，让学生有感情朗读，诵读积累，在积累本上记下这样的美文佳句。相信，这样的美文佳句定会让孩子们的说话、写话变得不再困难，反而愈加生动，充满童趣。

教材是经过众多专家一次一次反复打磨编写出来的，是最权威的读写材料。经典的阅读课文对学生的写话起着示范指导作用。例如统编一年级上册《四季》，是一首非常有趣的儿童诗。这首儿童诗，语言活泼，内容有趣。诗歌里提到的事物，都是每个季节的"代言物"，是儿童认识世界、表达世界的经典作品。教学时，如仅仅是"识写课后的生字""朗读课文，背诵课文"就完结了，那就是对教材资源的浪费。此课后面有一道选做题："你喜欢哪个季节，仿照课文说说。"其实，让学生说了后，请家人协助记录下来，学生写话的成就感会更强。

再如《青蛙卖泥塘》书后的选做题，如果你向同学推荐一样东西，你会说些什么？学生在学习课文的语言的同时链接生活经验，发挥想象力，写出了一段段有趣的文字。

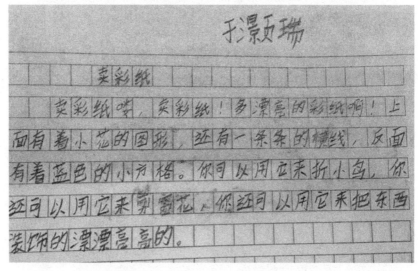

这样由教材内的阅读来进行说话、写话的拓展训练，将课文语言转化为学生的语言，也提升了学生的思维能力，让学生的写话充满童真童趣，让学生喜欢上写话。

第三节 联系生活实际，丰富写话素材

生活是学生写话的源泉。教师可以引导学生观察生活中经常参加的课间游戏、体育竞赛、做实验、读有趣的故事等活动，组织学生开展捉迷藏、老鹰捉小鸡等游戏，学生在活动和游戏中会产生自由联想，甚至是奇思妙想，虽然想象的目的性、主题性不强，但具有想象丰富、形象生动的特点。教师可以引导学生试着写出在活动中看到的、想到的或游戏经过。又如，运用学过的描写秋天的词语或成语，开展"画秋天、找秋天、说秋天、写秋天"的活动，采用画一画、演一演、说一说、写一写的形式组织学生互相交流自己看到的、听到的、摸到的、闻到的、想到的秋天，让学生在自主感受到情感感悟，再到自由表达的过程中，享受说话、写话的乐趣。

可以引导学生把自己每天看到的、听到的、想到的写下来，哪怕只能写一句完整的话也行，要求无错别字，句子通顺。只要坚持，一定能提高。但要注意，一定要给予一定的指导。

在学习写话的训练过程中，要经常提示学生注意做到以下几点：

（1）首先要明确先写什么，再写什么，最后写什么，要一目了然。

（2）模仿重点句式，如"有的……有的……还有的""先……接着……再……"等，进行填空式写话。

（3）将重点词语、优美词语和语句自觉地运用到自己的说话中。

（4）要根据表达的需要正确使用标点符号。

经常这样有目的的练习，相信学生一定会在写话时充满自信，获得成功。

第四节　掌握训练方法，拓宽写话途径

一、先说后写，指导表达

要写出一句正确的话，首先要认识句子的"四要素"，即时间、地点、人物、事件。教师可以利用课文中的各种句式，采用先说后写的方式训练学生不同形式的语言表达。比如，教师先以课文中的句子为例，引导学生理解意思，弄清楚什么是"四要素"，然后以填空的方式让学生照着说，再让学生仿照这样的句式练习自由表达，最后再写下来。练习的形式可以这样设计：

什么时间？什么人？什么地方？做什么？

星期天早晨，爸爸妈妈带我去公园看菊花。

_____，爸爸妈妈带我_____。

_____，_____带我_____。

_____。

二、以说代写，趣味表达

低年级的小朋友生活经验少，形象思维占主体地位。因此应鼓励学生自由说话、写话。学生喜欢说什么，就说什么；喜欢怎么写就怎么写；能写多少就写多少。教师在教学中要根据文本特点，进行相应的练习。例如，在引导学生观察回忆四季不同景色后，指导学生迁移自己的感受："你最喜欢哪个季节？那就画下来与大家一起分享一下吧！"还可以通过说话训练促进学生的想象与表达。又如，依据教材相关课文，着重于说完整话、表达清楚的说话训练，要求不可过高，培养学生爱说话、喜欢说话是关键，而后再逐步引导学生达到说一句或几句通顺完整的话的目标。由于一年级的小朋友识字量少，年龄小，握笔的时间也不宜过长，可请家长为孩子准备一个专门的"写

话"本。教师指导孩子首先在本子上尝试把自己看到的、听到的、想到的画下来，然后在旁边写上简明的注释性的话。遇到不会写的字可以用汉语拼音代替，也可以请爸爸妈妈来帮忙，自己口述，父母记录。通过"说画结合"的方式让学生觉得"写话"是有趣的一件事，既有意义，又很简单，以后学生写话便不会产生畏难情绪了。

三、以图练写，顺序表达

低年级学生年龄小，对外界事物缺乏敏锐的观察、思考能力，所见、所闻、所思、所感起点低，范围小。有些孩子写话就写成了流水账，教师在保护孩子写话热情的同时，可以利用教材上的插图指导学生有顺序地观察图画，学习观察图画的方法，按照"图上画的是什么时候，画的是什么地方，有些什么人，他们在干什么。"这样的表达顺序练习看图说话。

看图讲故事，可以指导学生先把四幅图连起来看，从整体上把握这是一件什么事；再一幅一幅仔细观察，分别用一两句话说清图意；然后把四幅图的意思连贯地表达清楚，注意说清画面之间的前后联系；最后用五六句话，写明白事情的发生、发展和结果。

四、模仿写话，扎实表达

仿写难度较小，能激发学生的写作兴趣，适合低年级学生。

1.句子仿写。可以充分利用教材中呈现的句式练习，扎实落实写话训练，帮助学生掌握构句方式及其规律，提高他们遣词造句的能力。

2.段落仿写。在句子仿写的基础上，可以逐渐过渡到简单段落的仿写。可采用"填空式"的段落仿写形式，提供主干，枝叶部分由学生自己创造，从而让学生在仿写中初步了解段的构成，逐步形成段的概念。

五、续编故事，延伸表达

对于童话、故事类课文，可以让学生续编结尾，不但能丰富孩子的想象力，更能为今后的习作奠定基础。如一年级下册的《四个太阳》课文结束后，教师可以这样来延伸课文：你想画一个什么样的太阳送给谁呢？二年级下册《蜘蛛开店》接下来会发生什么事？展开想象，续编故事，讲给大家听……这样会激发学生丰富的联想，让学生展开想象的翅膀，学习课文的语言表达形式，将自己想到的与同学交流，激发学生说话、写话的情趣。

第五节　走进课堂教学，感受写话魅力

《语文园地二》写话课堂教学实录

——统编语文二年级下册

师：今天我们来学习第二单元的写话。老师把课题写在黑板上。（师板书课题：写话）

师：我们先来看教材上的要求。找一位同学来读一读。

生：照样子，写一写你的一个好朋友。向大家介绍一下：他是谁？长什么样子？你们经常一起做什么？

师：读得很通顺。提出了三个问题：他是谁？长什么样子？你们经常一起做什么？很简单的问题，我们看看书上是怎么回答的。

师：他是谁？（生：张池。）长什么样子？（生：掉了一颗门牙。）经常一起做的事是什么？（生：我们天天一起上学一起回家。）我再找一个同学来回答。

师：他是谁？（生：张池。）长什么样子？（生：他的脸圆圆的，笑起来有个小酒窝。）经常一起做的事是什么？（生：我们经常一起打乒乓球。）请坐。

师：就三项，是不是挺简单的？肖老师告诉大家，我们如果能把这三项连起来，它就能形成一段完整、通顺的话。样子已经给大家找好了，找同学来读读第一段。

生：张池是我的好朋友。他掉了一颗门牙，我们天天一起上学一起回家。

师：请坐。哪位同学来读读第二部分。

生：张池是我的好朋友，他的脸圆圆的，笑起来有个小酒窝。我们经常一起打乒乓球。

师：大家看，是不是就三部分，连起来就是完整通顺的话。我们一起来读。

生：张池是我的好朋友。他掉了一颗门牙，我们天天一起上学一起回家。张池是我的好朋友，他的脸圆圆的，笑起来有个小酒窝。我们经常一起打乒乓球。

师：我相信同学已经掌握了写完整通顺的话。但是想把话写好，我们还需要动动脑筋。比如：他长什么样子？同学们读——

生：他掉了一颗门牙。他的脸圆圆的，笑起来有个小酒窝。

师：肖老师如果不讲，你能发现写外貌的秘密吗？如果大家都长成一个样子，那就麻烦了。所以写外貌一定要写出每个人的不一样。你能看出来这两部分哪里不一样吗？

生：他先说的牙，再说的脸，最后说的笑起来的样子。

师：肖老师给大家举例子。他先说掉了一颗门牙，现在有谁掉门牙了？（部分学生举手）我们并不是所有的同学都掉门牙了，这就是与众不同。

师：我们再看第二段。（生读）肖老师看看圆脸的同学也很少，笑起来有酒窝的同学也很少。写人的外貌就是要写出和别人不一样的地方，这就是写外貌的秘密。

师：肖老师也写了咱们班同学的外貌。听我读：她的脸蛋儿胖乎乎的，眼睛呢，被脸蛋挤得只剩下一条缝了。（生猜出同学名字）

师：接下来我们就从身边找一位同学，看看他有什么和别人不一样的地方，我们来练一练，说说这位同学的外貌。

师：比如说咱们班这个同学，他的发型就很有个性。你们有没有发现他的头发下面很少上面很多像个锅盖。男生是短发，但也不一样，有平的，也有立的。所以，写人的外貌，就是要抓特点，（板书：抓特点）就是要写他们和别人不一样的地方。

（几位同学分别描述其他同学的外貌）

师：这就叫抓特点。如果你能写完整，写通顺，就是合格。如果还能抓住人的特点写外貌，就是优秀。我们有几个同学已经做到这一步了。接下来，我们要把这三个部分连起来，每个同学要当堂完成这部分的写作。第一，他是谁；第二，他长什么样子；第三，我们经常在一起做什么。好，现在大家可以打开自己的方格本准备写了。

（生写作，教师巡视指导）

师：请老师标了序号的前四个同学到前面来。请其他同学停笔，抬头看。

生：刘昌盛是我的朋友。他的脸圆圆的，笑起来有个小酒窝。我们经常一起玩。

师：大家一起读一遍。（生齐读）

师：老师刚才仔细观察了一下，刘昌盛还真是有个小酒窝，观察得真仔细，了不起。

生：吴皓是我的好朋友。他的脸圆圆的，他的头发很短。我们经常一起玩游戏。

生：房世宇是我的好朋友。他的头像一个大锅盖，我们经常一起玩捉人。房世宇是我的好朋友，他的左眼下面有一个小痦子，我们经常一起锻炼身体。

师：头发像锅盖，眼睛下面有痦子，这就是抓特点。

生：龙诗琪是我的好朋友。她的脸圆圆的，头发像波浪一样，颜色是金黄的。我们经常一起玩，一起笑，一起跑。

师：龙诗琪的爸爸是美发师，所以她的头发不一样。

生：刘亚军是我的好朋友，他的下巴有点尖，头发是扎到下面的，我们经常一起玩游戏。

师：这五位同学都写得很好。因为他们都做到了——（生：抓特点）就是要写出一点和别人不一样的地方。

师：肖老师也写了一篇作文。听老师读：李静，可是我最要好的朋友啦。她的脸蛋儿胖乎乎的，眼睛呢，几乎被脸挤得只剩下一条缝了。我们谁也离不开谁，上学一起走，放学一起回，连上厕所都一起。大家都说我俩是一对"花椒大料"。

师：妈妈做饭时经常会用花椒大料，所以谁也离不开谁。还有时候，我们说像影子一样，我们可以说"坨也离不开秤，秤也离不开坨"。总之是分不开。肖老师这段话里藏着一点点睛的地方。什么叫点睛呢？我们讲个故事，说过去有一个人，他画画特别好，画了好多好多的龙，但是他从来不画眼睛，有人问他你为什么不点眼睛呢？他说，点了眼睛龙就会飞走的。大家都不信，觉得他在吹牛。于是他拿起笔，点了两下，霎时间狂风大作，龙"鸣"地飞走了。所以，老师说的点睛之笔就是小短文里面最精彩的地方。

师：我们一起读这个句子——

生：她的脸蛋胖乎乎的。

师：大家看这是一个什么词？胖乎乎，这是一个重叠词。这个重叠词很有来头，不是肖老师自己发明的，是跟我们这个单元的课文学习的。我们第二单元的课文有《雷锋叔叔你在哪里》。

生：沿着长长的小溪，寻找雷锋的足迹。雷锋叔叔，你在哪里，你在哪里？顺着弯弯的小路，寻找雷锋的足迹，雷锋叔叔，你在哪里，你在哪里？

师：是不是这个单元的课文啊？所以你看，肖老师写作文也不是自己发明的，是和教材学习的。

生：田野，葱葱绿绿的，像一片柔软的绿毯。天上的云，雪白雪白的，好像一群小绵羊。

师："葱葱绿绿的""雪白雪白的"这种词语给我们的小短文带来一点新鲜感。（板书新鲜感）因为我们总说一句话，跟别人写得不一样的才叫作文。所以写作文一定要经过自己的大脑思考。接下来我们把自己的习作修改修改，试着带一点新鲜感。

（学生修改作文，教师巡视指导）

师：我刚才在几位同学的习作上编了号，请编号的同学上台来排队，看看这几位同学有没有掌握绝活。

（投屏学生习作）

师：大家来看看他有没有把新鲜感加入习作。有没有把刚才讲的叠词用进去。

生：牛亿龙是我的好朋友，他有一双大大的门牙，中间有一条长长的缝，一笑门牙就露出来了，我们经常互相教作业，一起玩。

师：他有没有用到叠词啊？大大的，长长的。来看看第二位同学，读一读你的作品。

生：徐伟轩是我的好朋友，他额头上有一条隐隐约约的缝，我们经常一起做游戏。

师：把重叠词用进去就有了一种新鲜感。

生：我最好的朋友是牛亿龙，他牙齿中间有一条缝，他的脸圆圆的，我们经常放学之后一起玩。

师：重叠词学了就用，这位同学了不起。

生：陈光格是我的好朋友，他的脸圆圆的，我们经常一起踢足球。（生齐读）

师：我们接着看。

生：朱佳琪是我的好朋友。中等个子，眼睛大，浓眉毛，蹦起来像小兔子。她当然也很瘦，眼睛乌黑乌黑的，长长的马尾辫。我们经常玩蹦蹦跳跳的"兔子跳"。

师：谁来给大家读。其他人来数叠词。

（生读，生汇报5个叠词）

师：老师要把你的作文贴到展览栏上。希望更多的同学能够学习。

师：今天我们学习了语文园地二的写话，能够写完整、通顺是合格，能够抓住特点写外貌就是优秀，再用上一些叠词，增加新鲜感就是精彩。

师：下课后，我们修改好自己的作文。下课！

生：老师再见！

（执教教师：肖彤）

第六章
快乐读书篇

　　20世纪60年代就有研究者提出分享阅读这样一个概念。分享阅读是专门用于学前和小学低年段的儿童开展课外阅读活动的有效方法。它指的是在一个轻松愉快的亲密气氛中，成人和儿童共同阅读一本书的阅读活动。它是一个帮助儿童逐渐学会独立阅读的过程。只要方法得当，成人和儿童间带有社会性的相互作用，能够极大地帮助儿童获得阅读的解码技能，扩大他们书面的词汇量，提高阅读能力。所以说，分享阅读对于儿童早期课外阅读的开展，有着重要的指导意义。

　　统编版教材中新增添的"快乐读书吧""和大人一起读"就是和分享阅读一脉相承的。都是强调在一种轻松愉悦的气氛中，尽早地让学生快乐读书、喜欢读书，尽快地从依赖式的阅读过渡到自主阅读。而且这个板块贯穿整个小学阶段，引领学生开展课外阅读。

　　统编版教材设置的这一板块内容，把课外阅读真正纳入教材体系，这是一个开创性的举措。它让每一个语文教师都真正成为"阅读的引路人"。

第一节　关注教材特点，明确编写意图

一、课外阅读，链接课内

　　阅读对一个人的成长是非常重要的。温儒敏教授就在大力提倡读书，他认为，培养读书种子，是语文的功能之首。这是教科书设置读书栏目的初衷，也是终极目标。作为小学语文的起始阶段，为每一个孩子的心里埋下一

个读书的种子，是我们每一位语文教师的重要任务。

"教材"和"书"是两个不同的概念。教材，就是教科书，是教师在教学活动中用来指导读写的范本。"读教材"不等于"读书"，阅读光靠语文课堂是远远不够的。统编教材把课外阅读纳入课程，是统编教材的重大变革，就是告诉老师们：指导学生课外阅读，是每一个语文老师的分内事。

全国小语会会长陈先云在全国统编教材培训会上强调：统编教材三至六年级的课文由原来的三十几篇减少到二十几篇，但是阅读量却增加了，其增加的地方就在课外阅读上，具体说就在"和大人一起读"和"快乐读书吧"。

教材把课外阅读作为教科书的重要组成部分，实现了课外阅读课程化，克服了课外阅读的边缘化，促进了儿童的阅读进教材、进课程，体现了亲子阅读、全民阅读、自主阅读的思想，形成教读、自读、课外阅读三位一体的阅读体系。通过孩子和家长一起读书来走向一个全民阅读的社会。

孩子对于阅读，并不是天生充满热情和渴望的，这就需要有协助能力的大人，来帮助选择书籍、掌握阅读状况，通过给孩子讲故事、念读故事或者邀访名家，让孩子逐步学会阅读、享受阅读、爱上阅读。孩子身边爱阅读会阅读的人越多，孩子爱上阅读的可能性就越大，阅读力就会越强。

这个有协助能力的大人到底是谁？这个"大人"，只要有阅读经验，能带领孩子阅读就可以，可以是教师、父母、亲友、邻居等，当然最能有效指导、影响孩子课外阅读的当然首选是父母。

一个家庭，若有固定的朗读时间，大人每天和孩子一起阅读，经典语言就会丰富孩子们的语言体验和精神世界。孩子用耳朵获取这种文学的诗性的语言越多，想象力和理解力就会越丰富，创造力也就越强。正如绘本之父松直居说的：语言的贫瘠意味着表达的贫瘠，由此带来的就是创造力的衰退。孩子阅读能力的培养，需要长期的积累和沉淀，孩子阅读能力的培养过程，是大人和孩子共同成长的一个过程，这个过程漫长而美好。

二、明确概念，推进阅读

"快乐读书吧"是一个全新的栏目，对于"吧"到底是英语名词"bar"的译音"ba"，类似于酒吧、吧台的意思，是一个开展快乐读书的地方，还是助词"ba",有提议、要求的意思,倡导大家一起来快快乐乐地读书?大家都在头脑中出现冒出许多问号。经过统编教材编写专家们的指导,大家的研究实践,逐渐有了一些粗浅的认识。

"快乐读书吧"是课内外阅读沟通的重要桥梁,旨在引导学生进行课外阅读,扩大阅读视野,激发学生共同开发课外阅读资源,不断增加阅读量,体验主动阅读、分享阅读的快乐。

每册教材的第一单元都安排了"快乐读书吧",是对课外阅读的引领,是一种召唤和导向。目的是在提示老师和家长从低年级开始,就要注意教授一些基本的整本书的阅读方法,打开孩子的阅读视野,激发孩子的阅读兴趣,感受到阅读的快乐。

教材	内容	语文要素
一年级上册	读书真快乐	体会阅读快乐,了解基本的课外阅读要素。
一年级下册	读读童谣和儿歌	开启主题阅读,积淀语言,乐于与他人分享书籍。
二年级上册	读读童话故事	读童话故事,学习从封面获取信息,知道要爱护书籍。
二年级下册	读读儿童故事	读儿童故事,学习从目录检索信息。

(表:"快乐读书吧"在低年级教材的具体内容和语文要素)

"快乐读书吧"是整个学期课外阅读的一个纲要,解决本学期课外阅读"读什么""怎么读"等问题。而"和大人一起读"是具体实施举措,是孩子通过这两个内容的阅读实现课外阅读的模仿和迁移,达到融洽亲子关系、提高阅读兴趣、提升儿童思维情感品质等。

"和大人一起读"是一种强调亲子互动的课外阅读方式,是培养儿童阅读兴趣的无压力阅读,使儿童基本的阅读方法、习惯和能力都能在潜移默化中得到发展。"和大人一起读"是不同于课堂的阅读教学,它关注的不是通过阅读,孩子认识了多少字,掌握了多少知识,积累了多少语言,学会了什么表达方式。它关注的目标只有一个,就是要发展儿童的阅读兴趣。

"和大人一起读""快乐读书吧"引导学生大量阅读,对教材中的课文是极其有益的补充,是非常重要的学习资源。教材将提升学生的阅读兴趣、帮助学生养成良好的阅读习惯作为语文教育的重要突破口,使课内阅读与课外阅读紧密衔接,充分调动家庭和社会力量,共同建设书香社会。

第二节 运用共读策略，丰富阅读体验

一、培养兴趣，量化提升

《义务教育语文课程标准（2011版）》中第一学段的阅读目标是要让学生"喜欢阅读，感受阅读的乐趣①。"这既是课内阅读目标，同时也是课外阅读目标。"课外阅读总量不少于5万字"则从阅读量上提出了明确的要求。在统编教材的"教师教学用书"中明确指出，要让学生"主动进行课外阅读"。因此，"和大人一起读"的课程目标可以从两个方面入手。一是培养课外阅读兴趣，初步养成课外阅读的习惯。二是人人参与课外阅读，以书中的八篇课外阅读为保底基本目标，上不封顶，量化提升。

温儒敏教授强调，课外阅读要提倡"无压力阅读"，一年级阅读习惯的养成要关注起点和基础。我们认为有坚持的课外阅读行为就会逐渐形成习惯。在周期内重复频率越高，习惯越明显。其他阅读技能习惯可暂不做要求。关注起点和基础性目标定位有利于保持对课外阅读的兴趣。

二、立体规划，整体设计

激发阅读兴趣，培养阅读习惯，需要有一个长期的过程。"和大人一起读"是一个新的课程栏目，代表了大方向和目标，具体规划实施的各种策略和途径，是落实课外阅读的桥梁。因此要对教师、家长、学生在内的三维立体进行规划和共读整体设计。

教师应充分激发起学生对阅读的兴趣和愿望，并且鼓励家长把"和大人一起读"变成一种家庭的自觉的习惯，要及时解决活动出现的各种困难各种问题，要促进亲子共读这种阅读形式的顺利实施。一开学，教师就应利用家长会的时间，把这个栏目的编排意图介绍给家长，对营造家庭阅读氛围、如

---

① 中华人民共和国教育部. 义务教育语文课程标准（2011版）[S]. 北京：北京师范大学出版社，2012：8.

何和孩子共同阅读这些问题给家长做一个指导，引导家长关注孩子的阅读状况，营造书香家庭；教师要了解每个孩子和大人一起读的具体情况，组织班级开展课外交流活动，让孩子说说在家是怎样和大人一起读书的，并且要及时总结、推广一些好的经验和做法，慢慢地让孩子的课外阅读走上一个良性发展的轨道。

三、体验共读，个性伴读

阅读首先是一种感受活动，然后发展成为更复杂的思维活动，如联想、评价、想象等。那么，"体验式"的共读也应该成为"和大人一起读"的重要策略，让学生、家长、教师都亲历阅读、感受阅读，在分享阅读过程中总结阅读经验并运用阅读经验再阅读，从而在阅读中体会阅读乐趣，在阅读中培养阅读习惯，在阅读中达成海量阅读。

在"和大人一起读"中尝试以课堂共读体验为指导，以家庭为亲子阅读主阵地，进行个性伴读。

1. 师生共读体验

师生共同亲历共读。学生感受共读的快乐，学习共读的方法；教师了解学生在阅读中的各种困难和情绪变化，学习在阅读中陪伴和扶持学生的具体方法，从而更好地示范、引领家庭阅读。

教师可以先扮演家长的角色，声情并茂地示范应如何与学生一起指读、接读、聊读、猜读，让家长直观感受、学习亲子阅读的各种方法。例如，学习《妞妞赶牛》这则绕口令时要注意读准"ou"和"iu"的读音，而且要注意"niu"的不同声调和读音。在读绕口令的时候，教师要注意指导家长和学生在读正确流利的基础上快速朗读，读出绕口令的韵味。教师可以请家长和学生比赛读，看谁读得又快又准确，还可以拓展读《哥哥弟弟坡前坐》等绕口令。《小兔子乖乖》《孙悟空打妖怪》是学生们耳熟能详的儿歌，教师可以让家长和学生一起听一听、唱一唱，在有趣的听唱活动中一起读儿歌，实现口头语向书面语的顺利过渡，让学生从一开始就体会到和大人一起读的乐趣。《小鸟念书》的故事内容浅显，学生们学完拼音后，已能自主拼读，教师可以鼓励学生先借助拼音自己读，也可以和同学一起接读、比读等，让学生获得成就感。童谣《小兔子乖乖》一文活泼有趣，教师可以请家长和学生边读边演，通过角色带入，让学生直观地感受语言的趣味。《我会飞》一文用一问一答的形式介绍了动物的活动方式，教师可以通过"一个问，一个答"的朗读活动，让学生一边读一边模仿小动物。

在阅读的时候可以围绕着孩子感兴趣的话题开展一些多元的、广泛的交流，可以跟孩子互动一下。比方说，阅读之后你给孩子提一些开放性的问题，比如你觉得这个故事后面会发生什么呢？激发学生的想象，让学生想一想你觉得这个故事后面会发生什么呢？如果是你，你会怎么做呢？大人还可以用赞美和请教的方式让孩子多说一说孩子自己的感受和想法。比如说，"你说得不错，那这一点你是从哪儿看出来的呢？"有的时候你也可以把孩子当作一个成人一样，跟他展开一些非正式的讨论，比如，"我觉得他这样做不对，你觉得怎么样呢？"这种交流，因为没有课堂上那些既定的教学目标，所以在家里他是更轻松、更自由的，在家长和孩子不经意的闲聊之中，在不知不觉中，就能够给孩子一些阅读的习惯和方法，给他一些思考问题的方法。

2. 亲子阅读指导

学校组织"亲子共读"专题家长会，帮助家长全面了解"全民阅读"的理念，重新认识"稚中有智"的儿童读物，体验感知"亲子共读"的意义。

课外阅读，其主要的阅读活动在课外，这部分课程的主要参与者是家长和学生。因此，可以为家长开设"亲子阅读"专题指导课，帮助家长认识全民阅读的背景及课外阅读纳入课程的新理念，初步了解《和大人一起读》栏目的目标和要求。从统编教科书编写理念的宣传，到对儿童阅读现状的分析与解决对策，帮助家长了解亲子阅读的具体方法。为后期以家庭为主的亲子阅读做好"大人"这一角色的准备。

3. 亲子阅读体验

在教师指导下，家长和学生共同亲历共读。学生体验亲子共读的成功和快乐；家长体会学生在阅读中的各种困难和情绪变化，学习陪伴和扶持学生阅读的具体方法。

在亲子阅读指导课的基础上，由家长参与备课，组成伴读小组，以儿歌《剪窗花》为阅读材料，在课堂上与学生体验共读，其他家长先观摩再参与。

环节一：教师以"赏窗花"的方式趣味导入阅读。

环节二：家长分组与学生共读，教师提示家长观察学生的阅读行为和情绪变化，并想办法给予帮助。此时有的家长会演读故事激发学生兴趣，有的家长为安慰和鼓励阅读有困难的学生，索性把学生抱在膝上共读。

环节三：学生分享共读体验；家长伴读小组的成员与观课家长分享共读体验。

环节四：一对一亲子共读关于民俗的读物。

课上，家长先观摩，然后再和自己的孩子一对一地进行亲子阅读。孩子们有的依偎在妈妈怀里读；有的要爸爸手把手教着读；有的干脆坐在爸爸大腿上，让爸爸抱着读……温馨的亲子阅读场面让人既感动又激动。

"和大人一起读"栏目新，课型新，实践起来没有经验可以借鉴，同时也给我们一片创新的新天地。共读体验式的"和大人一起读"初步形成多元合力，有效地促进了学生课外阅读兴趣和阅读习惯的培养，形成了一种有效的课内外多元联动的课外阅读教学模式。

第三节　走进课堂教学，感受读书魅力
和大人一起读《孙悟空打妖怪》课堂教学实录

——统编教材一年级下册

一、话题导入，激发兴趣

师：上课，同学们好。

生：老师，您好！

师：请坐。同学们，你们都爱读书吗？

生：爱！

师：你最爱读哪本书？你说。

生：我最爱读《历史的话语》，有时候一读就是一个小时。

师：真棒，你说。

生：我最喜欢读《米小圈》。

师：我也喜欢，你说。

生：我最喜欢读《彼得兔的故事》。

师：这也挺有趣的，你说。

生：我最喜欢读的书是《艾米丽上学记》和《高卢历险记》。

师：这么多同学都想说，大家想说的很多都在这里。这是同学们假期和平时的一些读书记录。

（课件出示同学们的读书记录）

师：可见同学们都是爱读书的好孩子。读了这么多的书，同学们，你们知道什么是阅读吗？你说。

生：阅读就是读书。

师：对，说得好，阅读就像是你的翅膀，带你飞上天空，走遍世界的每个角落。阅读也像是哆啦A梦的魔法，帮你带入时光隧道，领略千年的文化。前几节"和大人一起读"的课，同学们都上得非常好，希望今天同学们能够读得更好。在同学们的读书记录中，老师看到了《西游记》这本书，看来有很多同学都和老师一样喜欢西游记的故事，对不对？今天咱们就来学一首和西游记有关的儿歌，和老师一起书写课题。

（老师板书课题《孙悟空打妖怪》）

师：谁能读一下课题？

生：《孙悟空打妖怪》。

师：你来读。

生：《孙悟空打妖怪》。

师：谁能把读音读得更准确些？你来。

生：《孙悟空打妖怪》。

师：你读书很细心。这个字读 wù，组成了一个名字"孙悟空"。我找位同学来再读读课题。

生：《孙悟空打妖怪》。

师：读得好，你来读。

生：《孙悟空打妖怪》。

师：一起读。

生：（齐）《孙悟空打妖怪》。

二、趣味朗读，整体感知

师：今天咱们四个大组来比一比，哪个组读得最好，小孙悟空就到哪组去做客，好不好？

生：好！

师：那么孙悟空是怎样打妖怪的呢？请你打开书，自读课文，要求一定要借助拼音将字音读正确，尤其是这个"悟"字，好，自己读，开始。

（学生自由朗读课文）

师：好，请放下书。这首儿歌一共有几句话？你说。

生：这首儿歌一共有九句话。

师：（老师选出九名学生）那我找九位同学来读一读。

一二三四五六七八九。哪组的同学读的很正确，吐字最清楚，声音洪亮，小孙悟空就去哪组好不好？

生：（齐）好！

师：其他同学认真听，开始。

（从不同的组别中选出的九名学生分角色朗读课文）

师：很好。我听刚才这组有个字读错了，对不对？

师：（老师把孙悟空的贴画贴到黑板上第三组的位置）老师很认真地听，只有第三组同学都读正确了，所以小悟空先去第三组了，后面还有很多机会，继续努力，好不好？好，请坐。

师：取经的队伍当中除了孙悟空，还有谁？你说。

生：唐僧。

师：对，你说。

生：沙和尚。

师：对，你说。

生：猪八戒。

师：还有谁？

生：白龙马。

师：说对了，大家把书放在桌上，他们一路西行，让我们来看看吧！（课件播放"西游记"视频）

师：大家都好喜欢，是不是？儿歌中是怎样写的呢？请一位同学来给大家读一下儿歌当中的第1到第4句话。你来读。其他同学边看图边想象儿歌中所描述的情景，读。（课件播放课文中的图片）

（学生读课文）

三、趣味朗读，体会不同的朗读方法

师：太棒了，你读得真好，我们仿佛走进了儿歌。前几次和大人一起读的时候，同学们和爸爸妈妈有很多有趣的读书方式，对吧，同学们？

生：（齐）对。

师：那么这一次预习的时候，也有同学给老师发来的视频，我们来看。

（课件播放同学和爸爸妈妈一块读书的视频）

师：你喜欢她的读书方式吗？说说理由。

生：我觉得她的读书方式很特殊。

生：她是拍着手读的。

师：这首儿歌的节奏感很强，很适合打着拍子来读，周子瑜给我们开了个好头，我们除了用手打拍子，还可以用什么打拍子？

生：我给她一个意见，她把"悟"读成了"木"。

师：她读的就是"悟"。你说。

生：用脚。

师：（老师一边拍手一边跺脚）好，看老师。"唐僧骑马咚那个咚。"我们一起好吗？

（学生一边拍手一边跺脚读课文）

师：这种踏地读儿歌的读书方式，不是老师发明的，是老师从一首古诗中受到了启发，你们知道是哪首古诗吗？你说。

生：《赠汪伦》。

师：李白乘舟将欲行，忽闻岸上踏歌声。好，这样节奏轻快的儿歌或者诗歌都很适合用这种方式。来，同学们，我们开动脑筋吧，还可以怎样来打拍呢？

生：……（学生回答得不够流畅）

师：我们自己，我们就在这里坐着，我们可以用什么？就我们自身而言，你说。

生：可以轻轻拍桌子。

师：很聪明，你说。

生：可以拍腿。

师：对呀，你说。

生：可以踩脚。

师：踩脚刚刚已经说过了，你说。

生：可以拍肩膀。

师：好了，老师在别的班上课的时候有的同学用声音来打拍子。（老师嘴里发出类似"嘟嘟"的节奏声）还有同学用响指来打拍子。下面老师来读儿歌，请你选择一种你喜欢的方式来帮老师伴奏。

师：你选哪种？你选哪种？这个你选哪一种？你说。你选哪一种？你说。有没有和别人不一样，你选。

（学生通过动作告诉老师自己选择的方式）

师：都选这种，你选哪种？你呢？

（学生通过动作告诉老师自己选择的方式）

师：对，选和别人不一样的，孩子，坐好。不说了，你做给我看，我准备开始读了。听老师说话，老师说能打拍子的时候声音要小一点，拍子要打得准一点，咱们和老师配合得密切一些，配合得默契一些，准备好。大家准备。

（老师读课文，学生用自己喜欢的方式帮老师打拍子）

师：看老师这儿，123。

生：快坐好。

师：安静下来。我们除了一个人打拍子，两个人也可以打拍子。

（老师一边读课文一边和一位学生演示两人配合用手打拍子）

师：你们可以吗？和同学玩一玩，开始。

（学生和同桌一块配合打拍子读课文）

师：老师要表扬那些认真看屏幕、认真读儿歌的孩子。儿歌我们读了很多遍，大家再仔细看看，你还发现了什么？你说。

生：……（学生回答得很含糊）

师：再想想。你说。

生：每句都是颜色。

师：大家来看上一句结尾的词语和下一句开头的词语是怎样的？

生：都一样。

师：现在我们一起来。

（音频解说儿歌出现的规律：一句结尾的词，都是下一句的开头，就好像玩词语接龙游戏一样，这就是我们中国童谣一种常用的方式叫作"连锁调"。这里还有一首这样的小儿歌，会读的同学可以跟我一块读。）

（学生跟着音频一块读：从前有座山，山里有座庙，庙里有个锅……）

师：我们再来体会儿歌首尾相接、环环相扣的感觉，我们来开火车读，一人一句读出来。行，就你们组来读吧。

（小组开火车朗读课文）

师：他们接得很紧凑，咱们四个大组再来比赛，好不好？一组，第一句，二组，第二句，三组，第三句，四组，第四句，这次哪组读得好，小孙悟空就去你们组了，准备好。看准儿歌读正确，一组，准备开始。

（不同组别开火车朗读课文）

师：（老师把卡通画孙悟空贴到标有组别的字旁）这回可分不出胜负了，小孙悟空愿意到每一组去和大家交朋友，大家都读得非常棒。刚才我们都用了哪些种方式来读儿歌啊？

生：打拍子读儿歌。

师：所以我们用了哪些打拍子的方式？

生：拍手。

师：对，还有呢。

生：踏歌。

师：对，我们不仅用击打的方式来体会了儿歌的节奏感和韵律美，我们还用了开火车的方式来体会儿歌环环相扣、首尾相接的感觉。

（老师贴画：拍手、踏歌。）

师：你们读得太好了，小孙悟空非要奖励你们。他在部分同学的书箱里藏了宝贝，快找找吧！

生：哇……

师：找到了吗？

师：请大家站起来，我来说，孙悟空告诉我的话，我现在告诉大家啊，有宝贝的同学先不要打，有小板的同学一会打小板来读，没有小板的同学选择你喜欢的击打节拍的方式，或者是你自己想到的表演等读儿歌的方式都可以让我们美美地再来读读这儿歌，大家准备。你现在嘴不能出声音了，如果你的嘴出声音了就没办法读儿歌了，我看谁读得最好，我们准备一起读，开始。

（学生用各种方式打着节拍读儿歌）

四、深入剖析，感知孙悟空人物形象

师：大家把小板放在到书箱里去。孙悟空到底是怎样打妖怪啊？请你打开语文书，自己读读课文，读第五到第九句话，用直线画一画，他是怎样打妖怪的句子。

（学生自由朗读，画句子，老师在旁边指导巡视）

师：你和大家说说你画的是哪些句子？

生：多亏孙悟空眼睛亮。眼睛亮冒金光，高高举起金箍棒。金箍棒有力量，妖魔鬼怪消灭光。

师：你读得可真好，大家画好了吗？

生：（齐）画好了。

师：好，画好了，把书扣在桌上，我找同学读读这几句话。好，你来。

（学生朗读老师出示的句子）

师：你读得真棒！同学们，孙悟空眼睛亮是怎么回事？你说。

生：因为他是火眼金睛。

师：他从哪儿炼出的火眼金睛？你说。

生：从太上老君的炉子里。

师：炉子里，你们还想看看这段故事吗？

生：（齐）想。

师：孙悟空在大闹天宫的时候被太上老君给抓住了，然后被送往了斩妖台，在斩妖台呀，无论是雷劈还是火烤都不能伤他分毫。这时候玉帝说了，这可如何是好？大家都没办法了。太上老君有办法，太上老君怎么说的，请你自己读读蓝色的句子。

（学生自由朗读课件中蓝色句子）

师：这些蓝色的字，谁都认识，读给大家听。

（生朗读课件中蓝色句子：陛下，不如把这只猴子交给我，我把他放进炼丹炉里，不出三天肯定能把他炼化了。）

师：读得真清楚，真会读故事。孙悟空被投进了炼丹炉，太上老君燃起了三昧真火，开始的时候还听到孙悟空大叫，怎么叫，一起叫。

生：好热啊，快来人啊！

师：可不久里面就一点动静也没有了，太上老君高兴地说——谁来读一读？你来。

生：哈哈，看来妖猴已经化为灰烬了，熄火开炉。

师：太上老君怎么这么恨孙悟空啊？因为他把太上老君的仙丹都给吃了，太上老君恨不得把他变成仙丹。小童子打开炉门，太上老君凑过去，只见炉子里———起读。

生：只看见两颗金光闪闪的圆球。

师：太上老君大笑起来说——你给大家读。

生：哈哈，妖猴已经被炼成金丹了。

师：这时他伸手想去取金丹，手指头突然被咬住了，原来孙悟空不仅没死，还炼成了一双———起读。

生：火眼金睛。

师：好，从此就有了一双能识破一切妖魔鬼怪的眼睛。同学们，我们在读书的时候，如果遇到不理解的地方，或是特别感兴趣、想多了解一点的时候，我们可以查阅相关的书籍，补充阅读，特别好。（老师贴画：查阅书籍）

师：那我们接着来看，唐僧八戒真糊涂，多亏悟空眼睛亮。孙悟空啊虽然有火眼金睛，但平时不冒金光，这时候为什么冒金光了呢？看见什么了？

（课件出示妖怪图片）

生：他看见了一个老妖婆，其实是妖怪。然后沙和尚说这可是一个人啊，不是妖怪。

师：嘿，你故事读得真好，这时候孙悟空心里怎么想的？你说。

生：他相信自己的火眼金睛。

师：真好，你来读这句话。

生：眼睛亮冒金光。

师：谁再来读读这句话？你来。

生：眼睛亮冒金光。

师：看，这个妖怪又来骗师傅了，你来读。

生：眼睛亮冒金光。

师：我能认出你来，再来读。

生：眼睛亮冒金光。

师：一起读。

生：（齐）眼睛亮冒金光。

师：孙悟空识破了妖怪的诡计，所以就高高举起金箍棒。你们知道金箍棒有多重吗？

生：一万三千斤。

生：三千五百斤。

师：你来说。

生：无数斤。

师：说明大家读书了，但读得不够细心。13500斤。这真是金箍棒——

生：有力量。

师：想当初，孙悟空在龙宫舞动金箍棒的时候，搅得龙宫翻江倒海，天翻地覆，这也是金箍棒——

生：有力量。

师：看到老妖婆要来害师傅，心里着急，所以高高举起了金箍棒，正所谓举得高，打得很烂，这更是金箍棒——

生：有力量。

师：再找同学读读这句话，谁来读？你来读。

生：金箍棒有力量。

生：金箍棒有力量。

生：金箍棒有力量。

生：金箍棒有力量。

师：大家做做高高举起和打下的动作，再来读读这句话。

生：（齐）金箍棒有力量。

师：这样一棒子下去，妖魔鬼怪——

生：消灭光。

师：这一次消灭的是什么妖怪？

生：白骨精。

师：这一路上像白骨精一样想吃唐僧肉的妖怪，太多了。很多次都幸亏悟空及时识破，保护师傅打跑了妖怪，所以是——

生：多亏悟空眼睛亮。

师：我找同学来读读这句话。

生：多亏悟空眼睛亮。

生：多亏悟空眼睛亮。

生：多亏悟空眼睛亮。

师：这样一个本领高强又有情有义的孙悟空，你喜欢吗？

生：（齐）喜欢！

师：你有多喜欢？

生：我很喜欢。

生：我非常喜欢。

师：下面请同学们抓住重点词语，边读边体会，把你对孙悟空的喜爱之情强烈地表达出来，自己读一读，一会儿谁读得好，我就把孙悟空奖励给他，自己开始吧。

（学生自由朗读课文）

师：谁来给大家读一读？

（学生朗读课文）

师：我觉得你读得不错，可是还有人能读得更好吗？

（学生朗读课文）

师：你读得非常好，和孙悟空一样棒。你来。

（学生朗读课文）

师：我听出来了孙悟空是你心中的英雄，对不对？大家都想读，我都想叫。你来。

（学生朗读课文）

师：如果再慢一点就更好了。这么多人想读，我叫不过来了，咱们四个大组再来比赛一次，好不好？

生：（齐）好！

师：一组第一行，二组第二行，三组第三行，第四组第四行，最后一行咱们一起来读。最后一次比赛的机会了，哪个组能得到最后一个小悟空？准备，开始。

（学生分小组朗读课文）

五、拓展延伸，沟通交流阅读心得

师：大家读得都太好了，就是我不请小孙悟空，小孙悟空也要到你们那儿去做客。同学们，我有个问题，你们是怎么读的？怎么读得这么好的？

生：把声音放出来。

师：是的，还有吗？

生：有节拍。

师：对，还有吗？你说。

生：因为我们真心地爱孙悟空。

师：你说得太棒了！

生：我们抓住了重点。

师：这位同学说得多好啊，我们刚才抓住了重点词，用心体会，有感情地朗读，这样才能读得有韵味。（板书贴画抓重点词）

师：好，大家再来看看视频。（班上学生预习时读的视频）

师：这是预习的时候萧景宣发给我的视频，你们觉得他读得怎样？

生：还不错。

师：能做到正确流畅了，对不对？但是刚才萧景宣课堂上读的和这个比怎么样？

生：读得更好了。

师：同学们读得更精彩了，对吗？同学们，通过我们刚才课堂上的学习，萧景宣，还有同学们，你们想告诉爸爸妈妈，我们怎么读可以读得更好呢？

生：抓重点词。

师：用心体会重点词，用心体会，有感情地朗读。把手放下。老师还留了一个课前读书的作业，对不对？把读书单拿出来。课前老师要求同学们选读西游记中的其他故事，绘本、连环画、文字书都可以。你读了哪个故事来给大家说说？

生：我读了《三打白骨精》。

生：我读了《女儿国》。

生：我读了《美猴王出世》和《三打白骨精》。

生：我读了《偷吃人参果》和《真假孙悟空》。

师：同学们，你们提前读了很多有关西游记的故事，老师在平板电脑中给同学们又准备了一些，你可以和同位同学再选一个来读。

（学生通过平板电脑读故事）

师：看完的同学就把平板合上。同学们课前和课下都看了很多有关《西游记》的故事，回家呢我们也跟爸爸妈妈交流了。那下面请你和你同学再交流交流，你喜欢谁，喜欢他在哪个故事中的精彩表现？

（学生之间互相交流）

师：好。李老师提前看了同学们的这个读书单，我知道绝大多数人都喜欢孙悟空，对不对？看谁都看了孙悟空的，举手。行，我们就先来交流孙悟空，谁说说？

生：我喜欢孙悟空压在五指山下那一集，很有趣。他在五指山上面刻了几个字，然后他洒了一泡尿，我觉得很有趣。

生：我喜欢美猴王从石头出来的时候，是光着屁股，特别搞笑。

生：我喜欢孙悟空，他在太上老君的炼丹炉里没有被炼成丹，反而有了火眼金睛。

生：我喜欢孙悟空，孙悟空在大闹天宫时可以打败很多天兵天将。

生：我喜欢孙悟空，在《美猴王出世》那一集是从石头缝里蹦出来的。

生：我喜欢孙悟空，在东海龙宫借兵器的时候，拿走了定海神针——金箍棒。

师：时间的关系我们再来看看这个。课前老师通过看同学们的读书单，知道同学们不仅喜欢孙悟空，还有同学喜欢沙悟净、白龙马、如来佛、托塔李天王、观音菩萨和昴日星官。这些同学站起来，不用举手了，随便聊聊吧，一个人说，大家听。

生：我喜欢白龙马。在有一集的时候他变成飞龙了。

生：我喜欢如来佛祖，因为他在《真假美猴王》一集中，一眼就看出了六耳猕猴，我觉得他非常厉害。

生：我喜欢观音菩萨，在有一集当中，孙悟空把她的宝座都扔了，她没有生气，反而一下子就把孙悟空给收服了。

师：好，我们今天就说到这里。刚才同学们交流得这么好，阅读也是一种沟通和交流，和爸爸妈妈交流，和老师交流，和同学交流，和文本交流。那通过这节课的学习，同学们有什么收获？你学到了些什么？谁来说一说？

生：我学到了读儿歌的时候要先抓住重点词。

师：学到一些好的读书方法，对不对？可以抓重点词语，用心体会；可以查阅书籍，还学到了什么有用的方法，你说。

生：我学到了读儿歌的时候可以踏歌。

六、总结，作业布置

师：有趣的读书方式，还有很多很多等着同学们去发现、创造。好，再回到家和爸爸妈妈读书的时候，你可以是他们的小老师，把课上学到的有趣的读书方式、有用的读书方法都告诉爸爸妈妈，和他们一起用心读书。好，今天我们的课就上到这儿，今天的作业是用新学到的方式和大人一起读儿歌，再读儿歌，和大家一起读读西游记中的其他故事，回来咱们还要开西游记故事分享交流会。咱们学校这个月的主题就是"越读越美"。选做作业：大家画一画西游记的故事。彩泥捏一捏，彩纸折一折，和爸爸妈妈演一演。好了，下课，同学们再见。

生：老师再见！

（执教教师：李莹雯）

参考文献

[1] 布鲁诺·贝特尔海姆.童话的魅力：童话的心理意义与价值 [M].北京：社会科学文献出版社，2015.

[2] 陈树民.汉字特殊功能与教学创新 [M].南京：南京大学出版社，2010.

[3] 曹媛.基于学科核心素养的天津市小学语文学业质量标准 [M].天津：天津人民出版社，2017.

[4] 曹爱卫.低年级语文这样教 [M].上海：上海教育出版社，2018.

[5] 教育部基础教育课程教材专家工作委员会组织编写.义务教育语文课程标准（2011 版）解读 [M].北京：高等教育出版社，2012.

[6] 刘济远.小学语文教学策略 [M].北京：北京师范大学出版社，2010.5:178.

[7] 田本娜.小语教学论稿 [M].北京：首都师范大学出版社，2013.

[8] 田本娜.与小学语文教师们同行 [M].天津：天津教育出版社，2017.

[9] 汪潮.小学语文统编教材文本解读及教学设计 [M].福州：福建教育出版社，2017.

[10] 汪潮.不同文体教学 [M].上海：上海交通大学出版社，2016.

[11] 吴忠豪.语文本性教学内容研究 [J].语文建设，2014（12）:36.

[12] 吴忠豪.小学语文课程与教学 [M].北京：中国人民大学出版社，2010.

[13] 吴忠豪.小学语文教学内容摘要·汉语·阅读 [M].北京：高等教育出版社，2015.1.

[14] 谢雄龙.小学口语交际教学导引 [M].上海：上海教育出版社，2005.

[15] 杨再隋.语文课程的目标理念策略 [M].长沙：湖南教育出版社，2012.

[16] 周健.汉字教学理论与方法 [M].北京：北京大学出版社，2007.

后 记

本书是我两年来带领工作室的老师们学习统编教材的心得，是我学习广大优秀小学语文教师教学经验的体会，也是我对统编教材进行实践研究的结果。

2015年统编教材向我们走来，天津市教研室承担了一年级试教工作，非常有幸作为统编教材第一批试教教师拿到了这套新教材，在天津市教研室的帮助下和一线老师一起承担了试教工作。

试教工作中，我亲历了从没有教材的电子稿，到彩页的送审版，再到正式版本。随着教材的不断蜕变，我对教材的理解，我的语文教学理念也在悄悄地发生着改变。

2016年9月统编小学语文教材开始在一些地区一年级使用，2017年秋季在全国投入使用，2018年统编教材已经覆盖全国所有的小学一、二年级。全新的教材体系、全新的教学理念冲击着我们的大脑，统编教材发生了巨大的变化：识字教学提前了，拼音安排在识字后面了，课文阅读进课程了，口语交际成体系了……面对这些变化，我们真的是有些不知所措了。在全国统编教材培训会上温儒敏教授的辅导，陈先云老师的解读，为我们解开了重重迷雾……我们该如何引领教师在日常的教学中更新理念，改进教法，作为教研员必须学在前，干在先。这两年来非常感谢天津市教育教学研究室小学语文研究室曹媛主任，在她的带领下，我们认真学习大胆实践，并在她的带领下将统编教材进行单元整组实验，也正因此使我对统编教材进行了更深入的学习和思考，带领工作室的老师们进行课例研究，微课制作，编写区本教材，开展课题研讨，加深了对教材的理解和认识。对于汉语拼音的教学整理出自己的教学经验并以《依托教材编排特点，提高汉语拼音学习效率》为题在全国统编教材培训会上做经验交流。非常感谢曹主任的信任和大力支持，感谢市教研室何颖老师。感谢这两年来陪我一起走过的进行统编教材研究的伙伴们和工作室的老师们。

2018 年 7 月，这本书即将付梓。我很高兴能借统编教材的使用总结了自己的一些经验。感谢河东区教育局各位领导对我的认可和对这本书顺利出版的大力支持。感谢河东区教育中心领导对我的帮助和信任。

由于本人水平有限，教育理论水平不高，语文专业知识不够深厚，书中会有许多不当之处，恳请您能提出宝贵意见，再次向您表示感谢。

再次感谢帮助过我的所有恩师，谢谢！

罗　祎

2018 年 7 月